北京市社会科学理论著作出版基金重点资助项目

北京奥运的人文价值

冯惠玲 等◎著

中国人民大学出版社

·北京·

前 言
PREFACE

冯惠玲 *

　　从申办、筹办到举办，第 29 届奥运会几乎贯穿了北京在新世纪开元十年的发展进程，同时也是此间中国社会最重要的事务之一。当中国以文化、经济和政治上所有可能的资源投入奥运，奥运也把最大化的财富反馈于中国。在这些财富中，有的巍然矗立在北京城，有的则深植于大众心田。前者如鸟巢、水立方，后者如自信、担当、爱国精神和世界情怀。

　　我们更看重的是那些无形的财富，也就是北京奥运的人文价值。奥运会会旗已经传递到伦敦并将流转至更多城市，而奥运圣火在北京点亮的人文之光已经成为中华文明华彩的一部分。如今，我们可以这样描述、确认自己的身份：仰承五千年文明薪火的中国人，经受近代百年屈辱的中国人，改革开放、奋发图强的中国人，实践、增益奥林匹克精神的中国人。以此身份认同，这个伟大的族群为自己的梦想和人类共同体的和谐而奋斗不息。

　　这种民族身份的确认，是以历史的眼光和全球的眼光进行统观的结果。总结、开掘北京奥运的人文价值，亦当获取这双重眼光，即站在古今中西的十字路口，发现指引人文理想、精神家园的路标。路标需要描画，需要树立，需要我们在前行途中周循奉行。2008 年 9 月，中国人民大学人文奥运研究中心将总结、清理北京奥运的意义和经验列入研究议程，并于 2009 年 1 月获得国家社科基金重大招标项目的支持，课题名称为"北京奥运会成功举办的重大意义与基本经验"。这个题目是宏大而深刻的，我们把研究目标聚焦在北京奥运的人文价值层面，即前述人文路标的描画、树立与奉行。

　　北京奥运的人文价值几乎渗透到所有社会领域，宏大叙事未免空泛，精细言说又流于琐碎，故此我们以古今中西为经纬，集中探讨了文化、社会、传播、政

　　* 国家社科基金重大项目"北京奥运会成功举办的重大意义与基本经验"首席专家，中国人民大学副校长，中国人民大学人文奥运研究中心主任。

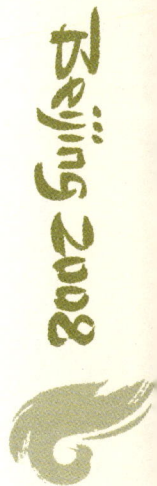

治等四个模块的十四个专题。各模块题旨如次：

文化模块。现代奥运会既是全球规模最大的体育赛事，也是举世瞩目的文化盛会。在北京奥运所获得的诸多赞誉中，有一项弥足珍贵：中国人以其悠久、博大的文化，完美结合了追求更快、更高、更强的"西式"奥林匹克精神与崇尚仁义、和谐、恭谨的"中式"精神。这实际上是全球化时代中国发展特征的一个隐喻：从新中国建国之初三十年的"政治中国"到改革开放三十年的"经济中国"，进而于当下和未来彰显"文化中国"之品调。

在这一模块，我们着重记录、诠释了北京奥运会彰显的如下主题：中国元素及其当代价值，中国传统文化的创造性转化，文化互通及其世界意义，狂欢文化与共同体精神，体育精神与人的优美。北京奥运展示了以五个福娃为主要符号体系所表征的"金木水火土"五行和"仁义礼智信"五德等中国元素，它们与现实相遇、向世界传播，并在此中被赋予了现代价值；在传统与现代、中国与西方的碰撞与融合中，北京奥运为中华文化统续的重建注入了无穷动力，大大拓展了传统文化的外延，将中华和谐思想的独特魅力推向世界，使其当之无愧地成为传统文化创造性转化的典范；奥运证明，诸如人与人、人与社会、人与自然亲善和谐、和而不同等中国文化的核心价值，能够为各国人民所接受，能够解释和解决现实世界中的众多普遍性问题和困境，因而具有世界意义；奥运之下的狂欢精神，是人对自我的尊敬和解放，是放下尘劳、虚浮和偏见后的族群快乐仪式，终将成为所有参与者、见证者的集体记忆并滋养共同体意识；体育精神源于运动员的智慧、意志和人格，而又不仅限于此，它所倡导和激发的是所有人本应具足的身体优美和灵魂康健。

社会模块。在2008年的中国，没有人是北京奥运会的旁观者，即使在最偏远的角落，人们也至少为奥运送上微笑与祝福。奥运圣火从极北到南溟，从雪域到东海，从黄河到长江，光芒遍照中国社会的公共空间和民众的生活世界。每一个人都切身感受到，奥运会不只是北京的盛典，它就在自己身边、心间。中国人民用实际行动回应了奥运会之前的一些关切和质疑：经历了南方严重冰雪灾害、拉萨"3·14"事件和"5·12"汶川大地震的中国，将以怎样的心态和姿态兑现对世界的承诺——办一届有特色、高水平的奥运会？

因此，我们首先从国民心态问题切入，进而考察公民素养、志愿精神和残奥会等专题，以深入探讨北京奥运于社会公共空间层面闪现的人文价值。地震百日之后，世界看到了中国人用泪水浇灌鲜花，用扒开废墟、重建家园的双手拉开奥运帷幕，以担当、自信、开放、平等之心态，快乐地投入奥运，真诚地拥抱四海兄弟。公民参与奥运，奥运教育公民，大国公民必当小康富足，亦应以文明礼义自立。男女老幼都行动起来了，其中的"80后"被称为"鸟巢一代"，他们在这个创造奇迹的体育场，在这个迅猛变革的年代，孵化出一种全球价值——志愿精神。

残奥同样精彩，书写了平等和尊严，张扬了极限状态下的人类生命力。生命是崇高的，生活是平凡的，中国人把奥运搬回家，变成自己的事，转化为生命与生活的主张，奥运精神及其人文价值因之永恒。

传播模块。奥运会是全球最重要的媒体事件之一，而新闻报道、媒体传播背后则是全球多元文化的相遇、博弈与交汇。对北京奥运而言，传播问题不但意味着错综复杂的赛会媒体事务，而且直接指向国家形象和中国的全球角色。早在奥运举办之前数年，媒体政策已经成为海外最关心、也最为敏感的北京奥运议题之一。事实证明，中国的媒体政策、报道服务、传播观念与方法于奥运之中得到公认的优化和提升，而这一点被视为中国社会持续进步的标志性事件。

我们邀请北京奥组委媒体运行部门负责人作为研究团队的一员，系统回顾了奥运媒体政策历史性变革的进程。北京奥运的媒体政策既要立足中国国情，又要实质性兑现申奥承诺，中国政府以极大的智慧、勇气，以开放、真诚的方式出台了《北京奥运会及其筹备期间外国记者在华采访规定》和《北京奥运会及其筹备期间外国记者采访服务指南》。这两项被海外媒体称为"新闻自由条款"的政策，为来自全球的奥运报道记者创造了宽松、开放、透明、合作、友善、完备的采访环境。这一切皆促进了中国国家形象的提升，一个开放自信、公开透明、友好合作、文明进步的中国充分展现在世人面前。

政治模块。奥运不是政治运动，却与国家和政府的政治观念、公共政策、民族情绪、外交策略紧密关联。北京奥运是在经济全球化、中国改革开放三十年的语境下举办的，国际风云变幻，国内改革走向纵深。无可否认，西方世界对中国的快速崛起怀有一定的焦虑和担忧，而国内社会也存在一些必须正视和解决的发展中的问题。特别是2008年，大悲大喜事件接连而至，严峻考验着党和政府执政行政、公共管理、民族情绪引导和外交事务处理等方面的智慧、经验和能力。最终，我们赢得了这场大考，圆了百年奥运梦想，而且正如胡锦涛总书记指出的那样，"北京奥运会、残奥会成功举办的事实再次向世人昭示：中国人民有能力为人类文明进步作出更大贡献"。

在这一模块，我们重点研究了北京奥运对国家治理、民族主义和外交策略等领域所产生的深远影响。北京奥运强化了以人为本、民主参与、开放包容、公平竞争、合作共赢等国家治理原则，而"绿色"、"科技"、"人文"三大奥运理念正在转化为持久的国家治理理念。同时，历经重大考验的中国政府和人民更加深刻地理解了爱国主义，着力锻造理性、成熟的民族性格，避免极端狭隘的民族主义情绪。在外交上，我们成功地化解了各种疑虑和敌意，在和平崛起的过程中维护国家根本利益并担当与国力相应的大国责任。后奥运时代的中国更加自信，能够超越百年历史悲情，以积极姿态参与国际事务和政策协调，推动全球社会的和平转型和国际体制的有序重构，为"同一个世界"的"同一个梦想"而奋斗。

纵观以上文化、社会、传播和政治四个模块，我们可以对北京奥运的人文价值及其效用集中概括如下：

一是北京奥运激活了数千年中国传统文化的核心价值，为其实质性复兴并于现实社会创造性转化提供了契机；传统与现实相结合的中国文化具有世界意义，必将随着中国的和平崛起而为人类文明进步作出更大贡献。

二是北京奥运促进了国民心态、社会心理的成熟，提升了公民素养和社会文明水平，推动了体育精神、志愿精神的普遍化和日常化。从发达国家的经验看，这种遍及整个社会的心智引导、道德训练和精神涵化，正是建立公民社会的必要条件，是社会和谐的持久动力。

三是北京奥运巩固、改善了国家传播力体系，塑造了良好的国家形象，为"中国走向世界、世界了解中国"，进而建设和谐世界奠定了更加坚实的基础。奥运告诉我们，硬实力与软实力统筹发展既是中国自身改革开放的需要，也是有效担当大国责任、实现国际社会和平进步的需要。

四是北京奥运检验、强化了人本、民主、开明、公平、和谐、可持续、科学发展等政治理念，以对历史、人民和世界负责的态度调整、创新了多个维度的公共政策。事实上，北京奥运除了直接促生大量政策成果，更为可贵的是展示了政治革新的智慧和勇气。

本书在风格上有一"统"一"放"：统者，以思想随笔的自由、灵动为主，放弃学术论文的严肃、刻板，如此才与奥运赛事的激烈、人们内心的激情相应相和；放者，课题组成员和本书作者来自文学、哲学、传播学、管理学、政治学、体育学、外交学和社会学等诸多学科，各人皆以所在学科的独特视角忆之吟之，不强求一致。当然，这些并不影响我们对北京奥运人文价值深切的关心和深入的探求。

这本书是团队协作的成果，来自学多科并多年从事奥运研究的专家学者在深度碰撞的基础上，实现了前述十四个专题的观察和诠释。在章节分工上[①]，樊华执笔第一章和第九章，韩东晖执笔第二章，袁济喜执笔第三章，胡百精执笔第四章，李树旺执笔第五章，葛晨虹执笔第七章，魏娜、刘成运、崔玉开执笔第八章，孙维佳（北京奥组委原媒体运行部部长）执笔第十章，郑水泉、降瑞峰、谢天武、李剑、郑维伟执笔第十二章，陈岳、李永成（北京外国语大学）执笔第十三章，金灿荣、李宝俊执笔第十四章，我与徐拥军合写了第六章、与胡百精合写了第十一章。喻国明、王斌（北京青年政治学院）、金元浦也参与了写作工作，牟峰、王宏伟、冯仕政参与了策划和文稿修改，胡百精协助我完成了全书的统稿。我们还要衷心感谢人大出版社编辑精心的编辑工作，以及很多领导、学者及学生对人文奥运研究和这本书给予的帮助与支持！

---

① 各章作者除特别注明外，均为中国人民大学学者和相关研究人员。

北京奥运已成为 21 世纪初叶中国灿烂辉煌的历史篇章，当我们回头望去，才发现它竟是如此厚重多彩，以至难以走到深处尽揽风光。愿把我们的回望化作珍贵的记忆，献给所有为北京奥运抛洒激情追逐梦想的人们，愿更多双眼睛和我们一起回望这个伟大的事件，从中寻找北京奥运后中国前行的力量。

2010 年 7 月

目 录
CONTENTS

第一章　北京奥运、中国元素及其当代价值 / 1

一、福娃贝贝：水曰润下 / 4

二、福娃晶晶：木曰曲直 / 7

三、福娃欢欢：火曰炎上 / 11

四、福娃迎迎：土爰稼穑 / 15

五、福娃妮妮：金曰从革 / 19

第二章　北京奥运与中国传统文化的创造性转化 / 25

一、何谓传统：中国传统文化的当代境遇 / 26

二、北京奥运：中国现代化和全球化进程中的标志性事件 / 29

三、北京奥运：中国传统文化的创造性转化的缩影 / 36

第三章　北京奥运、文化互通及其世界意义 / 43

一、奥运画卷与中国意蕴 / 45

二、同一个梦想与天下情怀 / 49

三、《火的战车》与东方圣火 / 51

四、奥运精神与中国传统文化精神 / 55

第四章　北京奥运、狂欢文化与共同体精神 / 61

一、狂欢的理由与人的解放 / 63

二、中国式狂欢与创发型社会性格 / 67

三、狂欢记忆与共同体精神 / 72

第五章　北京奥运、体育精神与人的优美 / 77

一、西方体育精神与中华体育精神 / 78
二、人的优美 / 79
三、竞技之美 / 86
四、体育观的成长 / 92

第六章　北京奥运与国民心态 / 97

一、国民心态：一个族群在喧嚣时代的终极追问 / 99
二、奥运心态：比赛场更大的舞台 / 102
三、后奥运时代国民心态的建构 / 108

第七章　北京奥运与公民素养 / 113

一、考试：公民素养的全面检验 / 114
二、发展：北京奥运对公民素养的提升 / 118
三、经验：从奥运走向未来 / 123

第八章　志愿永恒 / 131

一、为有源头活水来 / 133
二、青鸟殷勤为探看 / 137
三、千树万树梨花开 / 144

第九章　给未来的信——感念北京残奥会 / 151

一、憾·美 / 153
二、竞·跃 / 157
三、人·天 / 161

第十章　北京奥运会与媒体政策的历史性变革 / 167

一、承诺 / 168
二、抉择 / 169
三、变法 / 172

四、成果 / 178

五、评价 / 182

第十一章　北京奥运与现代国家治理 / 191

一、公众奥运 / 193

二、文化奥运 / 196

三、和谐奥运 / 199

四、"世界"奥运 / 204

第十二章　北京奥运与文化中国国家形象构建 / 209

一、战略排序：从经济中国到文化中国 / 210

二、议程建构：从事实到价值 / 215

三、现实通路：从战略到战术 / 220

第十三章　北京奥运、全球化与民族主义 / 225

一、奥林匹克运动的两重性：全球性与民族性 / 227

二、北京奥运会与全球化：中国模式的成功经验及其全球化意义 / 231

三、北京奥运会与当今中国的民族主义：理性的呼唤 / 238

第十四章　北京奥运与中国外交 / 247

一、奥运申办成功：综合国力全面提升，外交形象积极正面 / 249

二、奥运筹备期间：正确应对复杂局面，外交手段更加成熟 / 251

三、奥运举办期间：首脑外交赢得突破，文化外交获得成功 / 254

四、后奥运时期：角色身份开始转变，国际地位全面提高 / 257

附：图片目录 / 260

第一章 北京奥运、中国元素及其当代价值

1896 年，沉睡了一千五百多年的奥林匹克运动会在希腊故土重获新生。此后百年，奥林匹亚山上的熊熊圣火在各种肤色之间传递、在各个大洲之间穿行。公元 2008 年，这神圣的火种终于在望眼欲穿的期盼中来到了北京。

由焰火组成的 29 个巨大脚印在北京的中轴线上依次绽放。隆隆的声响之中，好像真的有一位巨人把坚实而沉重的脚步踏上这座古老而又现代的城市。他从永定门出发，一路向北穿过前门、天安门、什刹海……直奔国家体育场。他的脚下是北京古都的命脉之线，他的身侧是金顶红墙的皇宫宝殿、青砖灰瓦的四合院落、威严肃穆的巨大广场、水清花媚的城市园林。这座灯火辉煌的城市在如水的夜色中欲言又止。"欲言"是因为她拥有着三千余年的沧桑历史，朝代的更迭、文化的濡染、时代的变迁赋予了她太多需要讲述的故事；"又止"是因为百年的奥运期盼今夜终于梦圆，在全世界的注视之中，也许最好的语言就是骄傲地敞开怀抱、自信地绽开微笑。

29 个脚印象征着 29 届夏季奥运会的历史足迹。奥林匹亚巨人每隔四年拜访一座城市，通过"竞技体育"去播撒理解、友谊、团结和公平的信念，通过"美和尊严"去召唤人类肯定和超越自身的能力；被选中的城市要用七年甚至更长的时

间去梳妆打扮，用最大的努力兑现申办时的诺言，用最好的状态迎向全世界的目光。当第29个脚印驻足在"鸟巢"上空，奥林匹亚和北京都在为彼此深深感动：奥林匹亚把北京托举到世界舞台的中央，北京把奥林匹亚镌刻在城市的"命脉线"之上。两种古老的文明都为这次"相遇"等待了太久，短短的16天中，圣火要在华夏大地烙下"五环相依"的印记，北京则要在五环旗帜上留下五千年的中华文明绵延不息的痕迹。

当第29个脚印驻足在"鸟巢"上空，奥林匹亚和北京都在为彼此深深感动：奥林匹亚把北京托举到世界舞台的中央，北京把奥林匹亚镌刻在城市的"命脉线"之上。

如今，第29届北京奥运会——这场中国人采集天地灵气、融汇古今精华"制作"而成的"狂欢盛会"——已经以一句"无与伦比"封印，永远载入史册。五个奥运福娃汇集了五行五德的智慧、奥运五环的色彩、五福临门的吉瑞，将东方的风骨和气韵，写入了原本是以西方文化为主的奥林匹克的精神传承。

一、福娃贝贝：水曰润下

福娃贝贝来自辽阔的水域，是一条青花蓝色的中华鲟。她的头部纹饰使用了中国新石器时代的鱼纹图案和中国传统的水浪纹样。《列子·汤问》中的"缘水而居，不耕不稼"刻画出处于蒙昧阶段的先民对于水的依赖和喜爱。"鱼"与"余"同音，自古以来就是"连年有余"的吉祥象征，怀抱鲤鱼的福娃娃是民间必不可少的年画图案。"鱼""水"相连，预示着繁荣与顺利，"如鱼得水"形容环境的相宜，"鲤鱼跳龙门"寓意梦想的实现。

贝贝代表的鲟鱼，是我国特有的古老珍稀鱼类，是世界现存鱼类中最原始的种类之一。早在公元前一千多年的周代，就有关于"王鲔鱼"的记载。可以说鲟鱼是从古老的中国文化的端芽处一路游到现在，成为"长江鱼王"。据研究记述，因为鲟鱼非常名贵，也曾有外国友人希望将它们移居到自己的水域之内繁衍后代。但是鲟鱼非常依恋自己的家乡，即使被带到其他地方，也会不顾饥饿、劳累和危险，千里寻根，洄游到故乡的江河里生儿育女。因为它们对祖国坚贞不渝，所以被人们称为"中华鲟"。

世界上大多数的城市都是傍水而生、因水而活的，今日备受缺水困扰的北京城，历史上也是一个水系发达的地区。北京曾经拥有永定河、潮白河、拒马河、句河等四条主要天然河道，加上公元 7 世纪初隋朝时开凿的北运河，由此而生五大水系。莲花池、北海、昆明湖、玉渊潭等湖泊也使城市大大增色。从北京的遗存的一些街道名称，万泉河、水关、海淀、白水洼、三里河、莲花池等等，仍然可以想象昔日城水相绕的图景。随着城市的迅速发展和人口的不断密集，北京的缺水情况已经十分严峻。2008 年奥运会中水是必不可少的元素，可以说奥运会挑战了北京原有的水资源，也催生了北京全新的水环境。据奥组委官方网站透露，在北京奥运场馆中，水立方、顺义水上公园、奥运村、奥林匹克森林公园以及奥林匹克公园北区场馆群都建立了污水处理系统。网球中心内还特别建立了污水处理站，直接把各种污水转化成中水循环使用。同时，清河再生水厂和北小河再生水厂还将提供奥运中心区再生水水源。包括龙形水系在内的奥林匹克公园景观水系，将每年利用 300 多万吨中水。奥运主场馆鸟巢就是一个典型的节水工程，70% 的供水都要由回收水代替，其中 23% 来自雨水，这些回收水不但可以用于比赛跑道的冲洗，还能用于场馆的室外绿化工程。奥林匹克公园内河湖的补充水源，都是经过处理后的中水。依靠生态手段，能够使水在公园内循环流动形成活水，同时依靠人工湿地和水生植物等对水体进行净化。此外，所有奥运绿化项目都使用了微喷、滴灌、渗灌等节水灌溉技术，部分绿化项目采用了雨水利用措施，一年可节约清洁水源 80 万吨。更为可贵的是，这一套节水养水的先进技术在奥运会结束之后仍然可以保留和推广，将有更多的国人有可能回归到记忆中"依山傍水"的生存环境。

子曰："智者乐水，仁者乐山。"在山水环境的熏陶和比附之下，人的修养和境界也会受到影响。"水"对应的"五常"中的美德是儒家传统意义上的"智"。《荀子·宥坐》中记载了孔子答弟子子贡问水的一段对话："孔子观于东流之水。子贡问于孔子曰：君子之所以见大水必观焉者，是何？孔子曰：夫水，遍与诸生而无为也，似德。其流也埤下，裾拘必循其理，似义。其洸洸乎不淈尽，似道。若有决行之，其应佚若声响，其赴百仞之谷不惧，似勇。主量必平，似法。盈不求概，似正。淖约微达，似察。以出以入，以就鲜絜，似善化。其万折也必东，似志。是故君子见大水必观焉。"临水而观，可以从水的遍及天下、无所作为想到"德行"；可以从水的流动趋下、随物赋形想到"义气"；可以从水的浩浩荡荡、无穷无尽想到君子的"道"；可以从水的奔腾向前、无所畏惧想到"勇敢"；可以从水的表面平坦、准则公道想到"法度"；可以从水的量见多少、不用削刮想到"正义"；可以从水的无孔不入、无色透明想到"明察"；可以从水的洗涤万物、清洁污垢想到"教化"；可以从水的千曲万折、无语东流想到"志向"。德、义、道、勇、法、正、察、善化、志，几乎所有的儒家传统美德都能在"水"中找到投射，中国人可以通过"观水"反思自身，获得"水"一样的修养和德行。"水"的自然性状也深为道家所推崇。老子说："上善若水，水善利万物而不争，处众人之所恶，故几于道。居善地，心善渊，与善仁，言善信，政善治，事善能，动善时。夫唯不争，故无尤。"意思是说德行"上善"的人，做人行事就像水一样，润泽万物，有利于万物而不与万物相争，总是流向低洼的地方，处在人们厌弃的卑下位置，所以最近于"道"。上善之人谦逊退让，乐于像水那样避高就低；他的心胸深广，善于向水那样积聚成渊；他在交往中仁爱待人，像水那样坦然没有私欲；他说话讲求信用，像水那样不欺不诈；他以正义治国，像水那样清静无为；他遇事总能胜任，像水那样善于适应；他的行动无不合于时运，像水那样顺势自然。正因为他能像水那样与世无争，所以才不会有所过错。虽然老子更多地强调的是"水滴石穿"、"以柔克刚"的"弱"的特质，但是儒、道两家都在水中领悟了做人的"大道"——平凡卑下，但是却平和、柔谦、坚韧、执著，水在"积少成多"之后就会展现出它们的巨大力量。

13亿中国民众就如同这些分布在祖国大地上的水滴。他们经受着几千年"以水比德"的文化洗礼，感叹着"逝者如斯"的光阴流逝，吟咏着"在水一方"的理想偶像，渴望着"高山流水"的知音相遇，承受着"抽刀断水"的千古愁肠，他们如水一般无处不在、谦和柔顺，但是当它们"齐力东流"、"百川入海"之时，也会爆发出惊人的勇气和力量。2008年是灾难与荣耀并存的一年，北京奥运会之前，华夏大地遭遇了50年不遇的冰雪灾害、罕见的重大火车相撞事故、千年不遇的汶川大地震。接踵而至的灾难迫使这个民族拿出过人的勇力面对考验。温家宝总理早在2003年接受《华盛顿邮报》采访时就说过："13亿是一个很大的数字，多么小的问题乘以13亿，都会变得很大；多么大的经济总量，除以13亿，都会变得很小。"这句话在汶川地震中被人们演绎成"再大的困难除以13亿，也会变得微不足道；再小的力量乘以13亿，也足以战胜一切困难"。中国民众在国家需要之时展现出了令人欣喜的团结和坚韧：20多万志愿者从四面八方、各行各业赶赴余震连连的灾区，以高昂的热情、严肃的责任心和勇于承担的使命感，与其他救助者一起帮助灾区人民共渡艰难；企事业单位、机关学校、社会团体、国内外人士以各种各样的方式捐款捐物，五天之内募款超过60亿元；灾区人民互帮互助，救援团队自带设备，记者摄像赶赴一线，高校学生燃起蜡烛……整个社会的每一个部件都迅速行动起来，将可以搜集的力量"注入"到受灾地区，用13亿水滴汇成的洪流冲淡灾区人民的眼泪，用13亿热血化成的雨露滋润痛苦焦灼的心灵，用13亿汗水浇注的钢筋水泥重建昔日的乐土。

> 13亿中国民众就如同这些分布在祖国大地上的水滴。他们经受着几千年"以水比德"的文化洗礼，感叹着"逝者如斯"的光阴流逝，吟咏着"在水一方"的理想偶像，渴望着"高山流水"的知音相遇，承受着"抽刀断水"的千古愁肠，他们如水一般无处不在、谦和柔顺，但是当它们"齐力东流"、"百川入海"之时，也会爆发出惊人的勇气和力量。

《孔子家语·五仪解》云："夫君者舟也，庶人者水也。水所以载舟，亦所以覆舟。"如果13亿民众"心往一处想、劲往一处使"，那么他们不仅可以托载或颠覆上层的统治，还可以出乎意料地圆满完成共同的愿望。奥运会在13亿人口的中国举行，当奥运会成为了大多数中国民众共同的期愔，顾拜旦提出的"重在参与"理念就与中国的实际结合起来，转化为以"全民参与，全民健身"为口号的世界参与人数最多的文化体育活动。北京创造出"阳光工程"、"人文奥运进社区"、"人文奥运神州行"等普及方式，它广泛的群众性使奥林匹克运动焕发了新的光彩。而且，这种能够吸引全民自觉参与的强大力量，正是我们民族的凝聚力。一辈子没出过远门的98岁老奶奶，坐上孙子的脚踏三轮车，从湖南跋涉1 000多公里来到北京，只为圆一个奥运的梦想；江苏一位农民老大爷骑车走遍全国"讲述"绿色奥运，用特殊方式为奥运作贡献；山东菏泽老年大学音乐班30名学员自导自演的《北京欢迎你》，被50万网友称为"中国最便宜、最有精神、最强的MTV"；北京天通苑社区居民自发组织，成功拍摄电影《福娃》，表达了普通百姓参与奥运的新形式，开创了世界电影史上的一个新种类："社区电影"……据调查，在北京申奥成功以后，北京奥运会的民众支持率一直保持在 95% 左右。民众一直自觉地以各种方式参与奥运。2002 年 7 月至 2003 年 8 月持续 1 年零 1 个月的北京奥运会会徽征集活动共征集到作品 1 985 件；2004 年 8 月至 12 月为期 4 个月的北京奥运会吉祥物征集活动共征集作品 662 件；2005 年 1 月 1 日至 31 日共 1 个月的北京奥运会口号征集活动共征集到口号 21 万条；2004 年至 2008 年共 4 年的奥运歌曲征集活动共征集歌曲 5 万余首；2008 年奥运会前夕中国人民大学人文奥运研究中心组织的为期 1 个月的没有任何奖励的文明观赛口号征集都征集到了 3 000 多条口号。小伙子们后脑勺上染着"奥运五环"，书包带上别满奥运纪念章，各赛场内外，观众富有创意的加油装扮也成了一道风景。福娃头，哪吒头，京剧脸，国旗脸，在神州大地上成为一种流行……奥运的气氛和精神已经感染到许许多多的中国民众，而中国民众的热情和努力也已经渗入到国家需要的每一个地方。

《尚书·洪范》中对"水"的解释是"水曰润下"，指的是水具有性质柔顺、流动趋下、滋润万物的特性。王夫之说："五行之体，水为最微。善居道者，为其微，不为其著；处众之后，而常德众之先。"在"君子观水"、"以水比德"的文化熏染之下，中国民众的身上也可以看到平和、柔谦、坚韧、执著的特性。当 13 亿的中国民众都意识到平凡的水滴可以汇聚成流、喷薄向前、奔腾入海，他们将会发现几乎没有什么可以阻挡，几乎没有什么不能成就。

二、福娃晶晶：木曰曲直

福娃晶晶是一只憨态可掬的大熊猫，头上戴着宋瓷上特有的莲花瓣造型的纹饰，黑黑的小爪子轻轻并拢，好像在向远道而来的朋友调皮地拱手作揖。大熊猫是中国的国宝，几十万年前就活跃在我国东部，后来与它们同期的动物相继灭绝，大熊猫却孑遗至今。它们黑白相间的身体、黑黑圆圆的眼窝、竹间嬉戏的可爱神态，一直深得人们的喜爱，历史中也充满了关于它们的传奇记载，光名字就有"貔貅、貘、貊、驺虞、白熊、花熊、竹熊、食铁兽"等等。大熊猫只吃竹子，不伤害和猎食其他动物，能与友邻和平相处，在西晋时甚至被称为"义兽"，是和平友好的象征。两军交战之时，若是一方举起了"驺虞"（大熊猫）旗帜，战斗就会戛然而止，双方会在"义兽"的召唤下停止冲突、握手言和。

这与奥林匹克运动会的"和平"宗旨不谋而合。我们可以上溯到公元前 776 年古希腊第一届奥运会所签订的《神圣休战条约》，可以回想起古代奥运会获胜者头上象征和平的橄榄枝所带来的最高荣耀，可以背诵出现代奥林匹克之父顾拜旦在《体育颂》中对和平的歌咏。可是，我们也无法否认，在奥林匹克"团结、友好、和平"的召唤之下，战争和苦难仍在发生。两次世界大战使得三届奥林匹克运动会被迫取消，在那些没有奥运精神的岁月里，家园倾颓、生灵涂炭、人类蒙羞。

即使是在北京奥运会的盛情邀请之下，局部的战争仍然在践踏着古老的盟约与和平的协定。诚然，无论是两千八百多年前的《神圣休战条约》，还是当下的《奥林匹克休战决议》，都是一种"由心而发"的对和平的向往，都更倾向于一种道义上的约束和承诺。这种源于祖先的、人类共通的"向往"和"承诺"，恰恰是民族国家之间友爱、信任、尊重、克制的起点。北京奥运会在一片欢腾之中开幕，却遭遇了休战协议被毁的阴影。当众多媒体将目光转向对战争的报道之时，为这场"和平的盛会"准备了七年的北京不急不躁，福娃晶晶依旧作揖而笑，各地的人民仍然用热情的掌声和周到的服务笑迎四方来客，从容而自信地继续着奥林匹克精神的召唤。8月10日女子十米气步枪的领奖台上，来自格鲁吉亚的季军妮诺·萨鲁克瓦泽亲吻了银牌得主俄罗斯名将帕杰林娜，两位祖国正在发生军事冲突的运动员在北京奥运会上紧紧相拥。在这一刻熠熠生辉的，不只是人性中涌动的对和平友爱的追求，还有那充当着和平友爱的舞台的北京城。奥林匹克之于战争，既不是约束的律令，也不是根治的良方。它只是一种源自过去、却又通向未来的生生不灭的召唤。正是这种"召唤"，促使那些在争斗和厮杀中迷失了自我的人们正视人类对于和平的永恒期盼，帮助那些在战火和流离中失去家园的人们遥望人类亲如一家的和谐愿景。2008年8月的北京，担负起了这个"召唤"的责任。中国传统中的"驺虞"旗帜和奥运传统中的"友爱、信任、尊重、克制"的倡导在北京完美地相会相容。

北京奥运会的五个福娃，不但是奥运五环的化身，也饱含着中国传统中阴阳五行相生相胜的智慧。关于五行的起源，既有"天赐神书"、"神龟负文"的神话，也有"殷人龟卜五方"的解释；既有"先王以土与金、木、水、火杂，以成百物"的"五材之说"，也有"五德终始"的历史兴衰理论。总之，在中国传统中，"五行"既可以说是构成宇宙万物的五种物质及其运动变化，也可以被抽象为一种既定的思维方式和理论框架。《尚书·洪范》中周武王与箕子的谈话中已有对五行的相当系统的记述："五行：一曰水，二曰火，三曰木，四曰金，五曰土。水曰润下，火曰炎上，木曰曲直，金曰从革，土爰稼穑。"其中"木曰曲直"中的"曲直"，即"枝曲干直"的缩语，是对树木生长形态的生动描述，言其主干挺直向上，树枝曲折向外。从树木的向上生长、向外扩展、枝疏叶茂等现象，引申为木有生长、兴发、生机、条达、舒展等特征。凡具有此类特性的事物和现象，均可归属于木。熊猫晶晶来自广袤的森林，可以说是"五行"中"木"的象征。

森林中的竹管木片被中国古人制成简牍文书，森林中的树皮草根经过"挫、捣、抄、烘"的程序成为纸张书卷，森林中的竹杆枝干在灵巧匠人的手中变成毛笔的笔杆。于是中国的文字从龟甲、铜鼎、丝帛中解放出来，真正成为了文化传播的有效载体和中国知识分子的精神食粮——往圣先贤的厚重思想、历代学者的精粹华章、文人骚客的真迹墨宝。在北京奥运会的开幕式中，文艺表演就以笔、墨、纸、砚作为序曲开端，缓缓展开的巨大卷轴中记载了中华文化中一个又一个灿烂的元素。孔子的"三千弟子"手持竹简书牍，齐声吟咏着《论语》中的名句"四海之内，皆兄弟也"进入奥运会场；897块活字印刷字盘变化舞动，在铿锵的节奏中呈现不同字体的"和"字，既展示了汉字的演变过程，又体现出儒家"以和为贵"的思想传承。

文字是一个民族与宇宙相约而生的交流密码。不知汉字是不是受到了这样以"木"为主的书写载体的濡染，它们不同于字母的弯曲圆润，笔画可以说是"横平竖直"，结构可以说是"枝曲干直"，挥毫运笔之间，满是枝叶舒展条达的风神。从表达方式上看，汉字以表意为主，兼有表音，许多部首都可以反复使用和组字，人们可以在结构的分解和组合之中对方块字中蕴涵的意义举一反三、触类旁通，让人联想到树木的生长和兴发。北京奥运盛会，当然也少不了汉字元素的加盟。奥运会的35个体育图标，以篆字笔画为基本形式，融合了中国古代甲骨文、金文等文字的形象意趣和现代图形的简化特征，使得每一个图标都极具中国的特色又能轻易地为每一个国家的人所辨认。强烈的黑白对比效果、刚柔并济的传统神韵，更是将汉字丰富的文化积淀与体育运动优雅的美感巧妙融合在一起，"形"与"意"在这些奥运图标中和谐统一。奥运会开幕式的倒计时中，"击缶而歌"的数字显示同时采用了阿拉伯数字和汉字，黑暗之中闪烁的荧光和倒计时带来的巨大欢喜，使得汉字的"曲直变化"在各国运动员、记者、观光游客的注视之中传播开去。入场式中各国代表团首次按照汉字笔画数排定先后顺序，虽然只是一个小小的改动，却充满了"地主之谊"的自信和对中国文化的深深自豪。北京奥运村中还专门为对汉字感兴趣的外国友人

森林中的竹管木片被中国古人制成简牍文书，森林中的树皮草根经过"挫、捣、抄、烘"的程序成为纸张书卷，森林中的竹杆枝干在灵巧匠人的手中变成毛笔的笔杆。于是中国的文字从龟甲、铜鼎、丝帛中解放出来，真正成为了文化传播的有效载体和中国知识分子的精神食粮——往圣先贤的厚重思想、历代学者的精粹华章、文人骚客的真迹墨宝。

文字是一个民族与宇宙相约而生的交流密码。不知汉字是不是受到了这样以"木"为主的书写载体的濡染，它们不同于字母的弯曲圆润，笔画可以说是"横平竖直"，结构可以说是"枝曲干直"，挥毫运笔之间，满是枝叶舒展条达的风神。

设立了一间小屋，每天都会吸引许多运动员、教练员和官员来学习中文。还有许多外国友人在运动服甚至身上纹刻汉字，借此表达对中国文化的兴趣和感情。

有些树木的叶尖可以煮水泡茶。中国自古有"一杯春露暂留客，两腋清风几欲仙"的传统。烹茶饮茶更是讲究"新茶、甘泉、洁器为一，天气好为一，风流儒雅、气味相投的佳客为一"。上好的茶叶泉水只为佳客良友准备，而在天朗气清之时携三两好友品一壶清茶则是中国人特有的待客之道。茶作为中国的"国饮"，入口微涩，但是醒脑止渴。奥运期间更是街巷之间茶叶飘香，比赛场馆和展馆之中，茶文化的宣传片循环播放。奥运村中还为外国友人开设了古色古香的中国茶馆。北京这座城市用唇齿留香的天然饮料，诠释着中国文化中的热情好客和宁静尚友的君子风度。

中国古人在论及君子所应具备的品格时，以"仁、义、礼、智、信"五种美德来与五行相配。其中，与"木"相配的美德就是"仁"。《朱子语类》中称"百行万善总于五常，五常又总于仁"。"仁"可以说是儒家传统言说的辐辏之所在，也可以说是中国人精神价值的内核之所在。《说文解字》中"仁""亲"二字互释，在《论语·颜渊》中孔子则将"仁"解释为"爱人"，这恰恰是对中国文化"推己及人"的思维路向的最好诠释。儒家的文化从切己的"亲亲"讲起，将这种父子兄弟之间的感情推广到对周围人的"己所不欲，勿施于人"，并在这种"克己"和"不苛求于人"的宽宏与雍容中达成人与人之间的友爱与和谐。

作为北京奥运会的东道主，中国观众是赛场的主人，每个人都是奥运舞台的主角，每个人都是中国文化的使者。他们代表着北京，代表着中国。奥运会是展示文化中国国家形象的国际舞台，更是一次塑造中国国民形象的机遇和挑战。中国观众将奥林匹克精神与中国传统中的"推己及人"完美地结合起来。当杜丽痛失第一块金牌时，成熟的中国观众没有给杜丽更多的压力，而是给她更多的理解、宽容与鼓励，此后，杜丽以一个完美的胜利回报了国人的信任。当日本体操选手富田洋之在吊环失误之后表现出顽强的拼搏精神时，中国观众给予了他最热情的支持和掌声。法国《世界报》16日撰文说，中国观众在观赛时展现了良好风范，他们不仅为中国代表团加油，也将掌声献给各国运动员。日本《读卖新闻》说，奥运会前许多人担心中国观众会向日本运动员喝倒彩，但当日本"蛙王"北岛康介站上领奖台，中国观众报以了热烈掌声。韩国媒体 Koreaheraldbiz 则举了两个例子称赞中国观众在观赛中表现出高素质。文章称，在举重男子 62 公斤级比赛中，哥伦比亚运动员菲格罗亚屡屡失误，痛哭不已，观众报以热烈的掌声，以肯定他付出的努力。而当中国的"神奇小子"朱启南憾失金牌，站上第二级领奖台的时候，观众的掌声仍然像要掀翻屋顶……

在北京奥运会中，中国观众把对亲朋的友爱"推及"到每一位远道而来的宾客身上，对他们的汗水和努力报以笑容和掌声；中国观众把对祖国的热爱"推及"到每一面国旗、每一首国歌，向他们的拼搏和荣耀致敬；中国观众把对自己的尊重"推及"到每一个辛勤付出的志愿者和工作人员，带走赛场上的每一片纸屑；中国观众把儒家传统中的仁爱宽容"推及"到奥林匹克精神之中，接纳每一种文化的差异、欣赏每一场竞赛的过程。如果求"仁"成为一种完全主动自觉的追求，那么孔子所谓"仁远乎哉？我欲仁，斯仁至矣"的境界也就指日可待。这种充满了君子曲直风度的"推己及人"的仁爱美德，使得中国人在这场"形象展示"中表现不俗，使得北京奥运会可以在世界冲突起伏的岁月里担负起"召唤和平"的使命。

《说文解字·木部》对"木"的解释是"冒也。冒地而生，东方之行"。"木"在五行中代表了中国所在的东方，木之德——"仁"——在五常中代表了中国儒家传统的最高追求。"属木"的福娃晶晶身上携带着东方的热情好客、崇尚和平、君子曲直和仁爱宽厚，拱手作揖，喜笑开颜地迎接四方宾客。

三、福娃欢欢：火曰炎上

欢欢是一个火娃娃，象征着熊熊燃烧的奥林匹克圣火。他是五个福娃中的老大哥，伸展开的双臂既像是在欢迎来自五湖四海的朋友，又像是在护着身边的大熊猫、藏羚羊、沙燕儿、中华鲟四个福娃——古老的国度正在被圣火点燃和照亮。

中国传统的五行相生理论认为，火生于木。关于火的发明，《尸子》有"燧人上观星辰，下察五木以为火"的记载，认为火是燧人氏钻木取火所得。后来，人们又发明了利用金属向太阳取火，于是又有"木燧"和"阳燧"之分。《淮南子·天文训》中记载："阳燧见日则燃而为火。阳燧，金也。日高三四丈，持以向日，燥艾承之寸余，有顷，焦吹之则得火。"《古今

在北京奥运会中，中国观众把对亲朋的友爱"推及"到每一位远道而来的宾客身上，对他们的汗水和努力报以笑容和掌声；中国观众把对祖国的热爱"推及"到每一面国旗、每一首国歌，向他们的拼搏和荣耀致敬；中国观众把对自己的尊重"推及"到每一个辛勤付出的志愿者和工作人员，带走赛场上的每一片纸屑；中国观众把儒家传统中的仁爱宽容"推及"到奥林匹克精神之中，接纳每一种文化的差异、欣赏每一场竞赛的过程。

注》说："阳燧以铜为之，形如镜，照物则景倒，向日生火。"希腊传说则认为是普罗米修斯从烈焰熊熊的太阳车上盗得了天火，解救了饥寒交迫的人类，帮助人类完成了文明的进程。古代奥林匹克运动会点燃圣火的仪式，就起源于人们对普罗米修斯的祭祀。人们在古希腊奥林匹亚遗址用会聚太阳光线的方式点燃火炬，然后跑遍各个城邦，传达奥运会即将开始的讯息，传播了光明、和平、团结、友谊。自 1936 年柏林奥运会开始，现代奥林匹克运动会也开始了圣火的采集和传递之旅，到目前为止，奥林匹亚山上的圣火已经传遍两个半球、五个大洲，甚至在大海深处和卫星之上留下了痕迹。2008 年 3 月 24 日，两个古老的文明用"祖先们不谋而合的方式"——"阳燧"——点燃了北京奥运会的圣火。代表着"渊源共生，和谐共融"之意的祥云火炬托举着珍贵的圣火，经过了境外 9.7 万公里、境内 4 万多公里的传递，把奥林匹克精神的种子撒向全国，甚至撒到了世界的最高处——珠穆朗玛峰之上。汉字中的"火"字本身就是火苗上升、翻腾的象形，与圣火中蕴涵的"更快、更高、更强"的意味不谋而合；而圣火登上"世界屋脊"之时，也许正是人们手握火种、站得最高、离太阳最近的时刻。

奥运圣火的传递并非一帆风顺。"火"本身也蕴涵着"危机"与"勇气"的深意。圣火在境外的传递几次受阻，这其中包含着国家内和国家间复杂的历史及现实关系，远非三言两语就能厘清说明。中国"和平崛起"要获得国际认同仍然任

重道远。不过确定无疑的是，劫持奥林匹克圣火，本身就是对"和平与友谊"的亵渎。无数的华人完全自发地走上街头，从兴致勃勃地等待观看圣火，到挺身而出保护圣火，再到激情澎湃地歌唱祖国。身在国内和国外的中国人，都在用火红的国旗映照拳拳赤子之情，都在以滚烫的肩膀担当传递和平的重任，火热的胸膛中跃动的是一个团结奋进的国家的不屈和勇气。当圣火终于到达中国，国人尽了最大的努力让这种"和平与友谊"播撒到神州大地。97 天的长途跋涉，我们眼见着奥运圣火点亮了一座又一座城市、一个又一个居所。2008 年 8 月 8 日到达"鸟巢"之时，这簇远道而来的圣火已经在星火传递中染红了两万余朵"祥云"的颜色；而圣火本身也浸润了中国风景的陶冶、文化的濡染和人民的热情。当最后一棒火炬手李宁在国家体育场上方飞升和奔跑，最终点燃了第 29 届北京奥林匹克运动会的主火炬时，熊熊燃烧的火焰在天空中飞舞跃动，人们想起了这个古老的国度曲折绵长的历史、自强不息的现在，想起燧人氏钻木取火的智慧，想起敦煌壁画中火焰飞腾的纹样——那正是火娃欢欢的头饰中希腊圣火与中国神火的完美结合。

无数的华人完全自发地走上街头，从兴致勃勃地等待观看圣火，到挺身而出保护圣火，再到激情澎湃地歌唱祖国。身在国内和国外的中国人，都在用火红的国旗映照拳拳赤子之情，都在以滚烫的肩膀担当传递和平的重任，火热的胸膛中跃动的是一个团结奋进的国家的不屈和勇气。

《尚书·洪范》中对"火"深层描述是"火曰炎上"，也就是说火在燃烧时具有发光放热、光热四散、蒸腾上升之象，由此引申到温热、光明、活动、升腾等特性。在中国古人那里，凡是具有这类特性的事物和现象，均可归属于"火"。北京奥运会中不只有祥云火炬和熊熊圣火。中国人用满天的焰火赞美了祖先发明的火药，也装饰了奥运艳丽的夜色：29 个巨大的焰火脚印，在行进中照亮奥运的历史；鸟巢上空 2008 个"笑脸"展示出对八方宾客的欢迎；在"奥运五环"的映照之下，北京一夜无眠……

另外，火的发明使得人类摆脱了"食草木之实，鸟兽之肉，饮其血，茹其毛"的生活，中国人随之发明了"灶"，中国民间至今仍然保留着祭祀"灶王"的传统。在"以火烹饪"的过程中，中国人时有心得；经过日积月累，如今中国的饮食文化已经在全世界享有盛名。北京奥运会当然少不了"中国菜"这个重要元素。无论是奥运村中的每日食谱，还是中国餐馆的名品推荐；无论是各大菜系的经典佳肴，还是街头巷尾的民间小吃，都深受外国朋友的欢迎。在咀嚼和品味之间，"色、香、味、名"俱全的中国菜传递出的绝不仅仅是"果腹"的要求或是"饕餮"的愉悦，而是一种世代传承的对养生健体的讲究、对现有状态的感恩和对生活本身的热爱。

2008 年的北京，火一样热情温暖的还有众多"留名的"和"不留名的"奥运志愿者。志愿者是奥林匹克运动的重要组成部分，是主办城市的"名片"，是主办国的形象大使。北京奥运会志愿者自招募活动开始，报名热潮和培训力度就一再攀升，形成了由赛会志愿者、城市志愿者、社会志愿者、"迎奥运"志愿服务、北京奥组委前期志愿者、奥运会志愿者工作成果转化等 6 个工作项目和"微笑北京"主题活动组成的总体格局。除了有 10 万名赛会志愿者直接为赛会提供服务外，奥组委还在奥运场馆周边重点区域及全市重要交通枢纽、商业网点、旅游景点、医疗机构、住宿酒店、文化活动场所等城市重点区域设立了 2 000 个城市志愿服务站点，有 40 万以上的城市志愿者提供信息咨询、语言翻译、应急救助及具有区域特点的志愿服务，同时将有百万以上的社会志愿者在社区乡镇开展日常志愿服务活动，有千万人投身"微笑北京"主题活动。北京奥运志愿者的标志是两颗相交相印的心灵，志愿者们分布在城市的每一个角落，用热情周到的服务感动着来自四面八方的宾客友人，用高昂向上的情绪感染着北京这座城市和城市中人们的表情，用自己炽热的心灵温暖和照亮别人的心灵。

北京奥运会期间，除了这些直接服务的志愿者，还有很多人虽然不是以志愿者冠名，但也发扬了伟大的志愿精神，为奥运会的成功举办贡献自己的力量，其中既有在本职工作岗位上加班加点工作却毫无怨言的普通工作人员，也有已经退休但是仍然愿意在社会中发挥余温余热的老人。广全日杂退休职工付漪泉老人现年 103 岁，已在社区坚持志愿巡逻 30 余年，至今仍在坚持服务。这位老人自从上世纪 70 年代退休后，就立足社区，从小事做起，积极承担了社区志愿巡逻、社区防火安全知识宣传、社区卫生监督等工作，默默无闻，无私奉献，用百岁的温度温暖着一方水土。

中国的年青一代在这场"志愿热情"的展示中也没有落后。他们被称为"鸟巢一代"、"80 后外交官"。他们中既包括年轻的志愿者、建设者、运动员，也包括所有关心且亮相于北京奥运的中国年轻人。事实上，他们的舞台不仅仅是北京奥运，他们注定是未来国际交往与世界互动的主力。北京奥运对于他们来说，或许可以算作"成年礼"之前的一场大考，他们在考试中展示出了年青一代火热向上的自信和活力，也展示出了五千年文明传统的孵化和

他们被称为"鸟巢一代"、"80 后外交官"。他们的舞台不仅仅是北京奥运，他们注定是未来国际交往与世界互动的主力。北京奥运对于他们来说，或许可以算作"成年礼"之前的一场大考，他们展示了年青一代火热向上的自信和活力，也展示了五千年文明传统的孵化和熏陶。

熏陶。

中国传统认为"五常"之中与"火"相配的美德是"礼"。《礼记·礼运》中记载,"礼"起源于古代的祭祀。这与古希腊圣火的起源颇具异曲同工之妙。而在某种程度上说,"礼"在秩序和道德上的规范,又恰恰是对"火"之热烈、无形的补全。《论语·泰伯》中有言:"恭而无礼则劳,慎而无礼则葸,勇而无礼则乱,直而无礼则绞。""鸟巢一代"拥有的不只是火一样开放、奉献的时代精神,他们还深受"礼仪之邦"的影响。以奥运交通志愿者为例,他们要每天面对着烈日和高温,要笔直站立着值班一个又一个小时,还要将微笑带给进入场馆的每一位运动员、裁判员、国际奥委会官员,媒体将他们热情而灿烂的笑容称为"第一微笑"。他们无法像赛会志愿者那样进入场馆感受比赛的激烈和国旗升起的激动,也无法像媒体志愿者那样享受交流的乐趣和镜头的注视。他们做着车辆信息的收集处理、保证场馆区的车辆正常行驶和标准停放以及乘车人员引领和安排这样简单而辛苦的工作,长时间站立、独自站岗值勤,还要克服炎热的天气的挑战。奥运志愿者没有随心所欲地释放自己的服务热情,而是服从大局的需要、安于自己的岗位;无论在人前还是人后,都保持着"君子慎独"的风范,全心全意地奉献着汗水和笑容。他们在相对枯燥和艰苦的志愿岗位上,彬彬有礼、笑容可掬、谦和可亲,默默地温暖着每一个需要帮助的人。曹操在《礼让令》中说:"礼让一寸,得礼一尺。""鸟巢一代"以热情、礼让、微笑奉上北京的"城市名片",打动了许多的运动员、教练员、游客和记者,他们同样将满意的对视和欣喜的微笑留在了火红的中国。

火的主色——红色——是中华民族深深喜爱的颜色。北京奥运对火娃欢欢的"中国红"色彩的解释是:"中国人近代以来的历史就是一部红色的历史,承载了国人太多红色的记忆。红,是嘉兴南湖的红色航船,是八一南昌的炮火连天,是井冈山上的星星之火,是雪山草地的赤胆忠心,是新世纪中国人民红红火火的日子,是新世纪中国不断提升的综合国力。"如果"中国红"可以算作中华民族的文化图腾,那么或许"炎上"的方向和热度,也可以看作中华儿女的精神指向。在一代又一代中国人蓬勃向上的奋进中,在北京奥运会带来的机遇与考验后,"中国红"必将更加自信和成熟,照亮祖国添瓦加砖的建设,映红人民蒸蒸日上的生活。

四、福娃迎迎:土爰稼穑

福娃迎迎是一头机敏灵活的藏羚羊,是青藏地区特有的保护动物。他绒毛柔软、角若竖琴,即使是在空气稀薄的高寒地区也能顽强地生存。迎迎身姿矫健、奔驰如飞,从祖国辽阔的西部地区一路跑到了首都北京,和其他福娃一起,争先恐后地参加 2008 年的盛会。迎迎的颜色是藏羚羊的黄色,那也是金秋的北京琉璃闪亮、落叶摇曳的色彩，代表着北京独特的自然景观及人文历史的精彩和辉煌；那也是天高地阔的黄土地和浊浪滚滚的黄河水的色彩。这方水土和水土上的风物包孕和养育着炎黄子孙；而土地上的孩子也势必会抓住一切机会保护周围的环境，美化自己的城市。

迎迎代表的是"五行"中的"土"，《尚书·洪范》对"土"的解释是"土爱稼穑"。所谓"稼穑"，植物播种谓之稼，庄稼收获谓之穑。古谓："春种为稼，秋收为穑。"土有播种庄稼、收获五谷、化生万物的作用。进而引申为土有生长、承载、化生、孕育、长养的特征。凡具有此类特性的事物或现象，均可归属于土。"土"作为万物生长的源泉，为所有植物、动物、居所、建筑提供了基座。另一方面，《说文解字·土部》中将"土"解释为"土，地之吐生物者也"，也就是说，"土"自身的定义要仰赖于其上生长的万事万物。在这个"互相仰赖"的过程中，人类无疑发挥了更为能动的作用。

首先是栽种植物用于对土地和空气的回馈。环保是当代文明的核心内涵之一。人与自然相处的关系所达到的程度，标志着人类文明所达到的程度。可持续发展的理念给现代奥林匹克运动注入了新鲜的成分，而北京的"绿色奥运"又具有着中国文化深厚的底蕴。它是以天人合一的和合哲学为文化背景的中国理念。在当代世界，人类共同面临着人与自然的严峻冲突，环境污染、生态危机，如何在人与自然之间寻找冲突中的平衡、达到天人合一的和谐状态就成为人文奥运探索的目标。中国人历来热爱自然。这是一个崇尚天人合一的民族，他们视万物为同类，视自然为亲眷和朋友。他们以人的自然之身来适应、契合于天地自然。中华传统文化所包含的这种天人合一、以天合天的和谐自然观是中国传统哲学对人与自然关系的认识与总结，在今天仍然有着可资借鉴的现代意义。从北京奥运会倒计时一周年开始，一直到开幕式前几天，国外部分媒体一直针对北京奥运会期间的空气质量问题，提出了"质疑"、"批评"，甚至还有无端的攻击。然而，奥运会期间，随着蓝天白云、宜人温度在北京频频出现，无须数据佐证，所有的"批评"和"质疑"，都随着"雾霾"的消失而烟消云散。在北京奥运会主新闻中心举行的新闻发布会上，作为"绿色奥运"的重要内容，北京已超额完成了 2001 年申办奥运会承诺的全部 7 项绿化指标。这 7 项绿化指标分别是：全市林木覆盖率接近

> 迎迎的颜色是藏羚羊的黄色，那也是金秋的北京琉璃闪亮、落叶摇曳的色彩，代表着北京独特的自然景观及人文历史的精彩和辉煌；那也是天高地阔的黄土地和浊浪滚滚的黄河水的色彩。这方水土和水土上的风物包孕和养育着炎黄子孙；而土地上的孩子也势必会抓住一切机会保护周围的环境，美化自己的城市。

50%，山区林木覆盖率达到70%，"五河十路"两侧形成2.3万公顷的绿化带，市区建成1.2万公顷的绿化隔离带，三道绿色生态屏障基本形成，城市绿化覆盖率达到40%以上，全市自然保护区面积不低于全市国土面积的8%。从8月8日奥运会开幕至24日闭幕的17天中，北京的空气质量不仅天天达标，而且10天一级，全面兑现了奥运会空气质量承诺。二氧化硫、一氧化碳、二氧化氮浓度达到世界发达城市水平，可吸入颗粒物低于世界卫生组织空气质量指导值第三阶段目标值。截至8月31日，北京空气质量达标天数累计达179天，占73.4%，比去年同期多18天。超过北京10年来单月一级天9天的最高纪录，更是远超夏季单月5天的最高纪录，全月大气环境中各主要污染物浓度平均下降45%，奥运会期间下降50%，为10年来历史最好水平，完美兑现了绿色奥运的承诺。

其次是城市建筑和公共艺术对于土地的美化作用。7年筹备之中，北京奥运会第一次全面地关注城市公共艺术，全方位地展开城市公共艺术的创意、设计，创造了很多公共艺术的"新经典"。从令世界惊叹的奥运场馆建筑，到遍布全城的休闲广场和城市公园、游乐场，从城市整体景观布局到北京建筑墙面色彩的处理，从各种各样的标志物——大屏幕、灯杆旗、广告牌，到公共汽车站的设计，从城市雕塑到大型花坛林木景观创意，从奥运主题公园（奥林匹克中心区、奥林匹克森林公园、秦皇岛奥林匹克公园等）的设计建设，到社区奥运、健身的公共活动区，从地铁新线路的车站、通道、隔离屏、车厢内部电子屏幕和电视的设立，到整个城市的夜间灯光艺术设计，处处可见鲜明的中国元素、中国设计：青花瓷柱、四合院居、祥云小屋、小桥流水……北京这块土地通过奥运发生的变化太大了。艺术融入了城市公共生活中，融入了城市生活的公共空间中。仅仅以"鸟巢"为例，翠干横斜、银枝交叠的造型，将中国传统文化中镂空的手法、陶瓷的纹路、红色的灿烂与热烈，与现代最先进的钢结构设计完美地融合在一起，吸翠霞而夭矫，比千阁而不群。在北京奥运会结束之后，"鸟巢"除了可以用于参观游览，还可以举办大型文化活动和体育赛事，真正成为市民可以享用的公共资源。这座建筑坐落在北京中轴线北部的延长线上，掩映在一片郁郁葱葱的绿色森林之中。如果我们把京北莽莽苍苍的林海看作一棵大树的话，鸟巢不就是这颗大树上鸟儿的家吗？它是人类的家。人类不就是从穴居野处、构木为巢，到今天万楼林立、倨床而眠的吗？而奥运呼唤人类归家，北京呼唤人类归家：人类该回到与自然万物和谐为友的境界之中，地球是我们唯一的家。

无论是通过绿化给土地带来勃勃生机，还是通过建筑给土地带来艺术魅力，如今的北京城都见证了国人为了实现申办奥运会时的庄严承诺，走过的这7年艰辛而辉煌的路程。这背后是多少人的殚精竭虑、多少人的夙兴夜寐、多少人的通情达理和多少人的无私奉献。

"土"在"五常"中对应的美德是"信"。《朱子语类》有言："信是言行相顾之谓。"2001 年 7 月 13 日，北京申奥代表团在莫斯科向全世界宣布，中国北京将举办太阳底下最出色的一届奥运会。一个有着数千年诚信传统的国度在用实际行动诠释"言必信，行必果"的含义。2008 北京奥运会会徽选择中国传统文化符号——印章（肖形印）作为标志性主体图案，正是代表着世界奥林匹克大家庭和国际奥委会对于北京的信任与委托，也代表着诚信的中国人向今日世界作出的庄严承诺。1994 年利勒哈默尔冬奥会设计与景观主任彼得·T·莫舒斯说，第一眼看到这幅作品就被震撼了。他说自己一直在寻找这样一个图案，那就是当世界另一端的人第一眼看到它的时候，就会感觉到这就是中国的，能表达出基于悠久历史传统沉淀之上的现代感。中国篆刻艺术有悠久的传统，最早的篆刻出现于春秋战国时期。"印"字左边是个"爪"字，就是手，右边是个"节"字，就是符节，也就是凭证。合起来就是手持符节。"印"最初是国君授予官位的一种凭证。史书上说，苏秦佩六国相印，就是佩带六国任命他为相的凭证。印是一种授予，也是一种职责；是一种权力，也是一种约定；是一种信任，也是一种郑重的承诺。印是沟通交流、互相信赖的凭据。所以，中国人称印为信，即所谓印信。印是诚信的象征。中国人说，心心相印。心心相印，就是以我心来印证你心，心心不异，心意相投，相互契合，彼此沟通。中国向世界许下承诺，也在兑现承诺的过程中加快了自己的发展进程，提升了国民素质和社会文明程度。

> 中国人说，心心相印。心心相印，就是以我心来印证你心，心心不异，心意相投，相互契合，彼此沟通。中国向世界许下承诺，也在兑现承诺的过程中加快了自己的发展进程，提升了国民素质和社会文明程度。

印信中的篆字似一"文"字。它代表着一个有着悠久历史的文化的中国———个不仅创造了象形汉字及竹简、篆刻、书法文化的中国，而且创造了围棋、"蹴鞠"和"捶丸"等丰富体育文化的中国。一个隐在的"龙"脚（繁体龙字篆书末笔），向世界昭示，我们是龙的传人。印信中的篆字又似一"京"字。它代表有着三千多年建城史，近千年建都史，而又青春焕发

的古都北京。这个"京"字，恰如一位生气蓬勃并美丽舞动着的现代北京人，她像一位挥舞红绸铺展五环锦绣欢舞迎宾的少女。"有朋自远方来，不亦乐乎？"红绸旋舞，彩带飘飞，热情洋溢的青春北京，正张开双臂拥抱今日的世界，欢迎来自五洲四海的嘉客宾朋。北京城的"龙的传人"在用"印信"昭示着一种"诚信为本"的真诚而淳朴的面对世界和面对他人的态度，这种态度承自中国传统的美

德，同时又与"公平竞争、诚实守信"的奥林匹克精神不谋而合。在兴奋剂和非公平竞赛逐渐侵蚀体育精神的当下，这种"相遇"显得分外可贵。

《左传·僖公二十五年》有言："信，国之宝也，民之所庇也。"中国这块土地以"诚信"为本，以"符印"为证，兑现了奥运的承诺。这个"敬事而信"的国度，对内"取信于民"，对外"以诚立身"。"和平崛起"也是她的承诺，"更多地承担国际责任"亦是她的金言。

五、福娃妮妮：金曰从革

福娃妮妮来自天空，是一只自由自在地展翅飞翔的小燕子。她是五个福娃中最小的一个，笑眼弯弯、双臂收拢的样子，好像有些羞涩。燕子是极具北京特色的物种形象，"燕"字还可以代表着古代北京的称谓——燕京。妮妮把春天和喜悦带给飞过之处的人们，传达着古诗中"莺莺燕燕春春，花花柳柳真真，事事丰丰韵韵"的祝福。妮妮的头饰取自北京传统的沙燕儿风筝，眉梢上挑、双目炯炯、翅膀张扬。中国自公元前5世纪就有墨翟"费时三年，以木制木鸢，飞升天空"的记载，到五代时李郑"于宫中作纸鸢，引线乘风为戏，后于鸢首以竹为笛，使风入竹，声如筝鸣，故名风筝"，再到绵延至今的清明节扎风筝、放风筝的民间传统，风筝的文化两千多年来在炎黄子孙的指尖线端流传不息。相传同样是在公元前5世纪，希腊的阿尔克达斯也发明了风筝，可惜这种技艺后来失传了。直到公元13世纪，意大利人马可波罗从中国返回欧洲后，风筝才开始在西方传播开来。风筝在无意之中沟通了两种文明千年之前的对话。笑眉笑眼的小福娃妮妮，也似沙燕儿风筝一般，线的一端在他乡，传递着吉祥和祝福；线的另一端在此地，昭示着回家的方向。

中国的古代神话中认为太阳之中有三足的金鸟，甚至认为太阳就是"金乌"的化身。福娃妮妮是"五行"中"金"的代表。《尚书·洪范》有言："金曰从革"。所谓"从革"，有顺从和变革两个方面的含义。金的"从革"特性，来自金属物质顺从人意、改变外形、制成器皿的认识。孔颖达疏注"金曰从革"时说："可改更者，可销铸以为器也"、"金可以从人改更，言其可为人用之意也"。因此引申为金有变革、肃杀、洁净等特性。凡具有此类特性的事物和现象，均可归属于金。

1896年第一届现代奥林匹克运动会在希腊举行时，冠军并没有被授予金子制成的奖牌。直到1904年第三届圣路易斯奥运会时，当时美国正处在"西进运动"的大发展时期，淘金热潮席卷全国。或许美国人从金子中看到的正是机遇、变革和进取，于是向奥运比赛的冠军颁发了金牌。2008年北京奥运会将奖牌设计成了"金镶玉"的独特造型。"金玉结合"的创意在中国历史上早有记载：春秋时卞和为进献美玉"和氏璧"连断两足、矢志不渝；后来玉璧为秦始皇所得，令人雕成玉玺，五龙盘桓、晶莹剔透；传国玉玺在汉室世代相传，直至王莽篡权，玉玺受损，能工巧匠将黄金镶上缺角，美其名曰"金镶玉玺"。虽然这一稀世国宝在三国时代就已不知所踪，但是"金镶玉"的神奇故事和文化内涵却在中国人心中传承不息。北京奥运会"金镶玉"奖牌所采用的玉，来自中国最著名的产玉之乡昆仑和田。作为中国第一神山，昆仑山留下了无数远古的传说和难解的谜题。《穆天子传》中记载周穆王西巡到昆仑山，有"取玉三乘，载玉万只"的说法。玉有温润、透明、声清、坚实、锐廉的特点，所以在中国文化中一直与理想中的"君子"风度息息相关。《诗经·国风》有"言念君子，温其如玉"的诗句，《礼记·聘义》中也说"昔者君子比德于玉焉"。将"石之美者"嵌入奥运金牌之中，好比将中国传统文化中的"君子风度"融进了奥林匹克英雄的精神之中。"金镶玉"奖牌所采用的金属来源于澳大利亚和智利的矿场，奖牌上雕刻着插上翅膀的希腊胜利女神奈基和希腊潘纳辛纳科竞技场。金属的柔韧和延展为奖牌中镶入硬脆易碎的玉石提供了可能。"金"的这种"变革"的能力似乎象征着奥林匹克多元文化对中国文化的包容以及世界上的变革和进取精神对传统中国的召唤。来自东方的"玉"与来自西方的"金"在"金镶玉"中完美地融合，在2008年的北京成就了一段"金玉良缘"的佳话。

> 金属的柔韧和延展为奖牌中镶入硬脆易碎的玉石提供了可能。"金"的这种"变革"的能力似乎象征着奥林匹克多元文化对中国文化的包容以及世界上的变革和进取精神对传统中国的召唤。来自东方的"玉"与来自西方的"金"在"金镶玉"中完美地融合，在2008年的北京成就了一段"金玉良缘"的佳话。

为了赢得奥运会的金牌，为了获得设计奥运会金牌的资格，中国也走过了百年曲折而痛楚的"变革"。1896年第1届现代奥林匹克运动会之时，国际奥委会秘书长顾拜旦委托当时法国驻华公使将邀请公文递到了光绪皇帝手中。当时中国刚刚签订了《马关条约》，光绪帝正在内忧外患之中一筹莫展。于是中国因为慈禧太后不知"奥林匹克"之义而与希腊擦肩而过。到1928年第9届阿姆斯特丹奥运会时，国民政府刚刚完成北伐大业，财政吃紧，仅派出中华体育总会荣誉干事宋如海一个人出席观摩。据说，面对着龙腾虎跃的竞技场，坐在看台上的宋如海百感交集，口中反复念叨着"Olympia"这个单词，最后竟然着了魔障一般地说出了几个中国字——"我能比呀"。时至1932年第10届洛杉矶奥运会，中国才派出第一位代表当时4亿人口的国度的运动员刘长春参加百米赛跑的比赛。此后中国大地历经磨难，艰难前行。时至1960年第17届罗马奥运会，台湾运动员杨传广获得十项全能银牌，中国才拥有了第一枚奥运奖牌。到 1984 年第 23 届洛杉矶奥运会，射击运动员许海峰才为泱泱大国赢来第一枚奥运金牌。

奥运金牌并不能客观准确地反映出一个国家的体育水平，更不能说明民族精神的强弱。然而，积贫积弱的中国迫切地需要一种改变国际形象、引起世界重视的方式，于是一些民族主义的情绪就被投注到体育竞技之中。从"学习女排，振兴中华"的口号，到李宁落下吊环之后受到的人身攻击，再到用于培养"冠军"所花费的大量人力资本和巨额体育经费，从某种意义上说，许多中国人对待"金牌"的态度，常常夹杂着过多的民族自尊心的成分和民族主义的情绪。

在中国传统文化中，与"金"相配的美德是"义"，是一种含义极广的道德范畴，其中包含"忠贞爱国"的"国家大义"，也包含"君子喻于义"的"个人威仪"。《礼记·射义》中对体育中蕴涵的"修身之用"有言："内志正，外体直，然后持弓矢审固；持弓矢审固，然后可以言中。此可以观德行矣。"又有："射者，男子之事也，因而饰之以礼乐也。故事之尽礼乐，而可数为，以立德行者，莫若射，故圣王务焉。"由是可见，中国传统对体育的理解更侧重于运动本身对于个体自身精神和道德上的陶冶，这恰恰与"重在参与"、"友谊第一"的奥林匹克精神相互印证。奥运会在英文中是"Olympic Games"，说到底只是一种"游戏"，是一种生命的运动，一次快乐的体验，一种美的愉悦和享受。对于每一个个体运动员和观众来说，参与这个世界上规模最大的人类的巨型狂欢节，才是人生体验中最难得的时刻。如果没有这个基点，奥运就会失去它夺人的风采和无比的魅力。北京奥运会上，无数的中国人为一场最终失败的比赛而欢呼，那就是中国男篮与西班牙男篮的比赛，没有人为这场比赛的结果而遗憾，因为观众满足于欣赏到了一场激情对决的过程，获得了精神的巨大享受。110 米栏的赛场上，"飞人"刘翔在亿万观众的注视之下无奈地选择了退场，国人在惋惜之中表达了对刘翔的尊重、关心和体谅。刘翔完全可以坦然地面对自己的选择，因为他深谙体育精神的真谛，没有凭一时的"爱国冲动"去"玩笑"自己的身体，这一次的理智退场，为的是下一次健康地参与。倘若真如某些媒体所言，是 13 亿人的目光压垮了刘翔的脚踝，那么英雄也该在国人关切的目光中释然，因为他们是在以"同胞之情"、"朋友之义"关心着他这个人，远胜于关心他的金牌。

奥运金牌并不能承载所有的强国梦想。帮助中国运动员和中国观众改变对体育赛事态度的，除了有体育精神的普及，还有祖国本身的变化发展，这足以让我们拥有足够的自尊和自

> 奥运金牌并不能承载所有的强国梦想。帮助中国运动员和中国观众改变对体育赛事态度的，除了有体育精神的普及，还有祖国本身的变化发展，这足以让我们拥有足够的自尊和自信去面对全世界的注视。

信去面对全世界的注视。2008 年北京奥运会正值中国"改革开放"的第 30 个年头。回望 1993 年在蒙特卡洛北京第一次申办奥运会时的失败经历，回想时任奥委会主席的萨马兰奇先生拆开信封读出"Sydney"时举国神伤的刹那，国人应当为今天更加成熟的实力和心态以及这场发生在 2008 年的"无与伦比"的盛事而深深感激和自豪。30 年"改革开放"的道路并非一马平川，可是中国人在"变革"的考验面前越挫越勇，从 80 年代的蹒跚学步，到 90 年代的突飞猛进，再到 21 世纪的从容向前，中国在经济实力和国际影响力上的变化有目共睹。我国国内生产总值从 3 645 亿元迅速增长为 24.66 万亿元，年均增长速度接近 10%，远远高于同时期世界经济平均 3% 的增长速度。经济总量跃居世界第四。随着经济发展，综合国力也得到不断增强，人民生活从温饱不足发展到总体小康。这为我们举办国际盛会、广邀各方宾朋提供了前提。而奥运会同时也点燃了城市发展的助推器："蓝天计划"仍在进行，T3 航站楼正式投入运营，北京完成城市升级，山海关、秦皇岛、青岛、沈阳、香港无不因为奥运的来临而面貌一新。30 年的经济改革，同时也是 30 年的思想解放。一个曾经封闭自负的国度向世界敞开了怀抱，主动参与全球化进程，自觉发挥国际作用。开放后的中国渴望融入世界，全球化的世界渴望接纳中国，从 2001 年加入世贸组织，到 2008 年举办北京奥运会，到 2009 年参与国际救市，到 2010 年全球金融危机背景下的上海世博会，"同一个世界，同一个梦想"的中国"义"气，绝不仅仅体现在北京奥运会中。

51 枚金牌、100 枚奖牌的傲人战绩足以使每一个关心奥运赛事的中国人自豪。当体育逐渐回归奥林匹克精神的本意，国人将在中国的经济崛起与国际担当中收获"千金难买"的自尊和自信，回归精神追求的"多元"和"淡定"。

中国人认为"一气分阴阳，阴变阳和，化生五行"，五行以"水、木、火、土、金"五种质料及其运动变化与五方四时相配，解释宇宙万物所遵行的某种时空秩序，并由此深化身心的修养、窥探人事的吉凶。五行之间有相生相胜：温润的"水"可以滋生出曲直的"木"；"木"性温暖，灼热的"火"就隐伏其中；"火"燃烧之后留下灰烬，就是肥沃的"土"；聚"土"成山，山必生石，石中又隐藏着珍贵的"金"；销锻之"金"可以自由流淌，随物赋形，所以"金"能生"水"；而"水"又能生"木"……于是阴阳五行循环不息。而彼此相生相连的五个福娃寓意着"五福临门"，他们的名字连起来就是"北京欢迎你"的读音，亲切的欢迎和问候之间，满是中国语言谐音联想的智慧和趣味；五个福娃代表的美德连起来就是国人世代相承的"仁义礼智信"的儒家传统，在西方体育精神的参照之下，古老的东方文化焕发出历久弥新的光芒；五个福娃代表的方位连起来就是"东西南北中"全方位的相聚和交融；五个福娃的颜色连起来就是奥林匹克五环旗帜的色彩，两种文化的遥相呼应之间，满是对五大洲心心相印的期待与憧憬。而

"水胜火、火胜金、金胜木、木胜土、土胜水"这样周而复始的"相胜"关系，也在"五行"、"五德"的相互克制和转移中道出了中国文化几千年来包容融合、绵延不息的秘密。

公元 2008 年，北京集"天时、地利、人和"于一身，用五种来自文明根荄处的元素"制造"出了一场充满了中国风骨和气韵的奥林匹克盛会。不只是奥运会，"Made in China"已经成为了当今世界司空见惯而又不可缺少的元素，这个遍布世界的英文短语展现出一个古老的文明锐意图强、力争上游、勇于担当的姿态和现状。公元 2009 年是共和国 60 周年华诞，在这短短的 60 年时间之中，中华民族披荆斩棘、昼夜兼程，走过了其他民族上百年的进步路程。"Made in China"显然不是我们的目标，只是前行中的一个阶段。五千年的传统是我们取之不尽的智慧宝库，13 亿的人口是我们无坚不摧的力量源泉，我们正在路上。

公元 2008 年，北京集"天时、地利、人和"于一身，用五种来自文明根荄处的元素"制造"出了一场充满了中国风骨和气韵的奥林匹克盛会。不只是奥运会，"Made in China"已经成为了当今世界司空见惯而又不可缺少的元素，这个遍布世界的英文短语展现出一个古老的文明锐意图强、力争上游、勇于担当的姿态和现状。

第二章　北京奥运与中国传统文化的创造性转化

从世界历史的角度看，人类文明经历了全球性文明的轴心时代和欧洲中心时代及西方中心时代。20世纪后期至21世纪初中国的崛起和复兴，标志着这一古老而伟大的民族重新赢得了自立自强的地位。现代化进程中的奋斗目标和全球化进程中的大国地位在北京奥运的举办过程中最为集中地展示出来，堪称中国现代化和全球化进程中的里程碑。在这一过程中，中国传统文化不仅扮演了重要角色，发挥了独具特色的作用，而且传统文化的现代化也以创造性转化的方式，在北京奥运中全方位体现出来。

一、何谓传统：中国传统文化的当代境遇

1. 古今中西之间：中国传统文化的当代境遇

自近代以来，中国文化的基本走向是围绕选择何种现代化路径展开的。面对"三千年未有之大变局"，从言技、言政、言教的三阶段划分，到中西文化与价值的体用之争，莫不逐渐显现出中华传统文化和现代化追求的思想背景和时空构架，这就是"古—今"历史性向度与"中—西"文化地域性向度。这就是说，不存在单向的古今之争和中西之争，也不存在单一层面的现代化追求和进程。所有重大的文化问题既在复古抑或求新、"旧邦新命"抑或开天辟地的双重张力下展开，也在中体西用抑或西体中用、兼收并蓄抑或综合创新之间变奏。无论是古为今用、

洋为中用的方针，还是马克思主义中国化的持续进程，都体现出"古—今"、"中—西"两个向度之间的张力与交汇。也许没有哪一种文化像中国文化这样，在20世纪及其前后几十年间，经受着如此纷繁复杂的理论学说、文化态度和价值教化的拷问；也许没有哪一个时代，像百余年来这样，汇聚了如此丰富而深厚的思想资源，使中国文化能够在这个时期积累起无尽的思想宝藏，为传统文化的创造性转化提供条件。在这里，我们把中华传统文化在当代的境遇，描述为处在"古—今—中—西"十字路口上的传统文化。

自21世纪以来，全球化不再仅仅是传播学意义上的地球村，也不再仅仅是经济学意义上的全球市场，而是技术、经济、政治、文化的全球一体化，是马克思世界历史理论又一个新的样板。如何在全球化语境中保持"多元共存"，把文明冲突限制在一定程度之内，乃是全球化带来的重大的理论和实践挑战之一。全球化语境虽然仍有西方中心主义的阴影作祟，但已敞开了更为广泛的视阈。技术的和经济的全球化搭建起各方对话与冲突的平台，迫使我们必须在文化层面上回应游戏规则与共享价值所包含的原则、内容和限度。对西方人来说，现代性经过后现代的反思将在全球化进程中发生转型，这一转型的最重要趋向也许是从西方中心主义向多元共存（抑或是文明的冲突）的变化。在现代性的后现代阶段面前，我们的身份主要是观众，审视着西方人自己的吹拉弹唱；但在全球化趋势面前，中国和中国文化也主动地登上了舞台，成为推动、调节全球化的一支重要力量。在这个意义上，中国的现代化进程与世界的全球化进程是叠加的，它使中国的现代化不可能复制欧美诸国的各种现代化道路，却必须在崭新的高度上反思那些现代化路径；它使民族复兴的引领者不可能仅仅着眼于技术、器物层面的腾飞，而必须着眼于文化、价值乃至文明的层面，成为中国文化振兴的领航者。于是，在"古—今—中—西"十字路口上，我们看到的是多条现代化道路的交汇，是民族化与全球化的变奏。我们所关注的中国传统文化不再仅仅是"中国的古代文化"，也不仅仅是"古代文化在今日中国"；我们要思考的是中国传统文化在其中呈现出何种面貌，扮演着何种角色，要走上一条怎样的创造性转化之路。

2. 何谓传统：当代哲学诠释学的理解

那么，传统文化之"传统"究竟可以怎样理解，才更能完成我们的历史使命呢？当然，这里不是详细讨论这个问题的地方，我们仅从哲学诠释学的角度略作疏解。

首先我们要区分"传统"与"传承物"。无论是辉煌壮丽的物质文化遗产，还是丰富多彩的非物质文化遗产，从历史文本到理论思想，都可视为"传承物"。它们是我们——以及历史上各个时代的"我们"——凝视、欣赏、研究乃至把玩的对象；同时，它们记载历史，积淀文化，荟萃文明，承续"传统"。而它们之所以能够承续"传统"，恰恰在于它们并不把传统当作静态的、现成的、凝固的对象沉积下来，而是把传统呈现为在时间中敞开的视阈。传统不是对象，不是沉积物，"不是一尊不动的石像，而是生命洋溢的，有如一道洪流，离开它的源头愈远，它就膨胀得愈大"①。传统必定有时间距离，才可能有薪火相"传"、创业垂"统"②；但时间距离与其说造就了传统的"古老"，不如说是造就了传统向将来的不断敞开，使之成为持续交融的效果历史。我们感受传统，是因为我们感受到正在与传承物进行着攀谈；我们理解传统，是因为我们总是在一种历史视阈当中，把自身置入历史处境当中。我们在传统中生存，在传统中死亡，在传统中言说，在传统中书写——人居住在传统之中；同时我们又在延展传统、反叛传统、创新传统。因此，这种基于历史视阈与传承物照面的传统观总是处在紧张关系当中。于是，诠释学大师伽达默尔说：一方面，"历史意识意识到它自己的他在性，并因此把传统的视阈与自己的视阈区别开来。但另一方面，历史意识本身只是类似于某种对某个持续发生作用的传统进行叠加的过程，因此它把彼此相区别的东西同时又结合起来，以便在它如此取得的历史视阈的统一体中与自己本身再度相统一"③。

在这里之所以要引证哲学诠释学的观点，主要目的是要表明，仅仅把传统理解为过去的对象和凝固的事物，虽然是人们习以为常的看法，却不是更好的理解传统的方式。相反，定位于现在，着眼于将来，反观过去，在历史视阈和效果历史中理解传统，把传统视为活生生的、不断展开、不断创造的基本生存方式，才是理解传统最有力的进路。这就是为什么我们所谈论的"古代传统"实际上是反复诠释、持续展开的多层次传统，这就是为什么我们要立足当代、振兴传统文化的原因。

在传统的洪流当中，有三种传统似乎最容易辨认，也比较广泛地得到官方和民间的认同：一是由若干"亚传统"组成的、被视为不断演进的整体的古代传统，二是可以追溯到近代史开端的、由中国共产党人最终确立的革命传统④，三是自20世纪70年代末期以来形成的改革开放新传统。⑤ 不过，其间的问题似乎也很明显：第三种传统仅有三十多年的时间，不仅时间短、时间距离近，而且在文化积累的丰厚程度上，都似乎很难与前两种传统相提并论，形成鼎足而立的传统格局。但是，如果我们不把传统视为现成的对象，而是把它理解为历史视阈的融合，那么，第三种传统恰恰是我们当下的基本视阈，我们恰恰是在这种视阈下与各种传统交

---

① ［德］黑格尔：《哲学史讲演录》，第1卷，8页，北京，商务印书馆，1959。
② 语出《孟子·梁惠王下》："君子创业垂统，为可继也"。
③ ［德］伽达默尔：《真理与方法》（诠释学I），417页，北京，商务印书馆，2007。
④ 由周恩来同志书写的、中国人民政治协商会议第一届全体会议通过的人民英雄纪念碑碑文，似乎可以诠释这种理解："三年以来，在人民解放战争和人民革命中牺牲的人民英雄们永垂不朽！三十年以来，在人民解放战争和人民革命中牺牲的人民英雄们永垂不朽！由此上溯到一千八百四十年，从那时起，为了反对内外敌人，争取民族独立和人民自由幸福，在历次斗争中牺牲的人民英雄们永垂不朽！"
⑤ 这种观点曾被以类似的方式提及，较晚近的是甘阳在《通三统》中提出，孔夫子的传统、毛泽东的传统和邓小平的传统，是同一个中国历史文明连续统。参见甘阳：《通三统》，北京，三联书店，2007。

汇，正因为如此，中国传统才有面向未来的创造性转化的可能性。而这种视阈的核心特征，正是我们一开始所描绘的处在"古—今—中—西"十字路口上的传统文化之当代境遇，正是以现代化诉求和全球化进程为语境的中国传统文化的创造性转化，而且，在一定意义上，也是与建设小康社会和和谐社会的主导思想相容的思想脉络，因为"小康"是现代化诉求的目标，而"和谐"则是全球化进程中的理想状态。

二、北京奥运：中国现代化和全球化进程中的标志性事件

主办奥运会是许多国家和城市的梦想。不过，大多数国家和城市主办奥运会的目的与北京奥运有极大的差异。兹仅举一例。有美国学者在分析美国城市申办奥运会的动机时，作出如下概括：

> 对一个城市来说，主办奥运会的吸引力应当是显而易见的。奥运会持续时间甚短，其有形无形的效益却极大。有形的效益包括成千上万的游客——既有来自城乡各地家庭前来观赏比赛的游客，也有住在豪华饭店的外国贵宾和名商巨贾。无形的效益既包括比赛期间吸引全球目光的赛事电视转播，也包括各大媒体对城市本身铺天盖地的报道。奥运会推动者总是说，比赛的真正价值来自与之相联系的奥林匹克形象本身。①

我们当然不是说上述动机完全不适用于北京奥运，但我们必须说，仅从这些方面来理解北京奥运，则无从理解北京奥运所具有的举国动员、全民参与的特征，更无从挖掘其更深层的历史和文化意蕴。北京奥运作为当代中国的全国性—全球性重大事件（mega-event），就其历史意义而言，必须从中国百年来的现代化追求和近三十年来的全球化进程来理解；就其文化意义而言，必须同时结合百年来中国传统文化的创造性转化来把握。在这个意义上，我们可以把北京奥运称为中国现代化和全球化进程中的标志性事件。

1. 奥运与国运：一个历史性的掠影

我们无须再回顾百年来的中国历史，也无须再细数其间的苦难与抗争，但贯穿其中的启蒙与救亡的变奏、反抗与革命的决心、独立与富强的梦想、文化自觉与身份认同，却是塑造新的文化传统的主题。

奥林匹克运动会自然首先是体育比赛、身体竞技的盛会。不过，体育之于近代中国的有志之士，其意义却绝不仅仅是体育锻炼、比赛层面上的，而具有洗刷

---

① Matthew Burbank et al., *Olympic Dreams：The Impact of Mega-Events on Local Politics*, *Explorations in Public Policy*, Boulder, Colo., Lynne Rienner Publishers, 2001, p. 1.

"东亚病夫"之羞辱的功能，更具有与心身健全、文明昌盛同等层次的意义。比较有典型意义的例子是毛泽东于 1917 年 4 月在《新青年》第三卷第二号上发表的《体育之研究》。青年毛泽东首先就将国力与体质并举："国力苶弱，武风不振，民族之体质，日趋轻细。此甚可忧之现象也。"后点化福泽谕吉"先成兽身，后养人心"之论，一反国人身体瘠弱、忽视体魄锻炼的习惯，更强调身体强健的重要意义，主张"欲文明其精神，先自野蛮其体魄。苟野蛮其体魄矣，则文明之精神随之"。

同样，国人对奥林匹克运动的理解最初也不完全是《奥林匹克宪章》后来所倡导的奥林匹克精神——"奥林匹克主义是增强体质、意志和精神并使之全面均衡发展的一种生活哲学"①，而是把体育与国运、竞技精神与国家声望紧密联系在一起。1912 年，现代奥运会创始人顾拜旦在《体育颂》中，以诗意的笔触赞美体育是美丽、艺术、正义、勇敢、荣誉、乐趣、活力、进步与和平的化身。16 年之后，在 1928 年第 9 届奥运会期间，中国副代表和观察员宋如海在其通讯稿中，将 Olympiade 译为"吾能比耶"（1930 年改译为"我能比呀"）。他说："古希腊运动会的名称，世界运动大会仍沿用之。'我能比呀'虽系音译，亦含有重大意义，盖如示吾人均能参加比赛，但凡事皆须要决心毅勇，便能与人竞争！"而且，"运动游戏，不仅有益于身心，且可提高道德，维持社会治安，尤能促进国民之精神，发皇国徽，光耀于世界运动会场"②。与顾拜旦对体育的讴歌相比，宋如海似乎看重奥运会对于国民精神、国家荣誉的重要作用。这种思路一直延续到 20 世纪 80 年代我国的"奥运战略"，一方面要建设体育强国，另一方面也强调奥运会关乎国家声望和民族尊严。

这种将体育与国运紧密关联、竞技精神与国家声望并重并举的思路和实践不能单纯在政治化层面来解读。这实际上意味着我们要区分两个解读层次。

第一，奥运会以人文立本，其宗旨中包含超政治的维度在内；但奥运会在实际申办和举办当中，不可避免地成为一个集体育竞技、宣传媒介、商业旅游和国际政治于一身的复合体。奥运会的全球性影响势必要成为各种政治势力和政治理念角逐的舞台。其中特别典型的是第二次世界大战前夕、在纳粹统治下的德国柏林举办的第 11 届奥运会（1936），冷战结束前夕在莫斯科举行的第 22 届奥运会（1980）、在洛杉矶举办的第 23 届奥运会（1984）等，这三届奥运会都得到了出于不同意识形态的不同程度的抵制。与此同时，1949 年中华人民共和国建立之后，新中国与多届奥运会的关系就具有极强的政治性，既涉及意识形态争论，也涉及国家主权问题。

第二，我们仍然需要将中国参与、申办和主办奥运会的努力视为超越于政治

① 李艳翎主编：《奥林匹克运动全书》，50 页，北京，国际文化出版公司，2001。
② 转引自汤铭新等：《简论宋如海〈我能比呀·世界运动会丛录〉在中国奥林匹克史中的地位与影响》，载《浙江体育科学》，1999 年第 21 卷第 1 期。

争议之上的行为，因为它是将现代化追求与民族独立和国家富强的诉求融为一体的不懈努力，其中也体现了中国对奥林匹克精神的理解和对奥林匹克文化的拓展。例如，在20世纪60年代初，中国配合印度尼西亚，积极参与并策划了不受当时大国控制的新兴力量运动会。1963年11月，第一届新兴力量运动会在印尼首都雅加达顺利举行。报名参加这次运动会的有51个国家，派代表到雅加达的有48个国家。《新兴力量运动会宪章》秉持的思想基础是万隆会议精神和奥林匹克理想。因此，当时新中国与印尼等国家不顾国际奥委会的反对与制裁而强行举行新兴力量运动会，既是国际奥林匹克运动的一部分，又以新的国际政治理念拓展了奥林匹克运动。万隆会议精神中的独立、和平、友好与合作，中国代表团提出的和平共处五项原则，也体现出中国传统文化理念与革命传统理念之间的融合和创新。

由此可以看出，中国与奥运会的关系处于多种因素的纠葛、多种力量的张力当中，因而必须进行整体的解读，而整体解读的关键线索，则是我们一再强调的现代化追求和全球化进程中的多重变奏。这一系列多重变奏，在中国进入改革开放的新时期之后，更为清晰、更为嘹亮地唱响在中国人的奥林匹克运动史上，使北京奥运最终成为中国现代化和全球化进程中的标志性事件。

中国重新参与和申办主办奥运会的设想与中国改革开放的进程几乎是协调一致的。

1979年2月26日下午，邓小平会见了日本共同社社长渡边孟次。会见中渡边问邓小平，对于即将召开的1980年奥运会，中国是否有意参加或将来在中国举办奥运会。邓小平回答道："首先要解决台湾资格问题。这个问题解决了，当然我们要成为奥运会的成员，中国正在准备参加莫斯科奥运会。奥运会四年一次，1984年条件困难一些，但1988年条件成熟了也许我们可以承担在中国举办奥运会。"①

自此以降的中国奥运史便与改革开放引发的现代化和全球化进程、改革开放塑造的新时期传统息息相关，互相推动，在改革开放开始和恢复中国在国际奥委会中断28年的合法席位之后，经过近三十年的努力，终于在北京奥运中酝酿出标志性的成果。

2. 旧邦新命：中国现代化追求的理想

20世纪70年代，中美建交标志着中国在外交领域取得了新的突破，1975年四届全国人大会议重新倡导的四个现代化的国家战略标志着现代化进程的再次接续。80年代之后，改革开放时期的中国逐渐摸索出在反思中发展、与时俱进的中国经验，开辟出独具特色的整体性发展道路。在这一进程当中，我们一方面可以看到追求国家富强、民族振兴、使中国屹立于世界民族之林的宏大理想和伟大实践，另一方面也可以体味到"周虽旧邦，其命维新"这句古老箴言所负载的文化力量。

---

① 转引自王健君：《北京奥运：中国改革开放纪念碑》，载《瞭望》，2008（1）。

"旧邦新命"是近代中国和当代中国奋发图强、改革创新精神的隐含背景之一，也是"古今之争"的核心议题之一。"旧邦新命"意味着当下的视角和心态，它扎根于"旧"，却着眼于"新"，它是一道裹挟着历史与当今的洪流，奠定了当代的历史视阈。与此同时，"旧邦新命"的可能性必须在中国与世界的关系，特别是中西之争的背景下展开。整体性的综合发展，引发了综合国力、民生幸福的提升和全方位的国际地位的提升。这两方面的提升及其引发的强烈的国际影响，在很大程度上回应了"旧邦新命"的挑战，预示了中西之争最佳的可能解决路向——中西会通。我们可以看到，北京奥运似乎就是站在"古—今—中—西"十字路口上的中国在"旧邦新命"和中西会通上的独特缩影。

> "旧邦新命"意味着当下的视角和心态，它扎根于"旧"，却着眼于"新"，它是一道裹挟着历史与当今的洪流，奠定了当代的历史视阈。

在"旧邦新命"的层面上，北京奥运集中体现在四个方面。

（1）北京奥运展示了快速发展中的中国在经济腾飞、政治动员、文化繁荣等方面的巨大进步。北京奥运是中国综合国力的集中展现，这一点恐怕是北京奥运给中国人民和世界人民最深刻的印象。对于这样一场奥运史上规模最大的、水平最高的奥运会，有特色、高水平，并被国际奥委会主席罗格称为"无与伦比"的超大型赛事，其比赛场馆、奥运村、交通运输、环境保护和赛事组织需要极大的经济实力、世界一流的科技水平和高度的政治动员力量的支持。同时，如果没有集传统与现代于一身的深厚的文化底蕴和庞大的文化积累，也不可能创造出各种美轮美奂、令人耳目一新的奥运仪式。甚至在心理层面，北京奥运也展示了当代中国人的崭新面貌。前来出席奥运会开幕式的以色列总统佩雷斯告诉新华社记者，北京给他留下最深印象的是人们脸上开心的笑容："人们微笑，是因为他们的内心感受到了微笑的理由。"[①] 因此，北京奥运给世人展示的是中国的立体形象和综合发展；而其中以强大经济实力为基础的组织动员机制和体育竞赛的举国体制的成功几乎是不可复制的成就。这一切不仅与积贫积弱、一盘散沙的近代中国形成鲜明对比，也异于历年来绝大多数奥运会。也正是这个原因，选择北京奥运这一全球性重大事件为总体展示中国的标志，是非常适宜的。北京奥运举办两年之后举行的 2010 年上海世界博览会，也同样从另一个中心城市上海这个窗口展示了中国与世界的密切关联。

（2）北京奥运展示了中华民族强大的凝聚力和海内外华人对民族尊严、华人身份的强烈认同。北京奥运是多层面的重大事件和多方面的象征符号，其中特别

---

① 新华社记者李柯勇等：《北京奥运会——中国告诉世界》，见 http://news.xinhuanet.com/newscenter/2008－08/25/content_9706153.htm.

指涉"中国"、"北京"、"中华民族"、"华人"等具体国家意象和民族身份，并成为民族凝聚力的浓缩和民族尊严的汇聚。在北京奥运开幕之前有两个重要事件，使北京奥运在汇聚民族力量上达到了顶峰：一是奥运火炬传递过程中的"4·19"运动：全球华人在欧美各国自发集会，抗议某些国外媒体对中国的歪曲报道；二是"5·12"汶川大地震。前者是北京奥运本身重要环节中发生的重大事件，而后者则彰显了在本国人民遭受的重大自然灾难面前和抗震救灾斗争中凝聚起来的众志成城、血脉相连的民族精神。"4·19"事件一方面体现出全体中国人自强不息、自信自立的精神，昭示了国力强大、国运昌盛对整个民族气节和民族尊严的支撑，尊严与实力实则是互为表里的；另一方面，这种精神在五星红旗和五环旗下凝聚起来，实则是爱国主义与世界主义的共同体现，而不是狭隘的民族主义，它所反击的，恰恰是隐藏在公正、客观的面具下面狭隘的西方中心主义。汶川大地震再一次凝聚了国人的力量和精神，同时使北京奥运在壮观之外更增加了悲壮的色彩，使北京奥运这一重大历史事件具有了更为深厚的历史意蕴。因此，"4·19"、"5·12"、"8·8"，这三个2008年乃至21世纪非同寻常的日子，使"中国人"、"中华民族"所负载的精神气节和文化轮廓在全球华人的意识中凝聚成宏大而具体的意象，积淀为长期乃至永恒的民族和文化身份认同：面对苦难自强不息，面对外侮奋起抗争；以国家为骄傲，以天下为襟抱；崇尚和平而不辱于人，自立自尊而能立己达人。回想90年前的五四运动，令人感慨系之。

（3）北京奥运浓缩了改革开放新时期新传统在思想观念和发展实践上的精华。北京奥运的目标被归结为：有特色和高水平。其中有特色涵盖了中国风格、人文风采、时代风貌、大众参与；而高水平表现在八个方面，包括体育场馆设施和竞赛组织工作、开幕式及文化活动、媒体服务和良好的舆论评价、安全保卫工作、志愿者队伍和服务、交通组织和生活服务、城市文明形象，以及各国运动员创造优异成绩。举办北京奥运的方针被归结为开放、创新、节俭、廉洁、全民参与。在理念上，北京奥运更是提出了深入人心的绿色奥运、科技奥运和人文奥运，并在奥运会之后，将其转换为绿色北京、科技北京和人文北京，力图以此为基础，将北京建设成为世界城市。这一系列目标、方针和理念，不仅是举办奥运会所需要的，而且也是改革开放三十年来形成的建设理念和成功实践的浓缩。

（4）北京奥运预示着世界历史的新阶段和中国在开创新的世界体系上的重大创造。"旧邦新命"之"命"不仅是一时一地、一国一族的"命"，而且与人类文明进程息息相关，与世界发展紧密相联。北京奥运作为"旧邦新命"的集中体现，预示着中国初步具有了大国实力、大国地位和大国风范。奥运会（夏季）在亚洲地区举行，迄今为止只有三次，相距都在20年及以上（1964年东京奥运会、1988年汉城奥运会、2008年北京奥运会），其他历届奥运会主要集中在欧美国家。如果我们把奥运会视为和平时期没有硝烟的竞争，那么奥林匹克运动也是由西方国家主导的，在一定意义上是由西方世界所掌控的世界体系的一个缩影。而当代中国的崛起则打破了原有世界体系的力量对比，使中国成为能够与世界大国平起平坐、分庭抗礼的发展中大国。同时，中国人口占世界人口的五分之一，中华文化拥有五千年绵延不息的悠久文化传统，这种举世无双的独特性使中国的崛起具有极其重要的世界历史意义。北京奥运在这个历史机遇举行，恰恰成为中国文化乃至东方文化与西方文化会通、并存，在竞争与合作中发展的标志，成为破除西方中心主义、走向多元共存的契机。

3. 中西会通：中国在全球化进程中的目标

在中西会通层面上，北京奥运的口号"同一个世界，同一个梦想"是其最佳概括。具体说来，集中体现在四个方面。

（1）北京奥运吸收了奥林匹克运动的精神、文化，并在此基础上形成了融传统与现代于一身的中国经验。在北京奥运的申办陈述中，刘淇同志指出，北京2008年奥运会有如下特点：它将有助于推动经济发展和社会进步，并将有益于我们人权事业的进一步发展；它将推动中国文化与世界其他文化的广泛交流；它将在奥林匹克理想普及方面，迈出重要的一步。[①] 这三个方面非常精确地刻画了北京奥运与世界文化的融汇与沟通。在理想和文化层面上，《奥林匹克宪章》倡导奥林匹克主义是将身、心和精神方面的各种品质均衡地结合起来，并使之得到提高的一种人生哲学；它将体育运动与文化和教育融为一体；奥林匹克主义所要建立的生活方式是以奋斗中所体验到的乐趣、优秀榜样的教育价值和对一般伦理基本原则的推崇为基础的；奥林匹克主义的宗旨是使体育运动为人的和谐发展服务，以促进建立一个维护人的尊严的、和平的社会；奥林匹克追求更快、更高、更强。[②] 在这里，我们看到，虽然奥运会本身表现为体育竞技和各国体育实力的竞争，但其理想却是要达到身心统一、灵肉均衡的哲学，建立融体育、文化、教育、伦理为一体的强调竞技及其乐趣的生活方式。这种理想和文化无疑与中国传统文化既重视"养心"、"修身"的伦理原则，又包含"养气"、"技击"的精武理念，颇有会通之处。但总的来说，中国传统文化中也有轻视体育锻炼和身体竞技的一面，这既有民生压力的原因，也有"万般皆下品，唯有读书高"的因素。而奥林匹克运动将体育和体育竞技上升为哲学理念和生活方式，无疑将促进全民健身和体育运动的进一步发展。北京奥运作为一届重新锻造荣耀与辉煌、英雄辈出的奥运会，将激励更多的中国人去追求奥林匹克运动所拥有的丰富多样的价值。

（2）北京奥运促进了西方世界对中国发展道路上的中国经验和"北京共识"

---

① 参见北京奥运会申办陈述报告，见北京 2008 奥运会官方网站，http：//www. beijing2008. cn/spirit/beijing2008/candidacy/presentation/n214067188. shtml。

② 参见李艳翎主编：《奥林匹克运动全书》，50～52 页。

的进一步体认。中西会通并不意味着中国与西方发达国家全方位的观念认同，而是在独立与合作的关系中，倡导多元共存，平等对话，深入了解，加强沟通。无庸讳言，近百年来，中国对于西方的认识和学习的热情及成果远远超过西方对中国的认识和理解。这自然是由于西方中心主义和世界体系的不平等地位造成的。但是，中国经验、中国道路乃至中国模式的阶段性成功，使西方世界不得不重新反思其观察和理解中国的角度和态度。英国前首相布莱尔在谈到北京奥运时不无感慨地说："20世纪前，权力曾属于西方。到了20世纪，权力属于美国。现在，我们必须适应一个新世界，与远东地区分享权力。无论如何，我们必须接受这种事实。"① 在华盛顿共识崩溃之后，"华盛顿最清楚如何告诉别国管理自己"式（Washington-knows-best approach）② 的傲慢，让位于"北京共识"：

> 中国的新发展方针是由取得平等、和平的高质量增长的愿望推动的。严格地讲，它推翻了私有化和自由贸易这样的传统思想。它有足够的灵活性，它几乎不能成为一种理论。它不相信对每一个问题都采取统一的解决办法。它的定义是锐意创新和试验，积极地捍卫国家边界和利益，越来越深思熟虑地积累不对称投放力量的手段。它既讲求实际，又是意识形态，它反映了几乎不区别理论与实践的中国古代哲学观。③

这种"北京共识"显示了西方世界观察中国的新视角，虽不能充分概括中国经验的丰富性，也不能取代中国特色社会主义理论，但它的确引发了一场重新认识中国经验的热潮。而从北京奥运着手认识中国经验，将使我们看到，无论是人文奥运、科技奥运和绿色奥运的理念，还是"同一个世界，同一个梦想"的口号，都强调选择、学习、引入先进的观念、科技、文化和制度，都关注如何根据自己的国情，保持自身的独立性，同时努力参与到全球化过程当中。

（3）北京奥运作为无与伦比的奥运会，吸引了全球关注，将多维度、深层次的中西文化会通提升到一个新的阶段。北京奥运开幕式吸引了全球10亿观众的目光，据《泰晤士报》报道，其中包括近3 500万美国人、近800万澳大利亚人、550万意大利人以及800万德国人。④ 而在北京奥运举办的7年前，2001年，何振梁先生在代表中国申奥的发言时强调，选择北京奥运，将在奥运会历史上第一次将奥运会带到拥有世界上五分之一人口的国家，让十多亿人民有机会用他们的创造力和奉献精神为奥林匹克服务，而这是在创造历史。北京奥运在中西文化会通上的深度和广度的确创造了历史。

---

① ［英］托尼·布莱尔：《我们可以帮助中国拥抱未来》，载美国《华尔街日报》，2008 - 08 - 26；《参考消息》，2008 - 08 - 29。

②③ Joshua Cooper Ramo, *The Beijing Consensus*, London, Foreign Policy Centre, 2004，p. 4.

④ 参见《参考消息》，2009 - 05 - 11。

北京奥运不仅在目标、理念上拓展了将世界先进文化融入中国的实践，而且将"天下"观念付诸"同一个世界，同一个梦想"的宏大追求中。"世界"是由多个国家和民族组成、由国际间的斗争与妥协而形成的，在国际关系的视野下，它遵循的是力量和利益法则，是弱肉强食或势力均衡的原则；而"天下"观念则强调四海一家的理想状态和为实现共同梦想而展开的合作实践。奥林匹克运动的永恒梦想和每一届奥林匹克运动会的短暂相聚，似乎都与这种"天下"观念一脉相承。从更具体的意象上说，无论是北京奥运会徽"舞动的北京"中国印，还是源于奥林匹克五环、来源于中国辽阔的山川大地和人们喜爱的动物形象的吉祥物福娃，无论是将体育之美与"篆书之美"融为一体的体育图标，还是将高科技与"渊源共生，和谐共融"的"祥云"图案融为一体的奥运火炬，奥运会各个美学细节都是来自全球最优秀、最会心的设计者的匠心独运，都体现出中国文化与西方文化的深度会通和交融。在这个时期，中国的坦诚开放、全球的关注目光都敞开了一个崭新的视阈——"北京欢迎你"。

（4）北京奥运象征着中国传统文化创造性转化契机的来临，因此也成为这种创造性转化的缩影。中国古代传统文化当中有许多精妙的哲学理念，如"内圣外王"、"天人合一"、"人文化成"、"和而不同"、"仁者爱人"等等。如前所述，这些理念不应当被视为静止的传承物，视为单纯认知的对象，也不是抽象继承的观念，相反，它们必须被视为传统中富有生命力的、能够在一定条件下实现自身的理念。这些理念由于思想和文化的薪火相传，实际上与新的传统、新的思想一道构成了我们的历史视阈。由于时移世易，时间距离已经拉开，我们不能无条件地把它们应用于当下的社会生活当中，而必须在传统文化的创造性转化的层面上理解它们对于我们当下的意义。我们将在下一节着重讨论这个话题。

三、北京奥运：中国传统文化的创造性转化的缩影

自近代以降，"传统与现代"成为中国思想和实践无法摆脱的二元魔障；然而，如果我们回顾更为悠远的历史，则会发现，在任何一个革故鼎新的伟大时代，都存在"传统与现代"之间的纠葛，都存在旧传统要延续与新传统要创造之间的搏杀，实际上都是传统与现代共同塑造的历史视阈。只是在近代中国，由于古今之争和中西之争并存、多个文化传统之间激烈振荡冲突，所以使传统与现代之间的张力极为紧张而复杂，其结果则是造就了"五四"全盘反传统的思想，其笼罩范围之广，谴责之深，持续之久，不仅在整个世界史中可能是独一无二的，也由于这种主体性的反传统主义，塑造了中国民族主义独特的性格。[1]

---

[1] 参见林毓生：《五四式反传统思想与中国意识的危机》，见林毓生：《中国传统的创造性转化》，152页，北京，三联书店，1996。

按照林毓生的分析，"五四"整体性反传统主义源于三个因素的相互激荡：（1）输入的西方文化；（2）传统政治秩序崩溃以后所产生的后果；（3）深植于中国持续不断的文化倾向中的一些态度，特别是由传统一元论思想模式演变而来的整体观思想模式。[①] 按照这种分析视角，"五四"时期激烈的反传统主义虽然占据了相当长的历史时期里面意识形态和思想观念上的主流地位，但这实际上表明传统文化仍然具有强烈的生命力，这种生命力既存在于被否定的传统文化当中，也存在于反传统主义者的思想框架内部。因此，反传统主义实际上往往与传统保守主义共享一个思想框架。当反传统主义者的软肋逐渐暴露，其实践中的困境日益显现之时，也是被全盘否定的传统文化强烈反弹，重新展现旺盛的生命力的时候，这种文化复兴的强大生命力是无法通过若干运动能够扼杀的。传统文化中的思想精华经过数千年的积淀、传承，已经构成了民族文化中须臾不可分割的基本视阈，它不是物、不是对象，不可能像具体的有形物体那样被抛弃，被随意摆弄。与此同时，传统文化又必须在新的历史时期、历史条件下，在与新的传统相互竞争、相互发明，经历综合的创新和创造性的转化，才能焕发出生生不息的力量，参与塑造中国文化的新形态。

20 世纪 80 年代以来，各种文化传统在中国重新形成了相互竞争、激烈振荡、共同对话、融会贯通的局面。无论是中国文化还是西方文化，都得到深入研究和挖掘，不再是简单的铁板一块，而是呈现出各自纷繁复杂的面貌；无论是文化保守主义还是文化激进主义，尽管理论取向不同，方法取径不一，但都不机械地全盘反对对方，求同存异要远远重于相互攻讦；更重要的是，古代传统、革命传统与改革开放传统三者在中国现代化追求和全球化进程中相互借鉴、相互吸收，使传统文化的创造性转化与当代新文化新传统的塑造成为同一个过程的两个方面，共同塑造了民族精神和中国文化的宏大景观。

如果要为这一系列过程选择一个标志物，那么，北京奥运可以成为当之无愧的典范；它浓缩了中国传统文化创造性转化的五个契机。

1. 中华文化统续的重建

姑且以近三十年为一个阶段，我们看到，中国古代传统文化的丰富内涵和精华要素在各个层面和角度得到认同、梳理、深化和重建。这不仅仅是一个学术层面的工作（如国学研究热），而且渗透到国人日常生活和精神生活的各个方面（如经典诵读、国学普及热潮）；甚至在文化仪式方面乃至宗教信仰和意识形态层面，儒家道统的呼声也此起彼伏。与此同时，这一进程的展开始终自觉地与革命传统和改革开放传统相互呼应，彼此接续，共同培育着当代中国人的新的传统。百年

---

① 参见林毓生：《五四式反传统思想与中国意识的危机》，见林毓生：《中国传统的创造性转化》，156页。

来的现代化追求和三十年来的走向世界的进程，最终定位在建设小康社会、建设和谐社会的目标和理想。我们可以将其称之为中华文化统续的重建。

北京奥运浓缩了中华文化统续重建的成就，特别是在开幕式中，古代文化的精粹在高科技、现代艺术的烘托下展现得精彩纷呈，而一曲童声绽放的《歌唱祖国》，简单朴素，却令全体国人由衷感动。这种仪式性、艺术性的展现，既根植于其内在的理念和意蕴，也源于国人心中慢慢积累起来的中华文化统续重建的内在动力。这种文化统续也正是"旧邦新命"的精神命脉。

郁达夫谈到日本文化时说，她"虽则缺乏独创性，但她的模仿，却是富有创造的意义的；礼教仿中国，政治法律军事及教育等设施法德国，生产事业泛效欧美，而以她固有的轻生爱国，耐劳持久的国民性做了中心的支柱。根底虽则不深，可枝叶却张得极茂，发明发见等创举虽则绝无，而进步却来得很快"[①]。对于当代中国来说，模仿、学习、借鉴、拿来，都必不可少，但这些都不是根本之计。根本在于中国文化的创造性转化，而在创造性中首重文化统续的重建。惟其如此，才能赢得旺盛的生命力和持久的推动力。

2. 中国传统文化的拓展

北京奥运展示了民族文化精神与奥运文化精神的融汇，体现出中国人广采博收、汲取各种文化资源，以开放心态丰富传统文化的努力。在传统民族文化精神当中，"天行健，君子以自强不息"、"地势坤，君子以厚德载物"的民族精神，"天人合一"、人与自然和谐发展的持续共生意识，"仁者爱人"、"四海之内皆兄弟"的博爱包容精神，与奥林匹克精神是契合的。奥林匹克运动肇始于古希腊，孕育了崇高的体育

> 北京奥运展示了民族文化精神与奥运文化精神的融汇，体现出中国人广采博收、汲取各种文化资源，以开放心态丰富传统文化的努力。

文明，崇尚公平竞争、奋勇拼搏、神圣和平的精神，并在文艺复兴之后发扬了启蒙运动精神，尊重人性、崇尚理性，追求内心充实、体魄健美——"啊，体育，天神的欢娱，生命的动力！"（顾拜旦《体育颂》）奥林匹克运动自其发端直至现代奥林匹克运动会，无疑浓缩了西方文化和制度的特点；当它与既古老又现代的中国相遇之后，文化的交融、观念的碰撞、制度的借鉴，无疑又扩展了奥林匹克运动的文化意蕴，也拓展了中国传统文化的视阈。在这个意义上，北京奥运是中西文化在当代水平上的交流盛会。

中国传统文化的拓展和中西文化的会通，与中华文化统续的重建一道，使中国真正摆脱治乱循环、自我封闭的传统历史窠臼，敞开怀抱，融入世界历史的洪流，并

---

① 郁达夫：《雪夜——自传之一章》，见《郁达夫文集》，第四卷，92页，广州，花城出版社，1982。

在世界舞台上扮演了重要角色。坚持"用世界语言讲述中国故事"的北京奥运开闭幕式，就把"民族特色、时代特征、世界眼光"展现得淋漓尽致。贯彻始终的祥云长卷，既浓墨重彩地铺陈了中国的灿烂文明和辉煌时代，也通过丝绸之路和海上丝绸之路的艺术重构，使这幅历史长卷具有了展示中国、连接世界的深意。而北京奥运主题歌《我和你》则简洁透辟，以"同一个世界，同一个梦想"的天下观念为背景，将"同住地球村"与"相会在北京"的历史性相遇画龙点睛地揭示出来。

对于上述意义，我们可以引用一则评论来补充。在北京奥运一周年之后，《日本新华侨报》发表署名评论文章，讨论"北京奥运究竟带来什么？"文章指出，正如有媒体形容"鸟巢"孵出"一个更加开放的中国"，而金融风暴将印证"多难兴邦的中国"，用民族自信和民族精神完成挺立世界的"成年礼"。一般分析，中国这种开放自信的心态已经或正在"更加积极"地表现在以下五个方面：一是中国已成世界的"信心风向标"。二是中国国际形象获得极大提升，"奥运盛宴"也是国家软实力的胜利，为中国树立了开放自信、诚信守诺、文明进步、友好合作的"四大形象"。三是国民心态的升华。四是公开透明的中国。五是全球眼光，接轨国际更紧密，更人性化。北京奥运启示中国，处理内政外交问题的方式当更世界化，也更人道、更以人为本。①

3. 中华和谐思想的深化

"和谐"并不是中国思想和文化独有的。古希腊毕达哥拉斯学派就有两句传世名言：什么最智慧？——数。什么最美好？和谐。追求天、地、人、神的和谐共处，是许多伟大文明共有的理想目标。不过，中国传统文化中的"和"仍然有它诸多独特的魅力。第一，"和"与"同"相对，既有"和实生物"的多元共存共荣的意味②，也强调有德者自立自主，不与世俯仰之意，即孔子所谓"君子和而不同"（《论语·子路》）、"君子和而不流"（《礼记·中庸》）。第二，"和"意味着各安其位、知止而定的秩序，即荀子所说"故义以分则和，和则一，一则多力，多力则强，强则胜物"（《荀子·王制》），亦朱子所言，君臣父子，"各得其利，便是和"（《朱子语类》卷六十八）。第三，"和"意味着一种与天地相参的"中和"的天理—心理状态，犹《礼记·中庸》所言："喜怒哀乐之未发谓之中，发而皆中节谓之和。中也者，天下之大本也；和也者，天下之达道也。致中和，天地位焉，万物育焉。"

上述三个方面在当代和谐思想的构建中具有重要意义。因为"和"体现出的

---

① 参见《华媒：北京奥运开幕周年，中国自信、从容看世界》，见中新网，http://www.chinanews.com.cn/hr/hr-hwbz/news/2009/08-08/1809530.shtml.

② 西周末年史伯云："夫和实生物，同则不继。以他平他谓之和，故能丰长而物归之。若以同裨同，尽乃弃矣。"（《国语·郑语》）又，荀子曰："列星随旋，日月递炤，四时代御，阴阳大化，风雨博施，万物各得其和以生，各得其养以成。"（《荀子·天论》）

是以独立自主为基础的多元共生，以合理秩序为原则的制度安排，以天地化育为参照的中和心态。三者既可以在"旧邦新命"的蓝图中起到奠基性的观念作用，也可以在中西会通中成为必不可少的原则支撑。可以看出，和谐思想与北京奥运理念中的人文奥运、绿色奥运有着相互参照的重要价值。而北京奥运期间频繁出现的开放、文明、包容、守信、活力、自信、进取等关键词，与"和平、和谐、和爱、和美"等理想一起，就像北京奥运开幕式的表演中出现的那个"和"字一样，进一步深化了中华和谐思想。

4. 中华审美文化的创新

北京奥运展示了中国传统文化在美学层面上的创造性发展。这一点令全球观众赞不绝口。奥运场馆中的标志性建筑"鸟巢"和"水立方"，尽管其形象在设计之初不无争议，但其融合中国传统建筑艺术、世界建筑风格、高科技手段于一身的特色，终于成为奥运建筑史的丰碑。站在奥林匹克森林公园的"天境"上俯瞰以"鸟巢"为核心的奥运主体建筑，其宏伟壮观、傲视独立的仪态，与周围景观和整个北京城融为一体，展现了新北京、新奥运的风姿。在北京奥运的各项视觉元素中，无论是辉煌壮丽的开闭幕式，还是处处独具匠心的会徽、徽记、标志（包括文化活动、环境、志愿者、安保、火炬接力、青年营、票务标志）、吉祥物、体育图标、奖牌和火炬设计，都体现了中国风格和世界水平，是建筑美学、工艺美学上的创举。不仅会对今后的奥运美学艺术产生深远影响，而且会极大地促进中华审美文化的进一步创新。

仅以北京奥运的奖牌为例，其奖牌正面为国际奥委会统一规定的图案——插上翅膀站立的希腊胜利女神和希腊潘纳辛纳科竞技场。奖牌背面镶嵌着取自中国古代龙纹玉璧造型的玉璧，背面正中的金属图形上镌刻着北京奥运会会徽。奖牌挂钩由中国传统玉双龙蒲纹璜演变而成。整个奖牌尊贵典雅，中国特色浓郁，既体现了对获胜者的礼赞，也形象诠释了中华民族自古以来以"玉"比"德"的价值观，是中华文明与奥林匹克精神在北京奥运会形象景观工程中的又一次"中西合璧"。[①]

5. 当代文化建设的提升

北京奥运对当代文化建设具有重要启示。从宏观角度看，当代文化建设一方面是中国传统文化的创造性转化，另一方面则是立足现实、应对各方面的文化挑战，确立全球多元共存的文化生态，既要汲取本土的思想资源，也要在更广泛的层次上使当代文化在广泛交往、平等对话中会通和发展。从微观角度看，北京奥运对北京的人文建设具有极大的促进作用。在基础设施方面，北京奥运景观和城市宣传环境工程、历史文化景观建设、城市公共标识和户外宣传设施、无障碍环境建设、安全保卫建设等令北京市的整体风貌焕然一新。同时，北京奥运对于北京市民社会活动参与意识、生活卫生习惯、体育健身意识也都有较大的促进。

综合以上五个方面的论述，我们有理由将北京奥运视为中国传统文化的创造性转化的缩影，也有理由期待中国传统文化的创造性转化进程如同北京奥运那样，真正无与伦比。

---

① 转引自北京奥运官方网站，http：//www. beijing2008. cn/spirit/beijing2008/graphic/n214070362. shtml.

第三章　北京奥运、文化互通及其世界意义

　　像一条河流，奥运精神的源头在古希腊，在那个时代，人性、理性和自由成为最大的价值，并滋养了此后两千余年的西方文明；同样是一条河流，而且未经断辍，中国的文化精神来自先秦，在那个时代，仁礼、和谐的理想得以生发，并挺立为此后两千年东方文明的精义。

　　2008 年，两条河流又一次实现标志性的相遇。一场以北京奥运为名的盛会，像一个神话，人们溯流而上，穿越至历史深处，又相聚于当下，进而携手走向未来。

一、奥运画卷与中国意蕴

那一夜，整个北京城仿佛一个巨人，突然屏息静气，睁大了眼睛。

2008 年 8 月 8 日晚上，我在北京的家中，和亿万人一样，聚精会神地坐在电视机前，观看 2008 年第 29 届北京奥运会的开幕式。大幕拉开之前，兴奋之余，我又怀有一丝忧虑，担心这场演出会是"春晚"模式的再现，在流行时尚的演绎中热闹一番了事。

然而，当开幕式启动后，我惊喜地发现了一幅震撼人心的情景，夜空中传来

"有朋自远方来，不亦乐乎"的洪钟巨响，2 008位武士击缶而歌。2 008尊缶，承载着华夏文明，从遥远的历史中走向全球观众。孔子成为中国拥抱全球、北京奥运会的形象代言人，"有朋自远方来，不亦乐乎"，这句名言的深切情怀与"同一个世界，同一个梦想"融为一体。

2 008名演员通过击缶而歌的方式，欢迎来自全世界的朋友。29个巨大的焰火脚印走向"鸟巢"，闪闪发光的梦幻五环悬浮在体育场之中。

奥运会开幕式文艺表演名为《美丽的奥林匹克》，上篇为《灿烂文明》，下篇为《辉煌时代》，有《画卷》、《文字》、《戏曲》、《丝路》、《礼乐》、《星光》、《自然》等章节。寓含着传统与现代的结合，中国与世界的联结。核心的文艺表演是在一张象征中国历史与文化的画卷上进行的。这张画卷的"纸"是由LED组成的147米长、27米宽的中心舞台，这是历届奥运会科技含量最高的中心舞台，可升降、可平移。

开幕式演出运用了传统诗画的意在笔先与画龙点睛的表现手法，传神写照，虚实辉映，通过古琴、汉字、戏曲、丝路以及四大发明等造型方式，向世人展现了中华民族灿烂辉煌的文化底蕴。这些中国文化的元素与符号，生动简洁，续续相生，照亮了传统与现代结合的道路，点燃了中华文化联接世界文化的火炬。

让我们回味、赏鉴一下其中的造境：画面出现的古琴，是一张一千多年前的古琴，名为"太古遗音"。演员在纸上画了朵朵祥云，画了山川、河流、太阳。祥云消散后，山水和太阳依旧。大地上展现了古代名画《千里江山图》，接着又出现了汉字的图形。中国汉字是世界上最古老、最独特的文字之一，它以象形与表意为主，不仅是符号，而且是文化本体的形象表达，是书法的母体。国学大师章太炎特别强调汉字的文化本体蕴涵，是形式与内容的有机统一，与西方文字的纯粹表音特点不同。在演出的画面上，接着又出现了孔子的"三千弟子"，吟诵着《论语》中的名句"四海之内，皆兄弟也"。孔门弟子们手持竹简，这是用竹片穿成的书，竹片上刻着文字。接着又是活字印刷的表演，三种古代与现代的不同的"和"字写法，表现了中国汉字的演化过程，也表达了孔子所代表的中国文化的基本思想"礼之用，和为贵"。

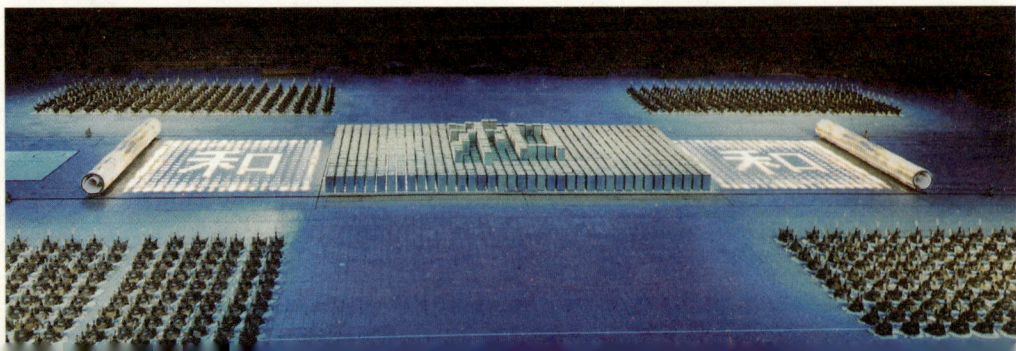

还有一幅富有开放意蕴的画面是"丝路"造型，它象征着中华民族与中国文化的和平交流与开放姿态。地面上是"丝绸之路"的地图以及沿途的文化标志。两千多年前，中国的商队就经常带着贵重的丝绸由长安（今陕西西安）出发，通过河西走廊，进入欧洲大陆。"丝绸之路"成为中西方经济文化交流的重要通道。随即表演的是"海上丝绸之路"郑和下西洋的情境。六百多年前，明朝的郑和七次率领两万七千人的船队远航，从泉州出发，到达西亚、东非地区，开创了有名的"海上丝绸之路"，将中国文化传播到世界各地。"四大发明"的演绎则直指中国文明走向世界，共生共荣。

《易经》说，生生之谓易。作为中国文化重要经典的《易经》，其基本精神强调变动与发展，是传承与通变的有机统一。北京奥运会的开幕式演出，将上半篇的传统与下半篇的现代社会情景和谐统一，达到了传统与现代的互相激活，互相促进。

> 《易经》说，生生之谓易。作为中国文化重要经典的《易经》，其基本精神强调变动与发展，是传承与通变的有机统一。北京奥运会的开幕式演出，将上半篇的传统与下半篇的现代社会情景和谐统一，达到了传统与现代的互相激活，互相促进。

虽然我自己长期从事的是中华文化的研究与教学，但当时看了演出，还是禁不住为这幅气势磅礴的历史与现代画卷所震撼。我注意到观看2008年北京奥运开幕式的各国人民，都在为中国文化的元素与价值而惊叹，为中华文明如此天衣无缝地融入现代社会，彰显世界意义而感动。

当刘欢与莎拉·布莱曼唱起响彻苍穹的《我和你》时，演出达至高潮。这个美丽的北京夏天，创造了英国戏剧家莎士比亚的《仲夏夜之梦》般的梦幻，将同一个世界，同一个梦想，化入至美的音乐境界之中。

在北京八月难得的空气纯净、万籁俱寂的夏夜，那首《我和你》，穿透夜空，激荡着千千万万人的心。中国古代儒家经典《尚书·尧典》说："诗言志，歌永言，声依永，律和声，八音克谐，无相夺伦，神人以和。"音乐的最高境界是与天地自然与人类相和谐，是与神明的相亲，故《礼记·乐记》上又说："大乐与天地同和，大礼与天地同节。和，故百物不失；节，故祀天祭地。明则有礼乐，幽则有鬼神。如此，则四海之内合敬同爱矣。"这是中国古老的音乐美学对于音乐和合人心、联系世界功能的表达，它与贝多芬第九交响乐的奏响大同世界的音乐境界何其相似。那首《我和你》在苍穹中的演唱，声震寰宇，如黄钟大吕，涤除了这个世界上太多的污秽与欺诈，也使世人从长期受困于靡靡之音的氛围中解脱出来，使人心受到洗礼，体味精神净化。

中国传统文化的世界意义与当代精神的完美结合和演绎，在北京奥运会的开幕式演出，以及随后的整个运动会上，还有后续的残奥会上，得到了验证与发扬。可以当之无愧地说，人文奥运的理念，其中最有力的承载者与依托者，是中国五千年的文明成就。人文奥运的精神遗产有许多，但是我认为最有价值与意义的便是传统文化中整体性精神和世界意义的验证。

如果说自"五四"以来，关于中国传统文化的争论便持续不断，其中的关键所在，便是讨论这种古老的精神文化能否与现代人相结合，能否与全球文化相结合。学者们在学理上的论证固然是重要的，因为它确实牵涉到许多理论上的问题，不从理论上搞清楚这些问题，便很难在实践上去开创，但是中国文化历来是一种知行合一的文化，其价值往往在履践上表现出来。因此，有时候实践过程高于一切，此所谓"与其坐而论道，不如起而行之"。中国文化究竟有没有生命力，是抱持生生不息的中国精神和世界意义的伟大力量，还是衰朽不堪的事物，

中国传统文化的世界意义与当代精神的完美结合和演绎，在北京奥运会的开幕式演出，以及随后的整个运动会上，还有后续的残奥会上，得到了验证与发扬。人文奥运的理念，其中最有力的承载者与依托者，是中国五千年的文明成就。人文奥运的精神遗产有许多，但是我认为最有价值与意义的便是传统文化中整体性精神和世界意义的验证。

往往需要在实践中来应答。而此次北京奥运会以传统文化作为人文核心理念，其实也是一次中国传统文化生命力验证与激活的过程。

在此之前，虽然总导演张艺谋多年从事电影中的传统文化表现，但对于北京奥运会的演出，他能否赢得普遍认同，人们仍然是心存疑虑的。最终，如你我见证的那样，张艺谋交给世界一份令人满意的答卷，世界再次领略了中国传统文化的魅力与生机。那么，人们接下来要问的是，从学理上来说，中国传统文化有没有其超越本土之外的世界意义，或者说，我们凭什么打动了世界？我想，这一问题还应当从中国文化的内在思路去开掘。

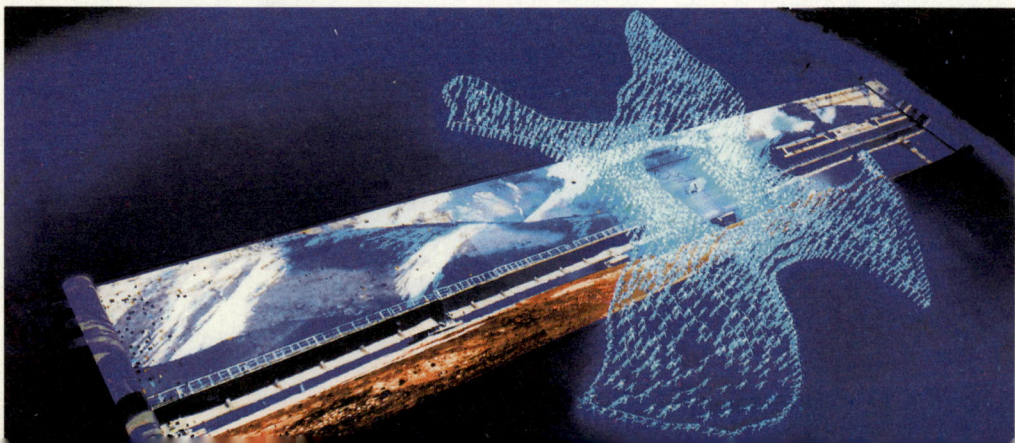

二、同一个梦想与天下情怀

如果要说到世界意义或"天下"情怀，中国古代的圣贤，是最有悲天悯人情结的，他们都是理想主义者。现代的人们好说"我有一个梦想"和"光荣与梦想"之类的话，而在中国古代，圣贤者也是好做普世之梦的。

据说孔子喜欢梦见周公，《论语》中说，孔子三天不梦见周公，便惶惶然。周公制礼作乐，是周代文明的创建者，是孔子政治与人生理想的偶像人物。在中国儒家的经典《礼记·礼运》中，孔子曾经有过这样的梦想："大道之行也，天下为公，选贤与能，讲信修睦。故人不独亲其亲，不独子其子，使老有所终，壮有所用，幼有所长，矜寡孤独废疾者，皆有所养。男有分，女有归。货恶其弃于地也，不必藏于己；力恶其不出于身也，不必为己。是故谋闭而不兴，盗窃乱贼而不作，故外户而不闭，是谓大同。"这种大同理想，可谓中国古典世界情怀与理想的最早表述。

从学理上来说，中国传统文化与西方文化、宗教相比，是一种倡导整体性精神和世界意义的文化。它从人性的本体存在出发，认为人同此心，心同此理。孔子提出："仁者爱人。"《论语·颜渊》中记载："司马牛忧曰：人皆有兄弟，我独亡。子夏曰：商闻之矣：死生有命，富贵在天。君子敬而无失，与人恭而有礼。四海之内，皆兄弟也。君子何患乎无兄弟也？"孔子的弟子司马牛忧叹自己没有兄弟，子夏则安慰他：只要遵守礼义，四海之内都可以成为兄弟。2008年北京奥运会上开幕式上，演出孔子弟子"四海之内，皆兄弟也"的语录，原义即本于此。这句语录甚至可以看作是北京奥运会"同一个世界，同一个梦想"主题的传统文化版表达。

> 从学理上来说，中国传统文化与西方文化、宗教相比，是一种倡导整体性精神和世界意义的文化。它从人性的本体存在出发，认为人同此心，心同此理。

孔子之后，孟子更强调人性的天赋良知的一面，将仁义说成是人天生就有的禀赋，人性无分贵贱。孟子说："恻隐之心，仁之端也；羞恶之心，义之端也；辞让之心，礼之端也；是非之心，智之端也。人之有是四端也，犹其有四体也。"（《孟子·公孙丑上》）孟子认为，仁者之心犹如天生的四肢一般，是一种生理结构。如何将这种存于内心的良知激发出来呢？孔子比较重视外部的教化，主张通过包含六艺之教在内的教育来提升人性，并且对这种教化方案作了各种设定，有一套比较系统的教学方法。但孟子则强调人性的自我觉醒与自我完善，他说："凡有四端于我者，知皆扩而充之矣，若火之始然，泉之始达。苟能充之，足以保四海，苟不充之，不足以事父母。"（《孟子·公孙丑上》）道德的提高与完善，在孟子看来，主要就是自我提升的过程。

孟子提出："口之于味也，有同耆焉；耳之于声也，有同听焉；目之于色也，有同美焉。至于心，独无所同然乎？心之所同然者何也？谓理也，义也。圣人先得我心之所同然耳！故理义之悦我心，犹刍豢之悦我口。"（《孟子·告子上》）孟子强调，礼义与仁义之心这些道德范畴也同美声美色一样，具有先天使人快乐、乐于接受的地方。孔子提出道德修养有三种境界，"知之者不如好之者，好之者不如乐之者"，将颜回这样的安贫乐道者称作贤者。与孔子的观点相比，孟子更强调自我对道德的体认与愉悦，认为要在日常生活中体验这种快乐。

这种传统文化的主流价值奠基于共同人性之上，而这种共同人性又构成了当今人们常说的整体精神和世界意义的核心。因为人同此心，心同此理，所以人与人之间的沟通与建构是完全可能而且是必要的。中国传统文化的最高范畴是"道"，"道"的基础是覆盖广大世界的，是举凡人类都持有的共同价值追求。而人性的内在规定则是由仁学所提供的。

孔孟倡导人们通过修行以达到这种广大的境界。儒家经典《礼记·中庸》中提出："大哉圣人之道，洋洋乎，发育万物，峻极于天，优优大哉，礼仪三百，威仪三千。待其人而后行，故曰：苟不至德，至道不凝焉，故君子尊德性而道问学，致广大而尽精微，极高明而道中庸，温故而知新，敦厚以崇礼。"这样，人性的自我提升与道的自我完善便统一在一起了。西方的基督教认为人生来有原罪，需要通过宗教的自我救赎来达到善的境界，实现人性的自我净化。而中国传统文化之道则不承认人有所谓原罪，人可以在现实生活中实现相亲相善，而这种人性的价值在现实生活中是可以得到认定与帮助的，四海之内皆兄弟也。

中华民族与中国人的基本价值观念和思想方法，大体上说来有这些：其一，儒家的尊重先祖，进德修业，内圣外王；其二，道家逍遥独立的人格精神；其三，屈原的浪漫热烈的精神气质；其四，禅宗的心灵自由。它是一种多元、和谐的精神文化体系。它的精神价值与思想方法是高度一致的，即讲究"和而不同"，开放包容，由此而决定了她能够吸收外来文化，

中华民族与中国人的基本价值观念和思想方法，大体上说来有这些：其一，儒家的尊重先祖，进德修业，内圣外王；其二，道家逍遥独立的人格精神；其三，屈原的浪漫热烈的精神气质；其四，禅宗的心灵自由。它是一种多元、和谐的精神文化体系。它的精神价值与思想方法是高度一致的，即讲究"和而不同"，开放包容，由此而决定了她能够吸收外来文化，新陈代谢，生生不息。

新陈代谢，生生不息。

《易经》讲，"一阖一辟谓之变，往来无穷谓之通"，文明的发展与演变既有变易的一面，更有相通的一面，片面强调其中的一面都有悖于和谐中庸的精神。当代中国的发展既不能复古，更不能割裂传统。民族精神的培育离不开传统文化精华的滋养，而这种传统文化价值是一种具有整体精神和世界意义的文化，与各国文化可以对接与融合。

三、《火的战车》与东方圣火

在北京奥运会期间的一次偶然所见所感，更印证了我的这一想法。在北京奥运会期间，我和所有人一样，每天都被那些激动人心的赛事所吸引，深感奥运精神对人民心灵的净化。北京因奥运而改变，全国因奥运而美丽。在赛事进入到第六天时，我与妻子来到天津。天津与北京相毗邻，但自改革开放以来，二者在经济、城建方面的差距明显拉大，这是不争的事实。其中最典型者便是当北京因奥运而日新月异时，天津却依然步履蹒跚，城区老化，经济不振。每次我去天津，从出租司机到大学教授，人们普遍对天津的发展状态深为不满。而这次奥运期间，当我再次来到天津时，却感觉耳目一新。

作为奥运协办城市，天津承担着巨大的义务与责任，为保护大气环境，这里停掉了许多基建项目，停驶了许多货运车辆。不仅如此，整个城市与人民的面貌为之一新。这里到处洋溢着奥运的喜庆氛围，从餐馆到商场，人们都在议论奥运的精彩赛事。那天傍晚，我与妻子坐上新开通的京津城际列车，不到半小时便来到天津，一下车穿过车站前广场，就为海河沿线的风光所吸引，这里与以前来时的景象大为不同。随后我们来到天津最大的商业区劝业场转了转，然后打车到每次都要去就餐的百年西餐老店起士林吃饭。因奥运开幕以来一直沉浸在欢乐的心境中，那天我们喝了许多起士林的自酿啤酒，品尝了精美的西餐。

夜幕降临后，天津海河两岸风光迷人，灯火辉煌。我们步行来到了五大道风情区，这里有许多由名人故居改成的酒吧与餐馆，也是天津开发的旅游特色项目。每次来天津，我都要到这里领略晚清以来的地标性建筑群。梁启超等人当年就是在这里的公馆会见从京城逃出来的学生蔡锷，蔡锷受老师的鼓励与指示，回到云南组织护国军，发动讨伐袁世凯的护国起义，宣告了袁世凯的倒台。

在啤酒的微醺刺激下，我们沿着五大道，沿街寻找昏暗路灯下的名人故居标牌。突然，我发现一家旧式洋楼门前的标牌下写着"李爱锐故居"。李爱锐是何许人也？我在灯光下细细辨认文字说明，只见上面这样写着：

> 李爱锐（1902—1945）。1902年1月16日，李爱锐出生于天津，父母均

为苏格兰人。1907年，李爱锐随父母回国上小学，后进入苏格兰史达灵郡伦敦中学，大学时考入英国爱丁堡大学。1924年，第8届巴黎奥运会摘取了400米跑的金牌。1925年，回到天津新学书院任教近20年。1945年李爱锐在日本人的集中营里因患脑瘤去世。

看到这里，我心里蓦地一动，眼睛为之一亮。莫非这位李爱锐就是我一直钟爱的英国电影《火的战车》中的主角林德尔，只是这部奥斯卡名片中的主角过去一直是以英语的译音林德尔（或者译为利迪尔）被人称呼的。早在前几年，我就从《中华读书报》上刊登的文章中知道了林德尔的事迹，在讲课时也经常向学生提起这位名人。看了这些基本介绍，我大体上可以肯定这位李爱锐便是林德尔。如果是这位人物，那可真是这次天津之行的最大收获，而且又是在2008北京奥运会期间的收获。第二天回到家中，我急急地上网一查，便查到这位人物，下面的内容是我依据百度网站的介绍略加改写而成的：

1902年1月16日，李爱锐出生在天津马大夫医院。父母均为苏格兰人。李爱锐儿时就在伦敦会院内（今天津口腔医院一带）一个露天的小体育场里踢球，自幼富有体育天赋。1920年到爱丁堡大学读书后，他成为该校出色的橄榄球运动员，后加入了苏格兰国家队。不久，英国体育界知名教练汤姆·麦格查（Tom. Mcker. Cher）发现了他，并引领他走上了田径之路。自此，在田径跑道上他一次又一次获得殊荣。1924年7月9日，在巴黎第八届奥运会200米的决赛中，他以21秒9的成绩获得一枚铜牌。11日，在400米小组赛中，美国选手霍·菲奇以47秒8的成绩打破了奥运会纪录。李爱锐则以48秒2的成绩获400米赛另一小组的第一名。最终，他以47秒6的成绩打破了男子400米的奥运会纪录和世界纪录。直到第十届奥运会，该纪录才由美国选手威·卡尔改写。

奥运归来，李爱锐成为了风云人物、民族英雄，被授予橄榄叶冠。但是，他是一位将理想与信仰看得高于体育荣誉的坚强人物，这一点，看过《火的战车》的人都深深为其所吸引。1925年夏，李爱锐毅然告别体坛，放弃了在欧洲优厚的条件和待遇，回到了他的出生地——天津，开始了他近20年的教师生涯。从此他将生命融入了中国人民的生活与斗争中，他的命运与中国人民相终始。他实践着自己的宗教信仰，他是一位具有国际情怀的人道主义者。

执教伊始，他年仅23岁，正处在运动的巅峰期，教学之余，他总是拿出一定的时间练习跑步。1929年，李爱锐的父亲从宣教工作岗位退休后举家迁回英格兰，只有李爱锐一人继续留在天津。1932年6月，李爱锐在苏格兰公理教会取得了牧师的身份。1934年3月27日，在英租界戈登道合众教堂，与加拿大籍女护士弗劳伦丝·麦肯齐（也译为佛罗伦斯·米肯西）结婚。太平洋战争爆发后，李爱锐等 7 名宣教士迁居英租界内几位英国卫理公会教友家中。1943 年 3 月，日本军国主义决定把在天津的敌对国的侨民，分批囚禁到山东省潍县第二中学的一个集中营里，李爱锐也被列在首批遣送人员的名单内。30 日晚上 7 点半，全体人质集合，日军守卫逐一检查他们的行李。

两小时后，他们提着行李步履蹒跚地走到火车站，晚间 11 点 40 分，汽笛一声长鸣，火车缓缓启动。他们的一些中国朋友，列队在两旁目送他们远行，就像人们常在今天的二战电影中见到纳粹军队在火车站上押送着犹太人一样，人们无法知道等待那些被押送者的是什么样的命运。这是极为凄惨的一幕，就像中国古代诗歌哀吟的那样，悲莫悲兮生离别。

在三年艰难而黑暗的囚禁生活中，李爱锐从未被日军的折磨所征服。他伸张正义，幽默乐观。他是营区里康乐小组的主席，为所有的青年人安排各种活动，他热爱生命的热情和活力，使大家适应了那段苦难的日子。他帮助难友，挺起胸膛，同饥寒及恐惧、失望等悲观情绪作斗争。他如一盏明灯给集中营带来了希望。

李爱锐在日本集中营最后的日子里，曾经写过一首诗，表述了他对人生的感慨：每个人从出生到死亡，虽然都像是站在同一条跑道上，但每个人所做的事又是不同的。因此，生命的意义也便有所不同。

1945 年 2 月 21 日傍晚 9 点 20 分，李爱锐终因患脑瘤在潍县集中营去世。直到战后，英国人才获悉这一消息。半个多世纪以来，世界各地对李爱锐的纪念活动便从未停止过。新西兰总督浦烈爵士，曾荣获 1924 年奥运会 100 米赛铜牌。他在评价当年的好友李爱锐时说："他赛跑，他活着，他死去都是一个好人，他的一生都体现着'好人'这两个字的真实意义。他对神的忠贞和对自己的信念，都感动着他的朋友。我们认识李爱锐，使我们的生命更加神圣。"

> "他赛跑，他活着，他死去都是一个好人，他的一生都体现着'好人'这两个字的真实意义。他对神的忠贞和对自己的信念，都感动着他的朋友。我们认识李爱锐，使我们的生命更加神圣。"

每当读到这段文字，我感叹不已，经常沉思我们该以什么样的人文精神教育学生。我想，我们不仅要用自己的传统文化教育学生，也要用这样的"好人"精神教育学生。

1988 年，一批中外友好人士聚集山东潍坊，为在那里建立的埃里克·李爱锐墓地纪念碑举行揭幕仪式。这块碑石是用他家乡苏格兰马尔岛的花岗石制成的，镌刻有中英两种文字的碑文，正面是："他们应可振翅高飞，为展翼的雄鹰；他们应可竞跑向前，永远不言疲累。"背面则记载了李爱锐辉煌而短暂的一生。

半个多世纪以后，李爱锐奥运夺魁的故事在英国被改编成电影，名为《火的战车》，荣获奥斯卡四项金奖。李爱锐因这部电影更是为世人知晓和感动。遗憾的是，编导对于李爱锐在中国的经历不熟悉，没有加以表现，落笔最多的还是他在英国的故事，而且将爱丁堡大学改成剑桥大学。但是李爱锐的真实经历毕竟胜过电影的演绎，因为生活毕竟是第一性的。

我经常想，如果没有对于中国文化的了解与热爱，没有对于中国人民的爱心，没有对于中国传统文化的融入，李爱锐不可能在当时中国的悲欢离合中，真诚地帮助中国人民，投身中国人民的抵抗运动，迸发出他生命中最璀璨的火花，成为一名融化中西的名人，将他的奥运精神与中国传统文化相结合。而进一步可以追问的是，是什么使他将自己的精神人格、生活经历与中国人民的事业和命运，与中国文化结合得如此完美动人。如果没有人类的整体精神与世界情怀，李爱锐岂非外星怪物，他的事迹岂非成了天方夜谭。

"好人"二字，是东西方人民普遍赞美与认同的价值观念，正如毛泽东所说，一个人做点好事并不难，难的是一辈子做好事。在当今世界上，能够真正担当这两个字的人是越来越少了。李爱锐不仅是奥运会冠军，也是"好人"价值的典范，是奥运精神的传递者。他和他的精神印证了人类价值追求的互感与互动。

很早以前，我就爱看这部优秀的老电影。两位优秀的运动员，一位执著于基督教，一位虔诚地信仰犹太教，他们经过艰难的奋斗，最终取得了优异成绩。但这部电影最令人感动的，是对人的精神信仰与内在意志力的刻画。在这部电影中，主人公与众人在海边长跑时所配的音乐，成为奥运精神的音乐宣言，现在仍时时在各种场合演奏。每每聆听，总是让人血脉贲张，精神昂扬。

那天晚上，当我发现李爱锐故居时，盘桓良久，祗回感叹。天津人民为有李爱锐这样的世界名人而自豪，五大道风情区因有这位传奇人物而更加吸引人。李爱锐作为中西文化交流的使者，在2008年北京奥运会期间再次闪现光彩。据了解，在北京奥运开幕之前，国内外媒体频繁聚焦天津17中学，追思106年前在天津出生、84年前的奥运冠军、曾在这里执教的苏格兰人李爱锐。

那些曾经在潍县集中营与李爱锐度过艰苦岁月而幸存下来的国际友人，没有忘掉那些在艰苦岁月中给予他们关爱与帮助的中国人。2008年8月，是北京奥运会举办的日子，也是纪念中国抗日战争和世界反法西斯战争胜利六十周年的日子。近百位西方耄耋老人携亲带友，从地球的四面八方，千里迢迢地汇聚到中国山东潍坊，参加潍县集中营解放六十周年的纪念大会，凭吊长眠在那里的难友李爱锐。他们感动与感怀那段刻骨铭心的日子，苦难给他们留下了伤痛，同时也使他们获得了和平岁月中无法体认的人生感悟。

同样，中国人民没有忘记李爱锐这样的西方仁人志士。2008年10月，中央电视台第十频道在《探索与发现》栏目中播放了五集专题片《潍县集中营》，其中专门有一集是介绍利迪尔即李爱锐事迹的。这部片子真实地记录了那段岁月，揭开了尘封的历史，感动了许多观众。我几乎每集都收看并感喟不已，用相机照下了许多电视中的画面。而天津在奥运会期间为了给2008年奥运会营造气氛，地铁总公司将200个奥运故事系列灯箱广告放到了地铁站内。其中，关于热爱中国的抗日英雄、奥运冠军利迪尔的介绍尤为引人注目。这些故事，并不是简单的投桃报李之类的友谊可以说明的，而是人类共有的弥足珍贵的仁爱之心与良善之心的彰显，尽管有着不同的东西方文化背景，但是其中放射出来的人类精神光彩，却是任何东西也无法涂改的！

四、奥运精神与中国传统文化精神

我一直认为，中国传统文化的以人为本，与奥林匹克精神有着内在的一致性。2007年1月，中国人民大学人文奥运研究中心曾召开过一次奥运精神与中国形象的研讨会，我在会上作了一个发言，题目叫《从传统"六艺之教"看今日人文奥运》，其中提到：人文奥运无论在西方还是在东方，都是人类精神与活动的闪烁。以往人们关注得较多的是西方自雅典时代燃起的人文火炬，而忽略中国固有的人文竞技中焕发出来的人文教育内容，这固然是可以理解的，但是毕竟它是一种缺失。我们可以就西周至春秋时代的"六艺之教"与古代竞技教育中的人文蕴涵作一些分析与介绍。

先秦时的"六艺之教"中隐藏着丰厚的人文要素，成为孔子重要的教育理念与科目，影响到后来中国的教育传统。所谓"六艺之教"，是指周初统治者对贵族子弟施行的礼（礼仪）、乐（音乐）、书（识字与写字）、数（广义的数学）、射（射箭）、御（驾驭）六门科目的教育，其中礼指德育，书与数指智育，乐指美育，而射与御则指军事体育与竞技，是中国最古老的体育科目之一。射的正式确立一般认为是在西周的成康时期，是周公等西周著名的教育家依据周初制礼作乐的需要对夏商教育进行改革的成果，涵盖今天所说的德智体美四科，意在培养健康而全面的人才。这一点对于我们今天人文奥运重在全民参与的人文理念，尤其具有重要的启示。

以周公为代表的周初统治者出于崇尚德教的思想，对夏商以来的教育内容与方式进行了新的改革与调整。首先，周公大大突出了"六艺之教"中的礼乐教化的作用，将其置于其他科目教育之上，注重以文为本，兼顾武备，与夏商教育的一味尚武与事神的教育方针有别。其次，周公提倡敬德保民，将教育的中心建立在人事基础之上，而不是敬天事神、蔑弃人事，使教育从重武备技能转向人文素质方面。再次，"六艺之教"中涉及教育的内容相当广泛，兼顾了德育（礼）、智育（书、数）、体育（射、御）、美育（乐）四个方面，而体育与美育则是与其他教育内容密切相关、相互促进的一种基本的技能教育与素质教育，具有丰富的人文内涵。

到了春秋时期，"天子失官，学在四夷"，学术文化下移，"六艺之教"的内容也随之发生变化。西周以"六艺之教"为中心的美育，在以孔子为代表的儒家教育思想与实践中得到了贯彻与发展。孔子在他的教育历程中，一直将礼乐作为教育学生的重要内容，视为达到最高人格境界的途径。他说："志于道，据于德，依于仁，游于艺。"（《论语·述而》）孔子认为要成为一个完美的君子，首先要树立远大的志向，遵守道德，胸怀仁义，最后还要游习于各种各样的技艺之中。这里所说的"艺"，也就是礼乐书数射御之"六艺"。

孔子将"游于艺"置于"志于道，据于德，依于仁"这三种道德教育之上，一方面有将"六艺之教"作为道德教育手段的意思在内，同时也包含着将艺术与技艺作为升华德育之途径的意思。人格的最高境界在"游于艺"的审美与人文境界中获得实现。因此，中国古代自三代开创的"六艺之教"中蕴涵着丰富的人文思想，具体而言，它以人为本，将人格培养作为核心，重在人的全面发展与养成。这与雅典时代的人本主义和奥运精神有着相同之处。当然，由于东西方文化背景的不同，中国注重人的礼乐文明下的个人向群体回归的道德规范，而雅典则注重人的个性的发展。但是在如何造就健康与理想的人格方面，二者却是相似的，不必苛求古人的同一。

> 中国古代自三代开创的"六艺之教"中蕴涵着丰富的人文思想，具体而言，它以人为本，将人格培养作为核心，重在人的全面发展与养成。这与雅典时代的人本主义和奥运精神有着相同之处。

我认为，今天应当从中国传统文化中开掘出丰厚的人文奥运的精神资源，从国学精神中，看到它和今天人文奥运的脉动关系。南朝著名大诗人谢灵运诗云："谁谓古今殊，异代可同调。"可以说，今天北京的人文奥运正是激活传统、光大传统的盛典！

以上是从中国传统文化的纵向上来谈它的世界意义的，以下再从中国传统文化的横向联系来说。由于中国传统文化有着强烈的主体性，很难被外来文化所同化，同时它又具有兼容并包、海纳百川的气度，而不致变成僵死的东西。

这种文化气概与吞吐自如的魄力，如果从根源上去寻溯的话，可以从中国文化的内在结构与价值观上找到答案。中国文化将天地人置于一体之中，这种宇宙又是以互相对立统一的"道"作为存在依据的。如前所述，道既是和谐完满，又是变动不定的，它是一个开放的体系，具有通变的功能。对于外来的事物，儒家不言"怪力乱神"，但对于许多超验的现象却也并不一概否决。《礼记·中庸》以恢弘的气势提出："仲尼，祖述尧舜，宪章文武，上律天时，下袭水土。辟如天地之无不持载，无不覆帱，辟如四时之错行，如日月之代明。万物并育而不相害，道并行而不相悖。小德川流，大德敦化，此天地之所以为大也。"

这段话表明孔子之道是博大雄浑、参天地、并万物的学说，这种文化惟其以天地为大，因此就像天地兼容万物一样，"万物并育而不相害，道并行而不相悖"，对待各种学说可以兼容并包。《中庸》的这一思想是儒家思想开放性的体现，它说明封建统治者处于上升时期时对待各种文化的气度与心胸。

道家主张万物的存在与运动的内在依据是自然之道，而自然之道并不是神学目的论的产物，是由自然物内在矛盾阴阳交感而推动产生的。因此，万物终极的意义就在于运动之中，这样就使文化处于开放融通的境界之中。秦汉年间的思想家融合儒家的人生观与道家的宇宙观，将自然之道与儒家的道德信仰相调和，再吸收阴阳家的五行学说，创建了天人合一的五行图式宇宙论，将天道与社会人事置于完满的宇宙大系统之中。这个系统既完满无缺，具有神学的色彩，同时也有开放变动的一面。

至魏晋南北朝年间，玄学兴起，它主张以无统有，在变动中去认识事物、把握人生、认识宇宙。这种开放的文化观使得魏晋之后的中国文化显现出兼收并蓄、自由思考的风度。儒玄佛三教并存，互相争鸣又互相促进。在当时，文化人三教并修、兼容并包是很普遍的事情。这也说明中国文化具有海纳百川的气概。既不会被外来文化所同化，也不会盲目拒斥外来文化。

譬如在对待外来生活器具上，中国古代很早就与外来文化开始了交流。西汉卜千秋墓门上额的壁画约作于昭、宣之际，造型呈现人首鸟身像，象征升仙。这类画像受到美索不达米亚艺术的感染，同时又和古希腊罗马神话中的有翼天使和蛇形怪人神像雕刻有关。汉代铜镜制作精巧，大多采用西域传入的葡萄、翼兽作为图案。汉代西域乐舞流入内地，这些乐曲来自印度和中亚细亚，再经中国音乐家配曲，成为新的乐曲，以满足社会各阶层的需要。《易传》云："形而上者谓之道，形而下者谓之器。"不独是器物形质，就是外来的精神文化，中华文化也具有吞吐吸纳，滋养身心的功能与先例。最典型的就是对于印度文化佛教的吸收改造。

中国传统文化自春秋战国以来，就确立了以儒学为主、儒道互补的社会意识形态；西汉之后，经过董仲舒、公孙弘等人的建议与倡论，儒学依托行政举措而在社会广为布扬。魏晋期间老庄的流行，虽然使人们在认识世界与自我方面有了新的方法与观念，但是在解决动荡岁月中人们的精神信仰方面，还是不能满足人们对实体世界的探讨与归依心愿。而佛教寻求性灵真奥、探讨灵魂不死的学说，极大地满足了汉末以来苦海余生的芸芸众生，正可以填补人们在灵魂深处的信仰空洞，成为终极关怀的偶像。"南朝四百八十寺，多少楼台烟雨中"，晚唐诗人的沉重感喟，道出了当时人狂热信佛的情景。儒学的济世思想是一种道德完善与政治思想，但是它不能满足人们对精神世界的终极追问。道家的学说只是营造幻想的"逍遥游"与"见素抱朴"的清静境界，而未能解答灵魂归宿问题。中国传统哲学的世俗精神在魏晋年代显然无法使人们的精神得以解脱，上升到新的心灵维度。

从人的觉醒来说，人们对精神之维的追求，正是人对自身价值的肯定、对人生不朽的探讨。正是这种精神自觉，促成了美学与艺术境界的超升。刘勰《文心雕龙》的诞生，同他兼融儒玄佛的文化观念密切相关。《文心雕龙》基本的思想倾向与美学追求以儒学为主，这是毋庸置疑的，但是它的"体大思精"，显然与佛教超越精神的泽溉有关。唐代文化的博大精深，三教并存，同中国文化的包容性是相匹配的。

因此，从历史文化的经验来说，中国传统文化的包容性极强。这次 2008 年北京奥运，本是中国文化百年不遇的传播好机遇，也是中国文化验证其世界意义的时机。2007 年 1 月 18 日，我曾利用北京市政协委员的身份，提出一份《关于运用奥运契机振奋民族精神的建议》的提案，其中指出，如何利用奥运机遇振奋民族精神，建设中华核心价值观，改善社会风尚，将中华文明推向世界，是北京奥运尚待加大力度去做的题中应有之义。奥林匹克运动的根本精神是人的全面发展，她与中国源远流长的古典人文传统一脉相承，可以互动。《奥林匹克宪章》中提出："奥林匹克主义是将身、心和精神方面的各种品质均衡地结合起来并使之得到提高的一种人生哲学。它将体育运动与文化和教育融为一体，奥林匹克主义所要开创的人生道路是以奋斗中所体验到的乐趣、优秀榜样的教育价值，和对一般伦理的基本原则的尊敬为基础的。"

北京奥运以绿色奥运、科技奥运、人文奥运作为三大理念，其中人文奥运是最核心的理念，而以人为本在中国古典人文传统中，有着

北京奥运以绿色奥运、科技奥运、人文奥运作为三大理念，其中人文奥运是最核心的理念，而以人为本在中国古典人文传统中，有着深厚的积淀。中国古典人文传统，集中表现在它的自我教育即人文化成上面。先秦时的"六艺之教"中隐藏着丰厚的人文要素，是古人在培养理想人格时实施的科目，成为孔子重要的教育理念与科目，影响到后来中国的教育传统。

深厚的积淀。中国古典人文传统，集中表现在它的自我教育即人文化成上面。先秦时的"六艺之教"中隐藏着丰厚的人文要素，是古人在培养理想人格时实施的科目，成为孔子重要的教育理念与科目，影响到后来中国的教育传统。因此，我们必须从以下两方面做足做好这篇大文章：

一是加强中华人文传统与现代奥林匹克精神的互动与互融，中国传统人文精神与现代奥林匹克精神有着天然的联系。但是目前对此方面的研究与开发太少，了解的人不多，宣传更是远远不够，而一旦丢失了中国传统人文精神与现代奥林匹克精神的联接，就无法将奥运会与民族精神的振奋相联系，这是甚为可惜的。

二是利用首都北京以及全国各地的历史文化遗产，弘扬中华人文传统。中华人文传统主要通过先圣与古贤而得以彰显。中华圣贤是中华民族精神的文化符号，我们今天敬重与热爱先贤并非复古，而是弘扬其中体现的民族精神，开掘其中的人文蕴涵。一个不敬重先哲、不尊重传统的民族与人民，是决不可能被称作一个有教养的现代文明人、是无法以开放与文明的形象展现在世界面前的。

参照英国西敏寺与法国先贤祠向世人展现自己国家的伟人、以弘扬民族精神的做法，我们可以考虑在中国历史博物馆、首都博物馆，或者世纪坛内，举办围绕北京人文奥运而展示的中华先圣展览，向世人昭示祖国灿烂辉煌的文物与圣贤伟貌，彪炳圣贤的道德风采，宣传他们的思想学说，学习他们弘毅睿智、刚健向上、厚德载物之人格精神，净化当今社会之风气。并借此契机，推进现有的各类形式的国学教育，办好面向海外的孔子学院，使孔子学院从教授汉语慢慢变成推介中国文化的机构与平台，让中国文化与世界文化进入良性的互动与互融的境界，实现中华民族的伟大复兴，建设和谐幸福的社会。

2008 年 4 月 10 日，北京正是春暖花开的时候，欧洲中部的德国却依然天气阴晦，寒雨连绵。我作为中国人民大学国学院的副院长，与林岗副校长等人来到德国莱比锡，参加中国人民大学与德国莱比锡大学共建孔子学院的揭牌仪式。莱比锡大学是德国一所历史悠久的大学，此前曾为卡尔马克思大学。这所大学曾有着悠久的历史文化蕴涵，著名的哲学家尼采、诗人歌德、音乐家巴赫都毕业于此。我国很多著名的学者，如蔡元培、周培源、林语堂、辜鸿明曾施教或就读于这所大学。

我们来到德国，正逢"藏独"分子与国外敌对势力抵制北京奥运火炬。欧洲许多人对于中国的西藏问题缺少了解，而达赖和"藏独"分子总是以所谓西藏独特的宗教与地理环境来否定中华民族的文化传统，否定人类共通的追求生活幸福的权利，在欧洲造成很大的迷惑。可以想象，我们此时来到德国，与莱比锡大学共建孔子学院，会引起人们的种种揣测。虽然我们此行原本只是履行此前与莱比锡大学共建孔子学院的协议，别无其他目的，但是面对此情此景，孔子所代表的中华传统文化中的世界意义，已成为沟通中国与德国人民的精神纽带。

在揭牌仪式上，德方孔子学院院长莫里茨教授作了题为《孔子——幻象与历史》的主题发言：

> 如果我们今天对孔子发表看法，那么我们要知道孔子那个时代的中国社会，对于历史人物必须历史地进行评价。具体来讲，孔子从一个混乱的社会形态中设计出一个重建秩序的道路，他告诉我们怎样根据普遍的原理展开卓有成效的集体生活。
>
> 孔子是中国文化的象征，孔子学院的建立表明在全球化的过程中，世界文化不是趋于单一化，而是多样化。儒家学说不是为了文化之间的斗争，而是为了交流、尊重和宽容。这就是我们今天建立孔子学院所期待的效果。

我想，从一个德国学者的眼中看待中国传统文化的世界意义，也许比我们的眼光更为准确。而北京 2008 年奥运会对于传统文化的诠释与张大，不正说明莫里茨教授这番话中的世界意义成为中国走向世界、实践"同一个世界，同一个梦想"的文化根基吗？这也正是 2008 北京奥运会留给我们的重要精神遗产。

第四章　北京奥运、狂欢文化与共同体精神

在 20 世纪，历史通过几类宏大叙事促成人类的整体性相遇：世界战争、全球市场、技术革命和现代奥林匹克运动会。此前，人类散居在被地理山川包裹的多样人文共同体之中，直到宏大叙事改变了这种相对隔离、各得其所的格局。一战、二战带来普遍性的灾难和伤痛，市场和技术创造了不确定的福祉和确切无疑的异化。唯有现代奥运，致力于以对话和狂欢的方式形塑人类共同体的想象。

无论是采取体育、文化、经济和政治之中的某一视角还是统合观之，现代奥运所构筑的第一体验都是狂欢。狂欢既是奥运之"表"——展开形式，亦是其"里"——精神盛宴。奥运狂欢表里相合，实现了古典与现代、个体与整体、单纯与浑厚的统一：

它来自希腊酒神精神，直指心性，召唤人的本质的力量，同时也充盈着共同进步的现代精神；它是个体对整体的融入，是整体对基本信念和原始人性的融入，每一个人都是快乐的，整体则激荡着加强版的快乐；微笑的脸、挥舞的手、加油的呼喊，单纯到没有任何遮掩，参与者跨越了彼此沉重、坚硬的屏障：种族与民族、语言与习俗、财富与阶层。人们从自身经验和偏见这眼最深的井中爬出来，长途跋涉，相遇奥运。

北京奥运会，这场以"我和你"的名义拉开大幕的狂欢，在全球化走向纵深、金融危机一触即发、信息技术狂飙突进的"大时代"，是人类送给自己的礼物。这是一个普惠的礼物，在争执、冲撞之后，在场者、关切者抓到了它，快乐地揣在怀里。它在奥运的现场发光，而后在诸如全球化、金融危机的丛林中发光，指引人们以协作的勇气和智慧前行。很多年以后，生动的笑脸、飞扬的舞蹈、闪亮的"金镶玉"都会被遗忘，然而北京奥运的狂欢体验将成为全世界对这个"大时代"的集体记忆，因为它源自并反哺个体层面的人性解放和整体层面的共生精神。

北京奥运会，这场以"我和你"的名义拉开大幕的狂欢，在全球化走向纵深、金融危机一触即发、信息技术狂飙突进的"大时代"，是人类送给自己的礼物。这是一个普惠的礼物，在争执、冲撞之后，在场者、关切者抓到了它，快乐地揣在怀里。它在奥运的现场发光，而后在诸如全球化、金融危机的丛林中发光，指引人们以协作的勇气和智慧前行。

一、狂欢的理由与人的解放

一个生活在 2008 年上半年的普通中国人，大抵经历了这样一张心灵的"月历表"：

1 月，他回望过去的一年，得也好，失也罢，新的一年都是值得期待的——中国即将举办第 29 届现代奥运会。同很多人一样，他也许并不关心奥运的种种宏大主题，但它至少意味着一个重要的时间节点，仿佛此后一切都会更好。

2 月，他亲历或者见证了百年不遇的南方冰雪灾害。无论拥挤在无望出发的火车站还是守候在家中的电视前，他都会无比震惊并且找不到答案。

3 月，他发现菜、肉、奶的价格明显上涨了，股市在震荡中掉进熊窝。为此，他可能非常关心全国"两会"发出的声音，希望能够找到一个确切的说法。随后，他听说拉萨发生了骚乱——多年以来，"他们"与"我们"想的不一样？

4 月，他可能参与了抵制"家乐福"，或者转发了一条相关短信，因为他在媒体上看到，奥运火炬在海外遭遇了排山倒海般的抗议。他一边打理具体、琐碎的个人生活，一边加入到"反帝国主义"的声浪中。片刻沉静之后，他会追问：如今外国人变成了邻居，为什么没变成朋友？媒体评论员会告诉他，这就叫全球化。

5 月，他打算从激动、焦虑的情绪中走出来，集中精力投入工作，因为法国人已经向中国火炬手、残疾姑娘金晶道歉。但四川大地震再次改变了这一切，死难者数万人，伤残者数十万人，受灾者数千万人。他奔赴前线，成为救灾者或志愿者；他留在后方，成为献血者或捐助者。在国旗降下半旗、举国哀悼的仪式中，他泪流满面。

6 月，他有太多的事情需要关注：依然紧张的抗震救灾形势，奥运火炬的国内传递路线，有关地震和奥运的诸多谣言，贵州瓮安的群体事件，等等。最让他无所适从的，可能是在地震中扔下学生夺门而出的教师"范跑跑"。在"反范"与"挺范"两大阵营的对骂中，他找不到自己的立场。然而他清晰记得，在二三十年前，这根本就不是一道需要犹豫的道德选择题。

7 月，他听说有国外运动员要戴口罩参加奥运会，有"疆独"、"藏独"、"台独"各种"毒"会在奥运期间发作，有"义士杨佳"怒杀六名上海警察。他在不安中等待奥运会倒计时牌由两位数变成一位数，等待圣火点燃照耀所有真实的面孔，没有扭曲和空洞，只有善意和平等。终于，北京的环路上开始旌旗招展，蓝色的志愿者在机场、车站、大街小巷温暖地微笑。

8 月，狂欢降临。那么迅猛、热烈、灿烂，如同一次艰苦的远行，尽管良辰佳期早设，却仍然为到来时刻的焰火升腾所震撼。在巨型的舞台上，除了微笑、欢呼、击掌，其他都是多余的。奥运开幕式直播前十几分钟，美国 NBC 主持人对北京骂多无赞，而当直播画面切入，他兴奋得大喊：
令人惊诧，让我们热情投入，一起开心吧！

"让我们热情投入，一起开心吧"，就是狂欢。

"狂欢"作为学术话语登场，始自苏联学者巴
赫金。这位被流放西伯利亚、右腿截肢的伟大思
想者，在悲惨的处境中坚持着对崇高信念的捍卫
和对人性柔软之处的抚慰。在他看来，人类是狂
欢的动物，文明史的书写离不开狂欢史。"狂欢
式——这是几千年来全体民众的一种伟大的在世
感受，它使人解除了恐惧，使世界接近了人，一
切皆卷入自由而亲昵的交往。"巴赫金总结了狂欢
的具体形式——狂欢节的属性：无阶级性、宣泄
性、颠覆性和大众性。

无阶级性即平等。在狂欢的场域上，国王与
乞丐、教士与小丑、巨人与侏儒、男人与女人平
等出演。等级、差异和冲突在狂欢中被搁置了，
快乐是唯一的主张。北京奥运会是参赛国家和地
区最多的一届奥林匹克盛事，在205个代表团中，
有的来自"超级大国"，有的来自全国仅万余人口
的"弹丸之地"，有的彼此是敌对国家。所有人围
聚在五环旗下，分享中华文明的价值内核——
"和"。当身穿二手服装的伊拉克代表队入场时，
三十万人掌声雷动，记录这一瞬间的中文博客有
八千之巨。

宣泄性即情感的张扬。狂欢拒绝压抑的理性，
笑才是它的旋律、姿态和表情。在狂欢中，人们
甩掉日常生活的平庸、琐碎和沉重，排解焦虑、
倦怠和苦痛，以公开的、集体的方式释放情感。
虚伪不见了，界限模糊了，伤口愈合了，只有欢
笑、飞舞和感动。在北京奥运会和残奥会的月余
时间，人们在现场、在电视机前成为狂欢者，或
纵情大笑，或会心一笑，连流泪都是为了快乐，
连美中不足都觉得可爱。

颠覆性即挣脱、反叛和革新。狂欢打破了约
束、章法、禁令，它所采取的是非官方、非教会、

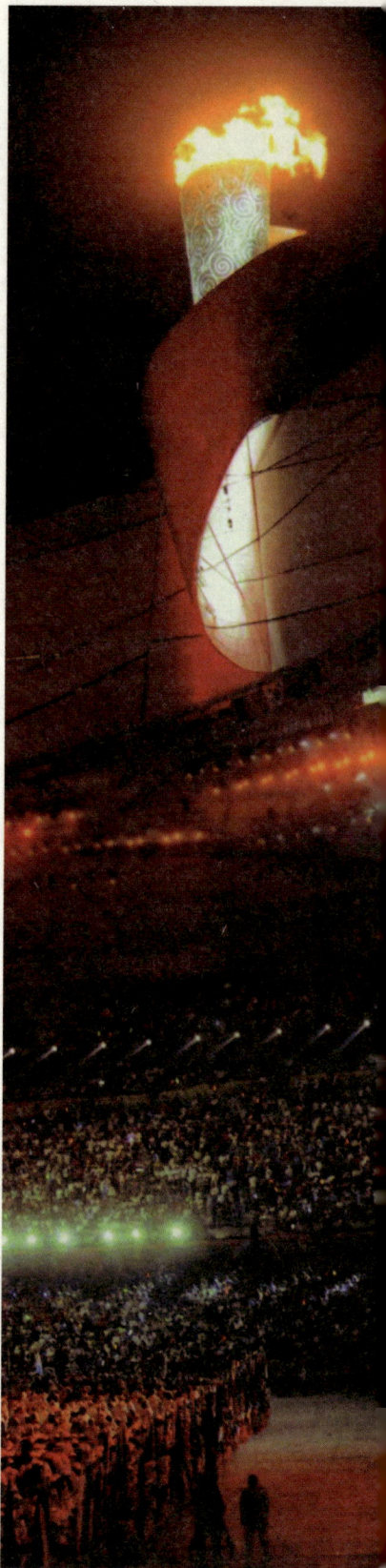

非学理的立场，因而创造了一个与现实世界短暂隔离的全新体验世界。这或多或少是一个离经叛道的过程，人们朝着脱轨、戏谑、一笑置之、生命之"轻"的方向出发，并因此而获得快感。"在狂欢节的广场上，支配一切的是人们之间不拘形迹地自由接触的形式……现实被暂时取消，形成一种在日常生活中不可能有的特殊类型的交往。"① 在奥运观众席上，人们穿上平日很难公然上街的夸张服饰，脸蛋儿因花里胡哨的印记而成为海报栏，与陌生人自由交谈、豪放拥抱，阿拉伯籍女运动员也揭下面纱。这是狂欢制造的"第二世界"——筑基于现实世界，又无视或嘲笑它的规则。

在狂欢中，人们甩掉日常生活的平庸、琐碎和沉重，排解焦虑、倦怠和苦痛，以公开的、集体的方式释放情感。虚伪不见了，界限模糊了，伤口愈合了，只有欢笑、飞舞和感动。

大众性即狂欢属于大众、以大众的方式展开。狂欢根源于不朽的民间性：对神的敬畏（如祭祀狂欢），对符号的追逐，对美食的渴望，对声色的艳羡，对权威的反抗，对平等的吁求，对梦境的沉迷。大众性并不拒斥精英，恰恰相反，这是精英卸下面具的最佳时刻——通过"失态"而融入。在观赛现场，美国总统布什"肆无忌惮地对美女揩油"并未招来恶意攻击；在赛场之外，多国王室成员、政要、运动员、普通观光客一起在秀水街讨价还价。这是一种世俗化的高峰体验，人们找回祖先年轻的单纯，像童话中的小动物一样彼此开口说话，自由自在地嬉戏于草地上、花丛中。

巴赫金关于狂欢四重属性的论述，与北京奥运会的大众体验相契合。然而作为对社会、历史的普遍性观照，巴赫金的理论未能彰显奥运狂欢的独特性。这种独特性是抽象的狂欢话语与奥运精神交汇之后的崭新演绎，击打狂欢的节奏，却鸣响奥运的人文调性。同时，奥运狂欢与巴赫金在大众文化研究领域的追随者们所操持的消极观点也形成区隔，甚至是鲜明对照。这集中体现在如下几个方面：

一是理智与情感的对立和砥砺。情感宣泄所带来的理智坍塌是狂欢的重要罪名之一，"它（狂欢）对价值秩序的颠覆和解构造成了价值的虚无化"②。人们引用酒吧、舞厅、啤酒节、万圣节的例子论证说："狂欢仪式是酒、性、歌舞的统一……这是一种酩酊大醉的状态，人们尽情放纵自己的原始本能，与同伴们纵情欢乐、狂饮、狂歌狂舞，寻求情欲的满足。"③ 照此推理，狂欢实际上是以合法的名义"催情"，使人们挣脱理智的羁绊，呼喊着冲进感官世界。

---

① ［苏］巴赫金：《陀思妥耶夫斯基诗学问题》，11～12页，北京，三联书店，1992。

② 骆冬青：《后现代狂欢——从电视综艺节目审视一种文化趋向》，载《杭州师范学院学报》，2000(5)。

③ 郭永玉：《狂欢、舞蹈、摇滚乐与社会无意识》，载《社会心理研究》，1994(4)。

奥运狂欢的确是参与者最大的情感附着点，但支撑狂欢殿堂的柱石则是平等、分享和融合的理性精神。在所有可能的相遇中，还有比平等更重要的尺度吗？在所有可能的参与中，还有比分享更朗阔的路径吗？在所有可能的对话中，还有比融合更完善的状态吗？奥运精神自有其校正机制，能够弥合狂欢之下的情绪空泛和散场之后的心理落寞。由是观之，奥运狂欢调和了激情迸射和价值秩序的关系，并将之统一于人的心智。

二是颠覆与创造的冲突和并生。在狂欢中，压抑的社会无意识被激活，明目张胆地打碎现实的桎梏，其极端状态就是造反。这与后现代主义的信条如出一辙：人们追求不确定性、支离破碎性、无原则性、无我性、反讽和混杂。也正是在这一意义上，社会心理学者称狂欢的大众为乌合之众：冲动、轻浮、反复无常、感情用事，容易受到暗示和传染；神经质、没主见、不计后果、缺少深入思考，因而破坏性大于建设性；对象征和符号有着不可思议的痴迷，对压力和变数异常敏感而又渴望新的压力和变数。

狂欢"的确结合了嬗变和危机的两个极端：诞生与死亡、祝福与诅咒、夸奖与责骂、青年与老年、上与下、当面与背后、愚蠢与聪明"①，而恰是这些正反同体的力量促成了代谢和革新。如此，与狂欢之颠覆相伴而生的是重建，或者说颠覆即意味着重建。在奥运会期间，多国领袖齐聚北京，其中包括曾公开抵制奥运、抹黑中国的法国总统萨科奇，大家相逢一笑泯恩仇。英国代表团在回国接受采访时说：北京太美妙了，完全颠覆了我们以前的看法！事实上，每一届奥运会对举办城市而言都意味着环境、市容、公民素养、公共管理、社会运行、发展观念的颠覆和重建。

三是内在与外在的解放和统一。狂欢中的戏拟、降格和反讽等展开手段，可能导致崇高、尊严和理想的凋落，永恒和静美统统被贬入物质和肉欲的层次，滑向大地和身体的表面。人是社会关系的总和，而狂欢正是以临时废止或当下隔绝既定社会关系的方式使人获得解放。文化批判学者据此提出，狂欢制造了形而下的丰富、光鲜、暧昧和俗气，而形而上层面的清灵、深邃、持存和高雅则严重匮乏。疯狂之后，酒干倘卖无？

奥运所激发的狂欢，首先也表现为外部关系"失灵"后的笑。在笑声中，现实世界无法化解的矛盾缓和了，进退维谷的困境消逝了，不可捉摸的命运仿佛就在手中。然而更重要的是，奥运狂欢中的笑是胜利者的笑、分享者的笑，它来自人的内心世界，并直抵外部欢乐的海洋。这是自我做主的愉悦，内在一株生命之树，外在一部笑忘书。当李宁高举火炬飞翔在空中，当博尔特自信地拍打胸膛冲向终点，当菲尔普斯白鲨一般穿梭在水中，他们属于圣火、跑道、浪花，属于神、

---

① 《巴赫金全集》，第5卷，212页，石家庄，河北教育出版社，1998。

自由和巅峰，属于观众、母亲和自己。当人成为自己的主宰，自由的境地便无限延展开来，没有栅栏，不畏野兽。

二、中国式狂欢与创发型社会性格

北京奥运是中国历史上最雄壮的一次全民体育狂欢，由接触、了解、参与而至成功申办，中国的奥运梦想历经百年，人世沧桑，弦歌铮铮。而顺利举办奥运会则又是一个关键性的历史节点，必将对中国的改革和发展产生重大而深远的影响。仅就狂欢而论，它对社会性格的形塑、文化的转型和人文教化的延展发挥着点灯、传灯的作用。

在北京奥运会举办之前，西方媒体呈现给公众的一个重要传播框架是：这个古老、神秘的大国，始终以严肃的、自上而下的、"警察式"的风格组织奥运会。而当奥运狂欢序曲响起，西方人看到了一个快乐、开放、自信的中国。这的确是奇特的逆转，素以内敛、持重、"不逾矩"为角色规范的中国人，竟在一夜之间卷入盛大、奔放的狂欢。变脸、魔幻、虚无还是断裂？

倘若并非如此，那么它是否意味着一种正在形成的中国式狂欢？果如是，当我们超越前文所述之个体层面的奥运狂欢体验，以历史的和整体的眼光审视新生的中国式狂欢，那么它的内涵、特质是什么？它将如何介入、改造转型期中国社会的性格、文化及其深层结构？

在西方，理性与非理性的互动深植于社会思想的诸领域，这一方面培育了西方成熟的科学精神，一方面也滋养了西方冒险、快乐的文化性格，全球范围内的著名狂欢节几乎全部来自西方。二者看似矛盾，实则相互激发：唯有快乐、健全的人格力量，才能从事持久的创造。

与西方的科学理性、狂欢精神不同，中国文化所崇尚的是道统理性，把非理性的情感因素、狂欢取向压到最低，连个人自处都强调"慎独"。在一些知识精英的批判话语中，中国传统文化构建了只见集体、不见个人的千年社会景观，而即使是集体之最高目标——天下大同，也不过是同于"一尊"。这种主体性缺席、不快乐、不自由的民族性格，自然与狂欢精神格格不入。

这种宏大叙事所犯的错误是"以全压偏"，对传统文化总体形貌的考察和批判，忽略了局部的历史真实。文化进路的立体性、复杂性被削平为"点"和"线"的问题来对待，这窄化了历史建构的视野，在民族性格的分析上也陷入了化约主义。"从历史上看，不同民族，不同国家都存在着不同形式的狂欢活动。他们通过社会成员的群体聚会和传统的表演场面体现出来，洋溢着心灵的欢乐和生命的情绪。"[1] 譬

---

① 钟敬文：《文学狂欢化思想与狂欢》，载《光明日报》，1999-01-28。

如，中国传统庙会和其他娱神活动的普遍化、常规化即是反证，它们彰显了中国文化中独特的狂欢精神。

早在春秋时代，子贡参加祭祀农神的蜡祭之后说：一国之内皆若狂。这类春祈秋报仪式，甚至可以追溯到子贡时代之前，所谓"民间春秋祀田祖五谷之神，作乐宴会，盖祈谷报赛之遗礼也"①。隋唐之后，官民结合的各种狂欢活动开始定型并风俗化，从而成为大众每年生活中的经典仪式。譬如，南北朝时期的立春之庆，人群"绵亘数里，有鼓牵之"，"群噪歌谣、震惊远近"；再如晚清河北怀来的泰山庙会，"男女纷纷随之，盈街溢巷，万头攒动，真盛观哉。"总体观之，中国传统狂欢活动大抵有如下几个特点：

一是原始性，即以祭祀神天、先祖、英雄为主导，带有明显的娱神、尊上色彩。巴赫金认为，西方为辩论、交易和狂欢创造了一个便利空间——广场，它是地理和人文相互转化的公共场域。而在中国传统时代，面积较大的广场多在深宫高墙之内，民间集体活动多在寺庙和祠堂展开，因此狂欢总是与祭祀混杂一体。同时，由于缺少有统一元神的"国教"，祭祀仪式和狂欢活动大多是区域性的，各具特色而又普遍比较原始化。

二是全民性，即广泛参与，打破等级，独乐乐不如众乐乐。明清文献多有此类记载："初三日，无论贵贱，俱赴城隍神祠"；"二月，都人皆进香碧霞元君庙，无论贵贱男女，额贴金字，结亭如屋"；"真是人山人海、拥挤不透的时节，可也是男女混杂、不分良贱的所在"。

三是教化性，即寓教于乐，通过祭祀和狂欢使民众感受天恩、帝德、圣意，实为"化成天下"的一种手段。传统狂欢在"娱神"的同时，也承担着"娱人"、"育人"的功能：休养生息，"民俗终岁勤苦，间以庙会为乐"，"乡人终岁勤劳，不获休息，遇庙场为酒食，约宾朋熙熙以来，攘攘以往"；文化整合，万民同观同乐，心系一处，止于一端；感恩敬畏，天公作美，风调雨顺，皇恩浩荡，身逢盛世，正是统治者发起、参与、组织狂欢的理由。

由以上三点概括可以看出，中国传统狂欢活动在一定意义上具备西方式狂欢节的无阶级性、宣泄性、颠覆性和大众性，但亦因历史、文化和宗教的差异而分殊鲜明。以下分而述之：

作为传统文化的一部分，中国古代狂欢活动在宣泄、颠覆的同时依然抱持强烈的秩序情结。对统治者而言，狂欢是通过民众在文化、

> 作为传统文化的一部分，中国古代狂欢活动在宣泄、颠覆的同时依然抱持强烈的秩序情结。对统治者而言，狂欢是通过民众在文化、精神层面短暂的小"乱"而达到大"治"。

---

① 赵世瑜：《中国传统庙会中的狂欢精神》，载《中国社会科学》，1996（1）。

精神层面短暂的小"乱"而达到大"治"。这是一个释放与回归相对接的过程，人们在神像和祖宗祭坛前庄重跪下，而后狂欢，最后重返循规蹈矩的生活。用今天的话说，狂欢在中国传统社会体现了"放"与"收"的有机结合。

与秩序情结紧密相关，中国古代狂欢活动基本限定在道德理性的边界之内。儒家祭祀重在"礼"，即人伦规范，道家之寡欲训诫、佛家之慈悲为怀皆着力于道德教化。一旦民众于狂欢中出现道德脱轨，统治集团便会以取缔、惩办等手段加以扼制。宋代地方官陈淳、清代地方官汤斌都在皇帝的准奏下严厉整治过民间庙会中的"淫祠"、"淫戏"，北宋开封府曾一次拆毁神祠1 038座。

与西方狂欢节彻底的大众性相比，中国传统狂欢活动更强调国家与民间的相遇。自秦统一天下，封建中国建立了二元化的社会结构：上面是中央集权帝国，下面是无数分散、相对封闭的小农社会。这两层结构互动稀疏，一方面"普天之下，莫非王土"，一方面"天高皇帝远"、"帝力于我何有哉"。按照费孝通的说法，中央派遣的官员到知县为止，不再下去了。自上而下的车轨只筑到县衙门就停了。国家治理主要是通过威慑、象征和伦理道德实现的，它们确保了二元结构各自的完整性和稳定性。而二者相遇的方式，主要包括战争、自然灾害、重大工程、战略移民、科举教育，以及祭祀和狂欢。在所有可能的方式中，祭祀和狂欢显然是参与最广、频度最高、成本最低、上下同乐的优先选择。

尽管民众构成了传统狂欢活动的参与主体，加入的精英也以民间化姿态分享狂欢，但作为审批者和主持者的官方始终未缺席。换言之，狂欢依了"民愿"而酝酿、发起，同时顺了"官意"而获得合法性和秩序保障。两相结合，促成了国家与社会的相遇：个人在社会中，也在国家中；国家在社会中，也在个人中。如此，国家实现了想象的共同体的建构，民间则制造了参与、融入的仪式和奇观。

> 狂欢依了"民愿"而酝酿、发起，同时顺了"官意"而获得合法性和秩序保障。两相结合，促成了国家与社会的相遇：个人在社会中，也在国家中；国家在社会中，也在个人中。

除了释放、整合、教化等功效之外，狂欢式相遇最直接的作用在于柔化二元社会结构的关系。中央帝国与小农社会的二元分立，导致官民关系在大多时候过于刚性，要么老死不相往来，所谓井水不犯河水；要么激烈对抗，所谓官逼民反。而祭祀和狂欢则以文化、精神互动的方式，改变了二元之间背对背的隔绝和面对面的对抗，转而寻求快乐分享、协同共生。

北京奥运是西方狂欢精神与中国传统狂欢文化一场集中化、大规模的正面交汇。这不是西方狂欢节朝向中国的一次简单位移，亦非局限于16天赛事的激情绽放，而是发生在新世纪中西方广阔的地理、人文背景之下，延展于奥运成功申办、顺利举办和此后若干年的历史进路之中。这至少意味着双重可能性：来自西方的奥运狂欢浸润了中国文化，而中国传统狂欢精神也因现代奥运而开创了新的气象。就第一种可能性而言，经过了北京这一站，奥林匹克精神必将注入"和"、"秩序"、国家主体间相遇和"礼遇"等中国文化的价值要素，本章第三部分将辟专题论述。以下则重点探讨后一种可能性：奥运狂欢对中国传统狂欢的介入、改造和增益。

增益的可能性表现在多个方面，诸如在奥运精神的强烈召唤、投映之下，中国传统狂欢的原始性可能前所未有地获得现代狂欢意识的润泽；在保持地域狂欢特色的同时，打造国家层面统一化、更广泛的狂欢节已然具备成熟的社会心理条件；传统狂欢中僵硬的道德理性和强制的社会教化可能与西方狂欢的自由观念、解放冲动相调和，从而生成基于文化自信又与西方融通的中国式狂欢。

在剧烈变革的时代，一个成长中的大国显然需要国家级的狂欢节，需要健康、向上的狂欢文化，而经典狂欢节、良性狂欢文化正是中国式狂欢所应建设的内容。中国式狂欢是民主政治、市场经济和公民社会发展的必然结果，是激发当代中国文化生命力、使之传承历史并走向世界的客观需要，同时也是促进国家与民众相遇、柔化官民关系、强化民族凝聚力和社会认同的重要力量。

归结为一点，中国式狂欢的核心价值在于使中国的社会发展、民族振兴成为一个快乐分享的过程，使国家在面对困境、化解危机时更自信、更坚定。当然，这并非哪一次狂欢活动短期之内所能创造的社会图景，而是持久培育、立体建构的文化谱系。这就使一个重要的问题摆在我们面前：狂欢文化究竟通过怎样一种机制反哺一个国家的整体文化，进而渗透、干预社会发展的整体进程？

笔者认为，狂欢文化最直效的反哺和建构机制是形塑社会性格。什么是社会性格？这一研究领域的代表人物弗洛姆所提供的定义是："同属于一个文化时期绝大多数人所共同具有的性格结构的核心。它不同于个人性格……也不是指一定文化时期内绝大多数人身上体现的性格特征的简单总和"[1]。按照弗洛姆的划分方式，社会性格大抵存在五种类型：

接受型，依赖外部获取信息和善，接受社会的给予和强加；

> 中国式狂欢的核心价值在于使中国的社会发展、民族振兴成为一个快乐分享的过程，使国家在面对困境、化解危机时更自信、更坚定。当然，这并非哪一次狂欢活动短期之内所能创造的社会图景，而是持久培育、立体建构的文化谱系。

---

① ［美］埃里希·弗洛姆：《在幻想锁链的彼岸》，83 页，长沙，湖南人民出版社，1986。

剥削型，也认为生活之源在于外部，只是更强调索取和占有；

囤积型，把安全感建立在自我贮藏和积蓄上，被囤积之物，除了财富还有感情，对新事物缺乏信心，视过去为黄金时代；

市场型，自己既是卖方又是商品，相信交易是组织世界秩序的最好方式，如果资源从穷国流向富国，污染却从富国流向穷国，那么只能怪穷国自己的交易能力太糟糕；

创发型，这一类性格相信爱、理性和创造的力量，关心、介入社会，愿意付出必须付出的，希望得到应该得到的。

社会性格不是统计学概念，而是强调从个人与社会的关系切入来看待人的存在，只有深入个体性格背后的成因——社会结构、人的本能——才能离析出共有的特征。这里的社会结构，包括一个社会的政治、经济和文化等，即马克思意义上的经济基础和上层建筑；人的本能包括直觉、非理性、压抑、释放、渴望被认同等，即弗洛伊德意义上的利比多。二者相互作用，便形成了相对稳定、普遍而又往往非理性的社会性格。社会结构和人的本能支配社会性格，但是谁也替代不了社会性格，它相对独立并反作用于社会结构和人的内心，从而介入、干预历史和社会发展的整体进程。

正如本章第一部分所述，狂欢的本质在于自由，在于人性解放，而且是以规模最大、参与最广、节奏最强烈的方式召唤人性。较之狂欢对社会性格的影响程度，日常社会生活中分散、自发的人性刺激不可同日而语。在支配社会性格的另一个层面——社会结构上，狂欢是社会结构的润滑剂，同时为纳入社会结构的各种角色提供光彩的舞台。简言之，狂欢能够改造社会性格的双重支配框架：以激情迸射的力度集合化地解放人性，同时全面、深入地润滑和照亮社会结构。

狂欢所要造就的社会性格是平等、快乐、向上、创造的社会心理基模和文化品格，即弗洛姆意义上的创发性类型。具体到当下中国社会，历经三十年改革开放，社会转型已经步入最为关键的历史时期，接受型、剥削型、囤积型和市场型社会性格已然全面显现，而创发型社会性格的培育正当其时。

倘若跳出个案式的检讨，进而把 2003 年以来的"非典"、吉林石化爆炸、厦门PX项目事件、无锡太湖蓝藻污染、2008 年春季南方冰雪灾害、"3·14"拉萨骚乱事件、奥运火炬海外传递袭扰事件、"5·12"汶川大地震、"6·28"瓮安群体骚乱事件视为一个呼应性的整体，就会发现我们的国家和社会正处于一个"在危机中"的时代。社会变革所造成的"在危机中"，已经成为迪尔克姆所命名的"社会事实"：它作为社会群体的集体意识而存在，显现出人们如何想象自己及其生存处境。①

如同本章第一部分所虚拟的一个普通中国人在 2008 年前半年的月历表一样，我们觉得自己仿佛被托管给了容易受伤害的生活。然而北京奥运所创造的全民狂欢，一扫此前数月的焦虑、狂躁、挫败感和神经质：我们欢快地投入到每一个激动人心的瞬间，热烈地为每一次拼搏喝彩，真诚地拥抱每一位友善的朋友。这也证明了狂欢无以替代的社会情绪转化功效，倘能因势利导、假以时日培育现代狂欢文化，那么社会性格的改善和优化亦在情理之中。

事实上，北京奥运会为中国现代狂欢文化和创发型社会性格的形成提供了百年难遇的历史契机。中国式狂欢文化及其滋养的社会性格，要求我们召回天人一体的理想和进步的意志，有开放的公共领域和快乐的生活世界，有革新的自信，有创造的雄心。纵使遭遇再多的纷扰、危机和不确定性，我们依旧乐观、勇敢、稳健地前行。正是在价值秩序、社会理想这一层面，中国式狂欢与西方式狂欢出现了分野——前者是矫正无意义喧哗、徒劳卷入的力量。狂欢文化和社会性格将价值秩序和社会理想拒之门外，也就把自己锁在了黑暗当中。

> 中国式狂欢文化及其滋养的社会性格，要求我们召回天人一体的理想和进步的意志，有开放的公共领域和快乐的生活世界，有革新的自信，有创造的雄心。狂欢文化和社会性格将价值秩序和社会理想拒之门外，也就把自己锁在了黑暗当中。

三、狂欢记忆与共同体精神

一路颠簸而至的北京奥运圣火，从点燃到熄灭，将数十亿人的目光牵引至这场绚烂辉煌的全球盛会。雄壮、唯美的北京奥运狂欢终将成为各国人民的集体记忆，它是一个隐喻：人类可以做到和谐、快乐地相处。进一步而言，北京奥运使狂欢精神抵达最高境界：超越具体的文明形态，构建集体记忆，以文化宽容和全球共存的胸怀、气魄，拥抱一个繁荣、友好、和谐的人类共同体。

如前所述，中国文化赋予奥运狂欢以价值秩序和共同体理想，这弥合了西方狂欢精神中绝对化的个体自由和"了无挂碍"的人性解放。北京奥运会的举办，印证了人类学领域的一个重要概念：祭祀圈。所谓祭祀圈，即共同崇拜某一神祇或尊奉某一信仰的族群空间。在传统社会，祭祀圈是形成地域联合体的重要途径，

---

① ［英］帕特里克·贝尔特：《二十世纪的社会理论》，6 页，上海，上海译文出版社，2005。

因为它满足了人们社区认同、族群归属的心理需求。国内学者罗一星在描述佛山传统民间仪式"佛山大爆"时说："烧大爆的仪式，集合了全镇居民，无论男女老幼，无论土著侨寓，无论穷人富人，都可以参与这一仪式……人们在参与中享受着社区一分子的权利，从而强化了社区的认同意识……在激烈的争论中，在轰鸣的爆声中，在欢乐的喝彩声中，人们在一年之内可能形成的积怨消失殆尽，各种社区关系得到调和。"①

当全场观众为博尔特唱起生日歌，当埃蒙斯祝福打败自己的对手贾占波，当李宁捐助丘索维金娜2万欧元，以救助她身患白血病的儿子，当运动员、志愿者在奥运村口、首都机场依依惜别，当各国领袖济济一堂、高谈阔论，所有见证者心中都烙刻了凝聚、铭铸中华文明五千年的一个"和"字。

"和"的奥运化表达，即"同一个世界，同一个梦想"。在北京奥运会这场盛大的全球狂欢事件中，"同一"话语的表达甚至压倒了以竞争为旨归的"更高、更快、更强"。或许更准确的说法是，和谐话语和竞争话语相映成辉，共同构筑了北京奥运的狂欢叙事，并正在沉淀为所有参与者、见证者的集体记忆。

法国学者哈布瓦赫认为，集体记忆是公共性的，是一个建构的过程。它定格于过去，却由当下所限定，并且规约未来。此中有三个问题需要强调：

一是作为过去的重现，集体记忆担当着族群公共信念之库的角色。所谓信念之库，即那些人所共知、人皆遵循的信念集合。人们在交往中协商出公共信念，储蓄在信念之库或曰集体记忆当中，在随后（譬如几个世代之后）再提取这些背景知识、共通意义和无争议的原则，以期在将近的相遇和交往中达成一致或谅解。北京奥运所遗存的公共信念，诸如和谐、尊重、宽容、大气等，亦将与奥林匹克精神的其他范畴一道，共同纳入人类文明的整体信念之库。

二是人们如何建构和叙述过去，在很大程度上取决于当下的理念、利益和期待。无论当初怀有怎样的期待，新千年新世纪的头一个十年已经走到末端。几乎所有人文社会学科都在思考全球化及其后果，焦虑和惊喜缠结一体。全球化会带

> "和"的奥运化表达，即"同一个世界，同一个梦想"。在北京奥运会这场盛大的全球狂欢事件中，"同一"话语的表达甚至压倒了以竞争为旨归的"更高、更快、更强"。或许更准确的说法是，和谐话语和竞争话语相映成辉，共同构筑了北京奥运的狂欢叙事。

---

① 罗一星：《明清佛山经济发展与社会变迁》，广州，广东人民出版社，1994。

来毫无个性的普遍主义，还是自上古即抱持的大同理想？是让栖居地球村的人类握手言欢，还是使靠近成为厮杀？显然，当今时代最大的利益和期待，同一个世界最温暖的梦想，就是和平与发展。翻译成北京奥运的语言，即合作、分享和超越。

三是集体记忆与权力的关系。福柯提出："记忆是斗争的重要因素之一……谁控制了人们的记忆，谁就控制了人们的行为脉络。……因此，占有记忆，控制它，管理它，是生死攸关的。"① 福柯对集体记忆和权力博弈进行统观，认为记忆的过程是往昔重获光明、生命复苏的过程，而归根到底是一个进行权力较量，以使过去服务于未来的过程。对北京奥运而言，它并非尽善尽美，同时也遭遇了蓄意干扰和破坏，对于它的集体记忆也将是意识形态交锋、利益和权力竞夺的结果。承认缺憾和不足，正视矛盾和冲突是必要的，但建构并呵护美好的集体记忆才是第一代亲历者最重要的责任。

"集体记忆的第一步，便是对特定事件的选择。"② 在集体记忆的构建中，叙事框架、精英人物、仪式、苦痛和欢乐是首选要素。很多年以后，作为集体记忆的北京奥运会应当彰显的是文化的框架，而非单纯的体育框架，或者复杂的意识形态和利益竞夺框架。那些天才的运动员和他们的拼搏精神，开、闭幕式精彩绝伦的经典画卷也应当被记忆。更重要的是，北京奥运狂欢在坚硬、粗糙的变革时代创造了一段优雅、振奋、曼妙的光阴，虽然曲折而来，短暂而散。

历史应该记住在东方的天空下，中国为奥林匹克运动、为人类共同体创造的和谐、平明、斑斓的文化景观。我们的子孙将追怀和挂牵这种中国式的绮丽和闲雅，并以之为对话的语境、意象和通路。他们会记得，北京奥运狂欢是"乐"与"礼"的统一：乐者，艺、娱之总和；礼者，规范、秩序之通称。"礼乐"一体，即欢乐与兴德并重。

欧盟前主席、法国前总理雅克·德洛尔在演讲中说：欧洲的经济、贸易、金融、货币不是我们今天谈论的内容。那么，在这些方面之外是怎样的呢？那些欧洲梦的构筑者，创建欧盟的先驱们，总是寻求如何更好地了解他们已走过的历史，以及正在经历着的现实，他们也在同其他人民的对话中，以及这些人民特有的历史中寻求。

德洛尔所说的物质之外是什么？通过"同其他人民对话"所欲寻求的又是什么？答案是明确的：物质之外是精神，对话所激发的共同体精神。正如历史所展示给人类的，基于政治或经济利益调节来改善双方关系，就短期来讲固然有效，

---

① ［法］福柯：《规训与惩罚》，北京，三联书店，2004。
② 郑宇：《集体记忆的构建与演化——箐口村哈尼族"集体失忆"的阐释》，载《思想战线》，2008
（3）。

然而，要想长期消弭国家关系频繁的波动甚至世界局势的动荡，文化与精神的相遇、交融必须成为主角。

海德格尔创造了一个迷人、凄冷的名词：向死而生。人是唯一知道自己必死而又无力改变的动物，在世意味着必须发展出一套策略——它足以平衡短暂与永恒、放弃与持存、绝望与希望的关系。最直接的策略是创造更多财富，并且尽可能公平地分配它们。这一策略存在双重假定：如果我们拥有更多财富，那么人生一世就会获得极大满足；如果财富公平分配，那么人与人就会和平相处。显然，这是一项以利益的生产和分配为中心的策略。

很快，人们就发现了利益策略的悖论：财富是有限的，欲望是无限的；强者总是得到更多，弱者必定收获更少。最终的结果，只能是冲突、争战甚至毁灭，譬如中国之春秋战国，西方之古希腊和古罗马。于是，人们转而寻求新的在世策略，它能够润滑、弥合、导引利益的策略。这就是意义的策略。

意义的策略尊重合理的利益最大化，同时致力于个体的审美、德行、快乐、尊严，以及人与人之间的协调关系。意义将不朽灌注到速朽的生命之中：你拥有什么？我拥有爱、信、智，拥有慎独自我、慈父孝子、忠义兄弟；你死后将如何？在此岸，我的家族、民族、国家、信仰因我之力（哪怕微不足道）而将延续——在我的奉献乃至死亡中，共同体得以发展，我则获取意义，所谓含笑九泉；在彼岸，大道、上帝和诸神会接引我——我在世时曾和他们相与为一，至少曾努力践行神谕，所谓欢喜涅槃。

社会秩序的根源，不止一端，前文所述之利益和意义的策略乃为众法之本。利益的策略重在创造和竞逐，依靠利害制衡而订立秩序；意义的策略重在共识和规范，凭借价值引导而化育秩序。二者互为依凭，本不可偏废，然则前者更直接、更猛烈、更显著，后者纵使苦心经营，亦显得华而不实、虚浮迟滞。一俟离乱之世或我们所称的"在危机中"，授人以征掠、欺愚、游说药方的郎中发达了；在杀气腾腾的战场叫卖仁义的郎中孤独了，遭殃了，也因此偶然地永恒了。

意义的策略创造了意义的世界，这是人类的伟业之一。意义的世界提供了一种价值指引或者说统摄：让千差万别的个体遵守共同体的价值规范；让我们在无可避免的利益世界的纠缠中走出来，在共同体精神和公共之善层面达成共识。就个体处境而言，受伤了，潦倒了，病痛了，陷入危机了，可以回家，家、族、国、神在那里撑着，搀扶将倒的你。

也正是在这一意义上，鲍曼认定我们的祖先"无论失望如何之深都不至于绝望"，"相信碰巧陷入的混乱仅仅是暂时的"。在祖先那里，利益是实现理想和抱负的基石，而意义则搭建了遮挡风雨的房屋。纵然利益的世界已经破产，他们依旧可以在意义的世界中从容、高贵地活着。有意义就有目标，有意义的居所就有疗伤的去处。

"同一个世界，同一个梦想"，这是北京奥运所召唤的最高的意义。从现实到未来，需要高蹈的信仰，也需要务实的行动；需要庄重肃穆的规程化协商，也需要更多人参与的狂欢体验。按照狂欢话语的气象，世界不过是我巴掌的形状，从冲突到对话，也不过是一次狂欢的距离。

拍起手来，快乐起来！

"同一个世界，同一个梦想"，这是北京奥运所召唤的最高的意义。从现实到未来，需要高蹈的信仰，也需要务实的行动；需要庄重肃穆的规程化协商，也需要更多人参与的狂欢体验。按照狂欢话语的气象，世界不过是我巴掌的形状，从冲突到对话，也不过是一次狂欢的距离。

第五章　北京奥运、体育精神与人的优美

当奥运的时针已经指向伦敦时间时，北京奥运的点点滴滴并未从世人的脑海中消失。那些发生在场内场外的故事，那些就此永恒的瞬间，那些超越赛场和竞技的美丽的遐思，在不经意间成为奥运文化史和中国人心灵史的一部分。我们这一代，曾经抱憾百年以来艰辛的奥运梦圆之路；而再过一百年，我们的子孙必将为今日我们创造的辉煌奥运骄傲和自豪。所谓历史进步，也正是如此：有一些伟大的力量和光辉的记忆，穿越长远的时空隧道，成为下一个世代的宝贵财富。

北京奥运会给我们留下了丰硕的果实："水立方"、"鸟巢"、51 枚亮闪闪的奥运金牌，等等。然而，这些物化的成果只是全部精彩的一部分——它们矗立在大地上或悬挂在我们胸前，而有一些成果则如种子一般生长在我们心里。其中生命力最强、最坚韧者之一，即是奥运精神的直接源头——体育精神。

一、西方体育精神与中华体育精神

2001 年，比利时外科医生雅克·罗格出任国际奥委会主席之后，在《奥林匹克评论》发表了一篇卷首语，阐述了他对现代奥运会的理解：奥林匹克运动独有的力量在于她在一代代年轻人中间传播着一个梦想，奥林匹克冠军对他们产生无穷的榜样的力量。参加奥运会的梦想把青年们引导到体育世界，而体育作为一个教育工具将使他们获益良多。体育有利于他们的身体和心灵的发育，体育教他们遵守规则、尊重对手，体育带给他们社会经验和知识，体育还让他们证明自己，并获得快乐、骄傲和健康。

可见，奥运来到北京带给我们的是一个梦想，这个梦想是在体育中所体现出来的人类的崇高精神和高贵品质，在这个梦想感召下，运动员在赛场拼搏，普通民众也走进体育并在运动中获益。这个梦想就是体育精神。

体育精神是在体育活动中表现出来的具有一定稳定性倾向的人类精神；它不涉及具体国家和民族，是一种国际共通的语言。体育精神是体育运动最高级的产物，是体育的灵魂和精华，具体表现为人类追求躯体健康、健美发展，以及最大限度发挥潜能去争取胜利的健康的心理状态。

自上个世纪 20 年代现代体育传入中国以来，特别是新中国成立以后，在我国传统文化与西方体育精神的共同作用下，体育精神在中国这片热土上打上了中华民族的烙印，形成了别具特色的中华体育精神。中华体育精神是一套完整的价值体系。在中华民族实现伟大复兴的道路上，它对优化民族的综合素质、增强公民的社会适应力等方面都起着不可忽视的促进作用。作为精神动力，中华体育精神改变部分国人消沉困惑的不佳状态，积极引导人们以自尊、自信、自强的精神风貌去迎接各种挑战和风险；倡导人们在与对手和困难的奋力拼杀中去感受生活的乐趣，去品尝胜利的欢欣，去体验人生的真谛；激励人们在公正对等的规则下，尽力争取属于自己的成功和幸福，争取人应拥有的权利与尊严，最大限度地实现人们潜在的自我价值和社会价值。

中华体育精神是在中华民族文化的土壤上生发的一种创新型文化。随着国门的打开，中国体育重新回到奥林匹克大家庭，中华体育精神与西方体育精神的交往和碰撞日渐频繁。在此互动过程中，我国的民族体育精神与西方体育精神的差异被逐渐意识到。例如，我国体育精神比较注重英雄主义精神和团队精神，而看淡人本主义精神，注重通过体育为国争光而不注重体育对人本身价值的张扬。在交往过程中，特别是在奥林匹克运动的平台上，我国体育精神与奥林匹克精神、与西方体育精神不断进行着交流和互构。正是在这一时代背景下，我们迎来了北京奥运会，迎来了塑造当代中华体育精神的难得的历史契机。

> 中华体育精神是在中华民族文化的土壤上生发的一种创新型文化。随着国门的打开，中国体育重新回到奥林匹克大家庭，中华体育精神与西方体育精神的交往和碰撞日渐频繁。在此互动过程中，我国的民族体育精神与西方体育精神的差异被逐渐意识到。

经济和信息全球化已经将地球最小化为一个"村庄"，北京奥运会带给国民的是一次与奥林匹克近距离、全方位的互动。在奥运会的平台上，我们了解到体育并非蹦蹦跳跳，奥运会也不是简单的你追我赶，体育的意义表现为一种"精神价值"。

二、人的优美

人本精神是体育精神中的基本精神。从人本这个视角来讲，"更快、更高、更强"所指向的最终目标是"更美"，奥运会就是人类向世界展示"人的优美"的舞台；正是这种值得我们自豪的"优美"感召世人走进运动场，加入到这种塑造人类自身优美的活动当中。北京奥运会所诠释的"人的优美"可以凝结为健美、快乐、情感、风度四个关键词。

1. 健美

健美是人之优美的外在表现。奥运会之所以能够吸引亿万人关注的目光，让从儿童、青少年，到中老年，以及各个阶层的人无限神往，就是由于运动员在竞技中所表现出来的能够滋养感官、愉悦身心、提升情趣的人类自身的健与美的催化作用，人们都在观赏比赛的过程中自觉或不自觉地找寻自我的投影。

在古希腊，人们认为，健美的身体能使人接近诸神的形象，是对人的提升，

因此是美的。当时，因为医疗卫生水平低，抵抗可怕的瘟疫只有依赖自身免疫力，因此，希腊人认为健康是美的基础。在古代奥运会赛场，运动员在身体上涂上橄榄油，裸体参加比赛，就是为了更好地向观众展示自己的健康，让观众在欣赏自己健美的身体以及高超的竞技时，产生美的享受。从古代到现代，虽然奥运会的发展历程跌宕起伏，或被政治所绑架，或被经济所控制，但在此过程中运动员与观众之间的美的互动却从未止息。运动员通过竞技展示美，观众在观赏比赛时享受美，这已经成为体育内在的一种带有个性色彩的精神。

当奥林匹克踏过29个"大脚印"飞进北京的"鸟巢"时，现代竞技的美已经提炼并发展成为一个结构清晰的体系：

从人的角度来讲，运动员向世人展示其极具天分的健美身材，例如身材娇小充满健康活力的体操运动员、修长挺拔的跳水运动员、结实健美的举重运动员、高挑傲人的排球运动员，等等。每个运动员由于运动项目不同，表现出层次分明、极具韵味的身体形态美，而且这种真实的美呈现在观众面前，让人感到如此亲切并由衷感叹。

从运动角度来讲，集力量、速度、柔韧、协调、活力于一身的躯体动作，向世界传递的是一种流动的韵律。以博尔特为例，他跑起来犹如艺术般流畅、优雅、从容、潇洒，而成绩又令人瞠目结舌，人们不禁产生惊叹：这是人类的极限速度吗？他与法拉利跑车或猎豹比拼，谁先撞线呢？而他获胜后赤着脚跳起的牙买加民族舞蹈，又给人一种浓郁的民族文化气息。

从人与自然的关系角度来看，例如在帆船、帆板等室外水上项目中，运动员以健康的肤色、匀称的身材、性感的比基尼、炫酷的太阳镜，迎着海风，顶着烈日，尽情享受海水的"抚摸"，阳光的"亲吻"，充分体现了人与自然，人与时尚相和谐的美。可以说，体育中的健与美无处不在。

身体的健与美只是体育美的一个方面，北京奥运会使我们明显感觉到，美与体育是紧密相连的，现代竞技体育早已进入科学与艺术相结合的境界，其观赏价值和艺术化倾向日益突出，艺术化已成为体育发展的一项重要内容。在北京奥运会赛场，观众通过对健壮的身体、优美的动作、勇敢的拼搏精神及优美的运动环境的欣赏，会情不自禁地感到心旷神怡，这种感染性是体育美的内容和形式的统一体现。它不仅能让人们从体育的美中看到人类自身充满力量和智慧的形象，而且能感受到人类生活的丰富多彩，从而引起人们的喜悦、爱慕的心情。

现代奥运之父顾拜旦认为："美和尊严在我们今天进行的最重要的体育比赛中应该引起足够的重视。"[①] 可见，体育其实是一个创造美、发现美、欣赏美的美育过程，人们对运动美的追求是体育精神之所以能够感召世人的基础，而从某种意义上说，人类文明的进步正是伴随着人类对美的强烈追求而发展起来的。所以，体育通过塑造和展示人之优美来促进人们对美的追求，进而促进人类文明的发展。

法国雕塑家罗丹说过一句话："美是到处都有的，对于我们的眼睛，不是缺少美，而是缺少发现。"这发现美的慧眼背后关联着的就是审美素质。审美本身是一种情感活动，只有从审美的视角观赏体育比赛，全身心地投入，才能深深触动并丰富、净化、调节人的情感，调动人的各种心理机制，促进人的心理平衡、和谐地发展，进而获得难以言喻的愉悦和快乐的情感体验。所以，"人的优美"是体育为人类精心调理的精神大餐，是体育呈现给人的人本关怀。

> 体育其实是一个创造美、发现美、欣赏美的美育过程，人们对运动美的追求是体育精神之所以能够感召世人的基础，而从某种意义上说，人类文明的进步正是伴随着人类对美的强烈追求而发展起来的。所以，体育通过塑造和展示人之优美来促进人们对美的追求，进而促进人类文明的发展。

然而，随着市场经济的发展和现实生活中工具理性的张扬，人们习惯于看重事物的实用性和功利性，对事物的评价往往带有偏执的态度，很少以一种审美的眼光观察、对待自己所处的丰富多彩的世界。同样，在体育界，我们也缺少一双审美的慧眼，缺少愉快和诗意、精神和价值，体育因此变得了无情趣，甚至有可能

---

① 〔法〕顾拜旦：《奥林匹克理想——顾拜旦文选》，76页，北京，奥林匹克出版社，1993。

堕落为美的敌人和罪人。可见，为我国体育精神安上一双审美的慧眼是当务之急。

2. 快乐

快乐是人内心的一种愉悦、满足、成功的心理体验。体育运动的终极目标是快乐而不是痛苦，是乐观而不是悲观。人们在奋斗拼搏中，展现了人类生命力的旺盛与永不衰竭，拼搏和奋斗的最终结果是人超越了自我，实现自我价值和潜能，发展和完善自我，从而使主体深感成功的快乐与自豪。在北京奥运会上，德国体操运动员丘索维金娜以 33 岁高龄拿到奥运会银牌后表示："我无法形容我的快乐。我对体操的爱依旧，我每天都从中得到快乐。""我不觉得我有 33 岁了，我觉得我还是 18 岁。""我喜欢体操，喜欢从事它，它给我带来那种难以说出来的喜悦；什么时候会结束体操生涯，我自己也不知道。"发自肺腑的几句话表露出丘索维金娜对体操的无比热爱，她在体育竞技中享受到无穷乐趣，运动给予她的是在面对病榻上的爱子、昂贵的医疗费用、高龄选手等困境中一缕心灵深处的快乐阳光。

但是，享受运动的快乐对大多数中国人而言是难以理解的。在我国"乐静厌动"的传统文化熏陶下，国人一度存在对体育的轻视和偏见，在少数人的意识中，体育就是蹦蹦跳跳，是折磨人的、痛苦的、不雅的，是耗费青春、浪费大好时光的代名词，是应该敬而远之的。这种在精神层面对体育的误解，导致许多运动员最初选择从事体育运动时多少存在一些无奈的成分：要么由于学习不好而将体育作为一个习得一技之长的门路，要么因为家境贫寒而将体育作为未来可能的求生之道，而并非出于内心对体育的真挚热爱。

奥林匹克主义对体育的定义是："体育必须与教育和文化相结合，通过体育使人的身、心、智和谐发展，在奋斗中寻找快乐，树立良好榜样，遵守社会公德。"体育中的快乐是在奋斗中实现的，只有经历了磨砺和挑战，快乐才是可贵的，成功才是真实的，才能真正享受运动中的乐趣，这是奥林匹克运动所倡导的"苦乐观"。

总结我国竞技体育的宝贵经验，最值得骄傲的成果是我们始终保持了适应中国社会发展的、适应世界体育发展趋势的"苦乐观"：在 20 世纪我国经济条件比较艰苦的环境下，从"三从一大"（即从难、从严、从实战出发、大运动量）的训练原则，到"吃常人所不能吃的苦，忍常人所不能忍的气，做常人所不能做的事"的女排精神，再到"马家军"一天跑一个马拉松所刮起的一阵旋风，都反映出我国体育精神中以苦为乐的价值判断。

到 20 世纪 90 年代后期，足球场上的"铿锵玫瑰"已经开始在运动中创造快乐并享受快乐，门将高红说："尽管别人说待遇低，但这与我的喜爱，与我从足球场上得到的乐趣、得到的释放、得到的自由是不能相提并论的。比赛对我来说已不是名次，尽管名次很重要，比赛最主要的是去享受快乐。"在世纪之交的 2000 年，米卢将"快乐足球"的新理念带到了中国："足球呼唤着快乐，它呼唤着胜利的快乐，也呼唤着超越胜负之上的快乐。"他要求队员与之共同"享受足球"、"享受生活"、"享受人生"。正是这种享受运动的乐趣的新理念将中国男足第一次带入了世界杯赛，同时完成了竞技体育从"以苦为乐"到"创造快乐、享受快乐"的"苦乐观"的转变。

在北京奥运会赛场，短跑飞人博尔特、水中飞鱼菲尔普斯、体操常青树丘索维金娜等运动员的故事启示我们，快乐是体育不可或缺的重要元素，享受运动的乐趣才能感受运动带给我们的魅力。顾拜旦在《体育颂》中深情地赞美："啊，体育，你就是乐趣！想起你，内心充满欢喜，血液循环加剧，思路更加开阔，条理愈加清晰。你可使忧伤的人散心解闷，你可使快乐的人生活更加甜蜜。"所以，对于体育，最应该值得我们参悟的是运动员在奋斗中创造快乐、享受运动乐趣的精神内涵。

3. 情感

情感是体育的润滑剂。奥运会赛场并非只有残酷的巅峰对决，赛场内的情感是体育精神脉脉含情的另一面，情感使体育更具魅力。

母爱是人世间最伟大的一种情感。上世纪来自台湾的电影《妈妈再爱我一次》轰动大陆影坛，主题歌《世上只有妈妈好》不知赢取了国人多少感动的泪水。母爱意味着付出，意味着牺牲，意味着人性中坚强而又柔软的那一块。母爱似乎与体育赛场刀兵相见的氛围格格不入，但在北京奥运会赛场内，母爱与体育水乳交融，让人们从另外一个全新的角度认识了体育。

在北京奥运会女子体操赛场，有一位33岁的"妈妈运动员"——丘索维金娜。她状态惊人，不但在其强项跳马上获得银牌，而且在女子全能比赛中获得第九名。33岁对运动员来说已经是高龄了，她在如此高龄还能保持如此高的竞技水平着实令人惊奇，但真正让人对她肃然起敬的是她超长运动寿命背后的感人故事。年轻时的丘索维金娜是一名优秀的体操运动员，多次在包括奥运会在内的重大国际赛事中争金夺银，至今仍有几个体操动作以她的名字命名。但在光环的背后，这位优秀的体操运动员却命运多舛。2002年，丘索维金娜的大儿子阿里什被诊断患上白血病，这对经济状况并不富裕的丘索维金娜来说是一个重大的打击。为支付高昂的医疗费用，丘索维金娜选择了复出参赛，因为"一枚世锦赛金牌等于3 000欧元的奖金，这是我唯一的办法"。丘索维金娜为了自己的儿子，引爆了自己所有的能量，她不敢病，不敢伤，不敢退；为了儿子，她和丈夫还变卖了小公寓和汽车，移居到医疗条件相对较好的德国，并披上了德国队的战袍，目的就是为了多挣些钱，从病魔的手中挽救儿子稚嫩的生命。

另一位"妈妈选手"是我国柔道运动员冼东妹。这位33岁的"妈妈冠军"在夺金之路上付出了常人难以想象的艰辛。在19年柔道生涯中，她经历了5次退役、5次复出，每一次退役和复出都经历了艰难的心理抉择。这次为了备战北京奥运会，冼东妹忍痛别离仅3个多月大的女儿一年有余，是祖国的需要、是体育精神的召唤和对柔道赛场的眷恋给予她无穷的力量。有朝一日冼东妹的女儿长大成人，一定不会为母亲当年的"绝情"而心生埋怨，反而会为拥有一位如此伟大的母亲而感到骄傲。

北京奥运会的情感故事还很多：手举亡妻的照片，与亡妻"一起领奖"的德国举重选手马·施泰纳，与罹患癌症的父亲约定"女儿拼金牌，爸爸拼健康"的台湾跆拳道运动员苏丽文，等等。可以说，在北京奥运会刀光剑影的巅峰对决背后，我们看到了一幕幕让人感动的柔情画面，体验到一种"虽在比赛之外但又融于体育之中"的情感。在赛场内，这种情感与体育融合在一起，衍化为一种异于常人的"刚强"的精神力量，让运动员无惧伤痛，勇于拼搏，并感染着、激励着每一个人。

丘索维金娜说："对我来说，儿子就是我全部的生命。只要他还生病，我就一直坚持下去。他就是我的动力。"马·施泰纳认为："我的金牌首先要献给我的妻子。在赛前的一两个小时我一直在思念她，她是我战斗的动力。"而冼东妹夺冠后说得最多的一句话就是"我欠女儿的太多了"，充分展露出这位"超人妈妈"的似水柔情。

> 在北京奥运会刀光剑影的巅峰对决背后，我们看到了一幕幕让人感动的柔情画面，体验到一种"虽在比赛之外但又融于体育之中"的情感。在赛场内，这种情感与体育融合在一起，衍化为一种异于常人的"刚强"的精神力量，让运动员无惧伤痛，勇于拼搏，并感染着、激励着每一个人。

这些在奥林匹克赛场演绎的情感故事让我们看到了内涵于体育之中的世界语言——情感。所以，体育固然有着拼搏与竞争的一面，但作为一种全人类对话的国际性活动，体育也闪烁着人性的光辉，它在每个人心中都种下了博爱、友谊、希望的种子。人性让体育更加圆满，更具感召力，让世人感觉如此亲和。现代奥运会之所以能够重生并越来越显示出强大的生命力，就是源于体育精神中这种让人荡气回肠的人文关怀对人的情感世界的滋养。

4. 风度

风度是个人文明素养的外在表现。那么，什么是运动风度呢？

首先，运动风度表现为在运动场上养成的人生的正大态度以及光明磊落的修养。在北京奥运会的吊环比赛中，我国的"吊环王"陈一冰以近乎完美的动作征服了裁判和观众，最后获得16.60的高分。当他稳稳落地时，观众报以热烈的掌声，久久不能平息的鼓掌声影响了下一位美国选手的出场，他非常尴尬地站在那里。这时，陈一冰向观众做出"请安静"的手势，希望观众不要影响美国运动员的发挥。陈一冰的举动一方面表达了对对手的尊重，无论对手实力如何，最后的胜负怎样，都要帮助对手营造一个公平竞争的机会和环境；另一方面，也表现了一位运动员应该具有的坦荡风度，胜利应该是光明磊落的结果，而不应该是借主场优势，甚至施展小动作的结果。

运动风度还表现为运动员既具有勇于竞争的雄心，又有赛场失利时超然面对胜负的气度。美国射击选手玛特·埃蒙斯不仅为很多中国人所熟悉，而且在北京奥运会后，他的故事已经成为一种被诸多领域的学者关注和研究的对象。在雅典奥运会射击赛场，埃蒙斯在前九发成绩处于绝对优势的情况下，最后一枪令人难以置信地打在别人的靶标上，拱手将金牌让给我国选手贾占波。在北京奥运会上，玛特·埃蒙斯携爱妻卡·埃蒙斯一同参战，赛前这对夫妻就备受关注，而卡·埃蒙斯夺得北京奥运会首金后，人们更将目光聚焦在丈夫玛特·埃蒙斯身上，希望看到北京奥运会金牌夫妻的诞生。但令人费解的雅典奥运会的情景在北京重演，玛特·埃蒙斯在射击完九枪之后，大家都认为冠军非他莫属，他已经领先第二名三环多，现场的评论员也在解说中提前宣布中国队只能争夺银牌了。但玛特·埃蒙斯的最后一枪让现场每位主持人都惊呆了，人们无法相信自己的眼睛——他只打出了4.4环的成绩！

命运似乎回到四年前的奥运赛场，失利的玛特·埃蒙斯将头深深埋进妻子的怀中，世人为之惋惜，为之动容。经历了短暂的惊愕和痛苦之后，玛特·埃蒙斯承认并接受了这个现实，他微笑着回答："当我瞄准靶心的时候，手不小心碰到扳机，这种现象在紧张的时候发生过。不过没有什么，这就是一场体育比赛而已，真的没有什么。我也搞不清楚是怎么回事，这可能就是命运吧！不过一切都过去了，我现在可以喝啤酒去了。"洒脱的言语，微笑的、平和的面容，让人感受到一种豁达淡定的气度。

在体育赛场，失败和成功只在一念之间，它虽能够创造奇迹，但也经常在瞬间制造意外。因此，无论运动员还是观众，在面对比赛结果时都应该具备"乐而不淫，哀而不伤"的成熟而平和的心态。当我们关注冠军归属的时候，应更多关注那些勇于"挑战自我、战胜自我"，能够让体育精神升华的运动员。应当看到，在失利中积累经验，吸取教训，积蓄力量，以利再战，也是一种风度和成熟。

在体育赛场，失败和成功只在一念之间，它虽能够创造奇迹，但也经常在瞬间制造意外。因此，无论运动员还是观众，在面对比赛结果时都应该具备"乐而不淫，哀而不伤"的成熟而平和的心态。当我们关注冠军归属的时候，应更多关注那些勇于"挑战自我、战胜自我"，能够让体育精神升华的运动员。应当看到，在失利中积累经验，吸取教训，积蓄力量，以利再战，也是一种风度和成熟。

　　由玛特·埃蒙斯的超然气度联想到中国运动员，其中有的人即使站到了奥运会的领奖台上，也因为没有拿到冠军而痛苦万状。他们身上背负了家人、教练、队友，甚至56个民族13亿国人的殷切期盼，还有社会通过各种渠道加载在他们身上的担子。刘翔因伤弃赛就是中国运动员在这方面的代表。

　　当记者采访孙海平时问道："进入2008年后有压力吗？"他回答："压力越来越大，很多事情我们没办法，但刘翔现在是公众人物，他需要站出来去做些事情。"刘翔常说："全国人民对我这么关心，没比好，对不起他们。"可见，奥运会在国人心中分量沉重，孙海平师徒是带着强烈的责任感为民族而战的。当有伤病发生时，他们一再地坚持、调节，当期望没有实现时，虽然他们已经承受了难以想象的困难和痛苦，但依然感到自责和内疚，他们感到没有完成大众给他们套上的"民族使命"。所以，应该给我国竞技体育减压，让运动员面带笑容地去迎接各种挑战。玛特·埃蒙斯对待胜负的从容淡定是一种风度，值得我国运动员学习。

三、竞技之美

　　"更快、更高、更强"和"参与比取胜更重要"是奥林匹克运动的两句格言，它们相辅相成，相得益彰，构成竞技之美的思想体系：参与、坚持、挑战、超越。

1. 参与

　　参与是奥林匹克精神的首要原则，是奥林匹克一切理想、原则和宗旨的基础。

　　100多年前，顾拜旦创立现代奥运会的目的之一，就是"将全世界的年轻人召唤到运动场上公平竞争，而不是到战场上拼杀"。他阐明：现代奥运会应以团结、和平和友谊为宗旨，采用竞技运动为主的现代体育内容和形式，向一切国家、一切地区和一切民族开放。"参与比取胜更重要"是奥林匹克运动广为流传的名言，

顾拜旦将其解读为："在奥运会上最重要的是参与，而不是取胜，正如在生活中最重要的不是成功而是斗争，不是征服而是努力奋斗。"在这一精神的鼓舞下，奥林匹克不断迎来新成员，不断成长和壮大。在和平竞争、平等竞赛的舞台上，国家没有大小，运动员不分强弱和种族，都是世界奥林匹克大家庭中的一员。奥林匹克运动会所提倡的，就是一个没有战争、没有贫穷、没有种族歧视的人类社会，而她所要营造的将是一个充满爱与和平的绿色地球村。

北京奥运会将"重在参与"推向一个新的高度。204 个国家和地区的 10 000 多名运动员参加了本届奥运会，比赛设有 28 个大项目，302 个小项目。北京奥运会是奥运会历史上参加国家和地区最多、运动员人数最多、项目最多、奖牌数最多的一次奥运盛会，是人类有史以来阵容最为强大的一届奥运会。绝大多数运动员面对奥运会奖牌只能望洋兴叹，但他们怀着对奥林匹克运动"重在参与"的期盼，一起走进了"鸟巢"，走进了"水立方"，踏上了属于自己的寻梦之旅。

伊拉克运动员的北京之旅可谓多灾多难，他们先是被取消奥运资格，然后失而复得，来到北京。短跑女选手达娜、赛艇选手海达尔·努扎德和侯赛因·杰布尔常常冒着爆炸或随时可能被绑架或暗杀的危险参加训练。他们买不起皮划艇装备，买不起新跑鞋，甚至连一件像样的比赛服都没有，他们的水平不高，比赛成绩都很差，但重要的是"我来了，我参与了"！能够出现在奥运会赛场就是他们的胜利，每一个热爱和平的人都能够分享到他们的那一份喜悦。

东帝汶只派了一名女子马拉松选手参加北京奥运会，她说："东帝汶非常重视奥运会，总统很支持我们，这次他也来北京了，能够代表自己的国家参赛，这让我非常自豪。"图瓦卢是一个陆地面积仅有 26 平方公里的南太平洋岛国，没有完整的训练场，连一条标准的跑道都找不到，但首次参加奥运的小姑娘马诺阿非常快乐："能参加就是最伟大的事情。"巴勒斯坦国内也没有一块像样的训练场地，长跑选手纳迪尔·马斯里经常在大街小巷跑步，他在踏上"鸟巢"跑道的时候表示：

"能来这里参加比赛，是我的骄傲。我知道我的实力不如对手，但我代表我的国家，我会全力以赴。"24 岁的南非残疾人选手纳塔莉·杜托伊在北京奥运会女子 10公里马拉松游泳比赛中获得第十六名，她的舞台本来只属于残奥会，但她以特殊的方式向世界阐述了"参与比取胜更重要"的奥林匹克名言的真谛。

北京奥运会赋予"重在参与"以新解。在北京，"我参与、我奉献、我快乐"不仅是北京奥运会的口号和标语，更升华为一种社会公共精神。北京奥运会的 170万名各类奥运志愿者，5 万名在奥运场馆建设一线挥洒智慧和汗水的建设者，2 万余名用足迹和信念将奥林匹克精神传递到五湖四海和世界之巅的火炬手，以及当圣火遭到侵犯时挺身而出的华侨华人，还有那些积极响应"排队日"、"让座日"、"绿色出行"、"全民健身"、"奥林匹克文化节"等"迎奥运、讲文明、树新风"各项活动的人们，和用实际行动支持北京机动车单双号行驶的近 350 万辆机动车车主，都在这种精神的感召下，以不同的形式参与了北京奥运会。"我参与"不仅喊出了中国融入世界大家庭的渴望，也是对奥林匹克精神最好的解读和践行，并体现了亿万中国民众走出自我、走出家庭、走入社会、走向世界，关注公共利益、关注人类生存和文明的公民精神的迸发，它对促进人的和谐发展，构筑美好人类社会都具有历史性的、创造性的价值和意义。

2. 坚持

坚持，是运动员最宝贵的品质，是运动员获得胜利的动力源泉。

北京奥运会主题曲《我和你》中唱道"为梦想，千里行"。运动员为了进入奥运会的竞技场，展现人类的拼搏精神，都经历了难以想象的身体和心理创伤，这个力与美的肌肉搏击过程充满难以想象的艰难，他们因为坚持而美丽。

坚持是一种力量。从 1991 年进入国家队，我国羽毛球女将张宁在 17 年间经历了几代国手的成长与辉煌。北京奥运会前，她的竞技水平下滑，曾跌出世界排名前十，但她咬牙坚持，最终获得北京奥运会的入场券，并在不被看好的情况下，一场一场地拼，拖着"老迈"的躯体，将众多实力强劲的年轻高手甩在身后，在这项极其消耗体力的项目中，以 33 岁"高龄"蝉联女子单打这一分量最重的女子羽毛球项目的奥运会冠军。可以说，从竞争奥运入场券，到蝉联冠军，张宁的每一场比赛都非常艰难，是以顽强毅力为基础的坚持不懈支撑她走向了胜利。

我国 32 岁的赛艇老将张秀云在 2000 年悉尼奥运会和 2004 年雅典奥运会都获得了参赛资格，但最终因为身体原因离开了赛场。在 2005 年做过心脏搭桥手术后，她又生下一个漂亮女儿，但张秀云并没有放弃自己钟爱的事业，最后终于站在北京奥运会的赛场，并取得第四名的好成绩。

人们都说，美国射击选手玛特·埃蒙斯由于自己的失误而将天大的馅饼砸在我国运动员邱健身上，从而羡慕邱健的好运气。但好运气不会光顾没有准备的人，邱健的金牌来源于他在关键时刻的坚持。邱健是第一次参加奥运会，他在预赛中排名第四，是顶着很大的压力参加决赛的。在决赛的最后一次试射前，邱健仍然排在积分榜的第三位，而埃蒙斯已经领先第二名三环多，大家都认为冠军非埃蒙斯莫属。但邱健并没有放弃，他稳稳地在最关键的一次射击中射出 10.0 环的好成绩，成为第二名，进而在埃蒙斯失误时拿到了这块具有特殊意义的金牌。邱健的金牌是他 17 年卧薪尝胆所铸就的，也是他不到最后时刻绝不认输的坚持不懈的结果。

坚持是竞技体育的灵魂。在北京奥运会赛场，许多运动员的坚持令我们感动，例如，67 岁的日本骑士法华津弘演绎了在"高龄"面前的坚持；体操运动员丘索维金娜在儿子的病床前坚持；冼东妹在抗争伤痛时坚持，等等。无论他们在赛场上是否取得非凡的成绩，他们仍然能够站在奥运会赛场上，这本身就是一种胜利。他们用自己的坚持向世界展示了生命的坚韧和张力，展示了人类对美好梦想的追求以及对生命的热爱。

3. 挑战

挑战是一种"亮剑精神"。

2007 年，电视剧《亮剑》深受国人的追捧和喜爱，这是一部战争艺术和传奇色彩融会贯通的主旋律作品。该剧的主人公，一位"草莽英雄"式的将军李云龙的一句台词发人深省："面对强大的敌手，明知不敌也要毅然亮剑。即使倒下，也要成为一座山，一道岭。"中国古代的剑客狭路相逢，当知道对手逊于自己时拔剑叫"出剑"，当知道对手强于自己时拔剑叫"亮剑"。

人们尊重那些明知对手很强大，即使对方是天下第一剑客，也亮出自己的宝剑的侠客，他们虽然倒在对手的剑下，但也虽败犹荣，因为他们倒下得有尊严，死得有骨气。这就是亮剑精神。中国的亮剑精神与现代体育的思想来源——"骑士精神"有相通之处。"骑士更加崇尚竞争，崇尚出于对力量的热爱而进行的力与力的抗衡，崇尚既勇敢又勇猛的争斗。"[①] 顾拜旦先生所言之"竞争"、"抗衡"、"勇敢"等品质其实就是一种挑战精神，一种面对对手、面对自然、面对困境敢于亮剑的精神。

在近代中国的史册上，亮剑精神已经深深

> 人们尊重那些明知对手很强大，即使对方是天下第一剑客，也亮出自己的宝剑的侠客，他们虽然倒在对手的剑下，但也虽败犹荣，因为他们倒下得有尊严，死得有骨气。这就是亮剑精神。中国的亮剑精神与现代体育的思想来源——"骑士精神"有相通之处。

---

① ［法］顾拜旦：《奥林匹克理想——顾拜旦文选》，151～152 页。

地融入中华民族争取独立、民主、自由、解放的革命战争中，也融入了改革开放后的市场经济的竞争大潮中，更融入了以"竞技体育强国"为己任的体育发展的每一个历史足迹。从20世纪50年代容国团的"人生能有几回搏"的昂扬斗志，一直到90年代，在"东方神鹿"王军霞、乒坛奇才邓亚萍、"体坛尖兵"叶乔波、"铿锵玫瑰"女足身上所体现的顽强气质，可以说，亮剑精神在我国体育的发展道路上生生不息。在2008年的北京奥运会赛场，我国体育健儿为亮剑精神注入了鲜活的当代气息。

中国男篮的赛前分组并不理想，号称"梦之队"的美国男篮的实力自不必提，其他几支队伍也都是硬角色：西班牙男篮是2006年世界篮球锦标赛的冠军，希腊男篮是曾经战胜过美国梦之队的欧洲劲旅，而德国男篮在与中国队近年来的17次交手中仅负两场，似乎是弱旅的非洲冠军安哥拉队在与中国队的两场热身赛中也是一胜一负。人们将这一组称为"死亡之组"并不过分。中国队要实现挺进八强的目标并不容易。但中国男篮的赛场表现没有让观众失望，男篮小伙子们在对阵美国、西班牙、希腊三支强队时，不畏强手，敢打敢拼，姚明的内线统治、朱芳雨的精准远射、孙悦的"火锅"盖帽、刘炜的穿针引线，精彩纷呈跌宕起伏的比赛点燃了五棵松国家篮球馆内观众的激情，赛场外也真正出现了一票难求的场景。虽然男篮在这三场比赛中都负于对手，但他们面对强敌时没有退缩，而是积极地迎接挑战，他们输得有尊严，输得不窝囊，输得不遗憾。

在北京奥运会赛场上，除了中国男篮外，我们还看到张娟娟面对韩国射箭梦之队的挑战，看到丘索维金娜面对的挑战，41岁游泳老将托雷斯面对的挑战，等等。现代奥林匹克运动创始人顾拜旦曾说，运动员是一座生动的雕塑。这些优秀运动员的良好道德、坚毅品格和拼搏精神对我国社会公众起到了良好的榜样作用，启发人们从体育竞技场上感悟人生的真谛，教育人们在面对波折、面对困境、面对竞争时应该坚忍不拔、百折不挠，做一个意志坚定、精神高昂的公民。当我们把运动员们挑战自我的体育精神转化成人类的珍贵财富和激励人们不断奋进的精神力量的时候，我们的社会文明将向前迈出历史性的一步。

4. 超越

超越是体育精神的核心，"更快、更高、更强"是奥林匹克运动的精神基石。

北京是很多奥运选手圆梦的殿堂。牙买加短跑选手尤塞恩·博尔特不仅打破了由他自己保持的百米奥运会纪录，而且打破了尘封12年的200米世界纪录。美国游泳运动员菲尔普斯收获的8枚金牌和五破世界纪录使"这届奥运会永志难忘"；俄罗斯女子撑竿跳高运动员伊辛巴耶娃在稳稳获得金牌后，开始了横竿上挑战极限的"独舞"，并成为"距离天空最近的女人"。在北京奥运会，有38项世界纪录、85项奥运会纪录被打破，为了追求更快、更高、更强的目标，赛场内每天都在上演新的传奇。

从国家的层面看，也有很多国家或地区实现了历史性的超越。多哥、塔吉克斯坦、蒙古国、阿富汗等12个国家首次赢得奥运会金牌或奖牌。非洲国家总共获得了40枚奖牌，是有史以来最多的。中国在这届奥运会上共获得51枚金牌，也是一个历史性突破。下届奥运会东道主英国赢得了19枚金牌，创造了该国100年来的奥运会最佳成绩。可见，无论对于运动员个体，还是各参赛国或地区，人们都在挑战中实现了一次次超越。美国游泳队教练埃迪·里斯说："这次奥运会是有史以来最快、最强、最难以置信的一届。"他认为，北京奥运会"是一次不可思议的经历"。北京仿佛成了"奇迹之地"、"奇迹之城"。

体育竞技中的超越包括三个维度：历史界限的超越、他人界限的超越、自我界限的超越。历史界限的超越是指打破纪录，超越人类的极限；他人界限的超越是指战胜他人，拿到奥运会金牌。这两种超越都是一种外向性的超越。在这方面，短跑"飞人"博尔特的表现尤为突出。在人们认为竞争最为激烈的百米大战中，博尔特的优势巨大，以至于在距离终点还有十几米远时，他已经远远甩开对手，开始放松并庆祝胜利。有人认为他这种做法是侮辱对手的表现，但我认为，在当时已经没有人能对他构成威胁的情景下，他唯一的对手是人类的短跑纪录，他最后阶段的放松和庆祝是一种摆脱束缚、获得"超越的自由"的表现，是一种向世界万物传递人类自尊和自信的方式。

顾拜旦指出："希望对运动进行种种限制就如同追求乌托邦的梦想。技艺高超的运动员所需的是'超越的自由'，这正是向他们提出'更快、更高、更强'口号的原因，也正是那些勇于立志打破纪录的运动员的法宝。"[1]

自我界限的"超越"是指超越自我，是在扬弃现存自我的基础上表现出的自我发展与飞跃，它表现为作为主体的人对一种更完美的存在，一种更高的价值和理想的追求。[2]自我超越是一种内

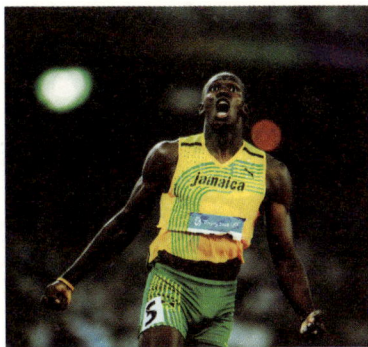

自我界限的"超越"是指超越自我，是在扬弃现存自我的基础上表现出的自我发展与飞跃，它表现为作为主体的人对一种更完美的存在，一种更高的价值和理想的追求。自我超越是一种内向性的超越，它是外向性超越的基础，是体育精神的核心和本质体现。

① ［法］顾拜旦：《奥林匹克理想——顾拜旦文选》，151页。
② 参见惠蜀：《体育哲学》，139页，四川，四川教育出版社，1991。

向性的超越，它是外向性超越的基础，是体育精神的核心和本质体现。在北京奥运会羽毛球男单比赛中，中国观众见证了真正"超级丹"的浴火重生。林丹是中国羽毛球队一个非常有争议性的运动员，他由于训练和比赛富于激情而很早成名，也由于在赛场难以控制自己的情绪而出现成绩的波动。在雅典奥运会，赛前世界排名第一的林丹在首轮即遭淘汰，在随后的国际大赛上，他的成绩也总是与过错相伴而行，他的火暴脾气经常让他与裁判员、与对手，甚至与对手的教练发生冲突。

但就是这样一位优点和缺陷都非常明显的运动员，在北京奥运会的赛场表现得相当成熟，整个比赛过程他的心态都很平稳。当出现有争议的球时，无论裁判如何判罚，林丹都平静地接受，情绪没有受到较大的影响。自始至终林丹都很好地控制了局势，没有给对手多少翻盘的机会。可见，真正的对手只有自己，真正的体育竞技在自己的内心深处，运动员是在不断地发现自己的弱点、缺点，在不断改造自我、发展自我、完善自我的过程中得以进步的。这个过程是痛苦的，林丹不止一次对着墙壁或镜子大喊"我错了"，也一次次将自己摔坏的球拍挂在墙上，时刻提醒自己要控制情绪。他从压力过大而迷失自我，到清晰地认识自我，再到忘却自我而最终超越自我的过程，实际上是一个精神洗礼的过程。

体育的魅力在于没有最好，只有更好。事实上，人类文明的发展也遵循在奋斗中超越的规律，人类社会就是秉承了这种不断超越、永不满足的精神，才有了物质文明和精神文明的不断进步。倘若我们躺在先祖的基业上止步不前，就不会有现今世界灿烂耀眼的现代文明。从这个意义上说，奥林匹克运动是人类文明发展的一个缩影：超越过去，超越历史，彼此间比拼赶超，进而促进社会文明的进步和发展。

四、体育观的成长

体育观是关于体育的价值及其发展趋势的总体看法，既包括在国家政策和法律中体现的"国家体育观"，也包括体现于公民意识的"公民体育观"。体育观是体育精神在国家层面和公民层面的具体表现。从申奥成功到奥运会圆满结束，我国的体育观在奥林匹克的平台上，在与他国体育的交流与互动中发生了很大的转变，逐渐回归体育的"人本"本原。

现代体育是随着西方人文精神的复兴而逐渐发展起来的。数百年前，欧洲的文艺复兴运动高举着人文精神的旗帜，逐步把人与人性从"以神为本"的宗教神学统治的禁锢中解放出来，深刻地改变了人类的思维方式和行为方式。欧洲人文主义者主张用人性反对神性，用人权反对神权，强调把人的价值放到首位，他们认为，人生应该是幸福的、健康的。他们崇尚"健康的精神寓于健全的身体"。在我国的传统文化中也蕴涵着丰富的人文思想，中国历史上的人本思想始终强调人贵于物，"天生万物，唯人为贵"。当遭遇灾难或伤害事件时，人们通常说"人没事儿就好"，通俗地表现了中国传统文化中人本思想的内涵。虽然在历史上中西方人本思想的参照系不同，但在当今世界，无论是西方还是中国，作为一种发展观，人本思想都主要是相对于物本思想而言的。

"人文奥运"是北京奥运会体育精神的特色和灵魂，它不仅仅属于中国，也是世界人民智慧的结晶，是西方和中国传统文化中人本思想与奥林匹克文化的融合体。从"人文奥运"理念的视角看，体育应该"更人性"，其思想解读就是，无论民族文化有多大差异，也无论社会制度有多大的不同，体育应该是一种世界共通的语言，体育的价值体现以及体育的发展方向，都应该主动地表现对人类生存意义及价值的终极关切，都应该以人的身心和谐发展以及人类自身的不断完善为根本。

100 多年前，国人饱受"东亚病夫"的屈辱，南开大学发出了著名的"奥运三问"；70 多年前，一个叫刘长春的中国人第一次参加奥运会，留下了孤独背影；新中国成立后，50 年代，为了国家建设和国防安全，体育强调"发展体育运动，增强人民体质"；60 年代，为了与中国的大国地位相称，体育开始转向"国内练兵，一致对外"；70 年代，为了对外建立国际友好关系，体育强调"友谊第一，比赛第二"；80 年代，为了响应国家的改革开放，开始酝酿"奥运争光计划"。

经过几代人的艰难跋涉，北京奥运会足以证明中国已经成为一个竞技体育强国。不过，在欢呼的同时，我们也不妨静下心来想一想，为什么在我们的冠军中有那么多运动员出身寒门？是因为他们拥有更多的体育锻炼机会，或是特别喜欢这些项目？恐怕结果会恰恰相反。再想想我们的大众体育，为什么近年来我国的体育人口曲线始终处于一种"马鞍形"，也就是为什么青少年和老年人参与体育锻炼比较多，而正当年的青壮年却甚少参与体育锻炼？我们金牌大国的青少年的速度、力量、爆发力、耐力水平呈下降趋势，但近视率、肥胖率却不断攀升。可见，我国飞速发展的竞技体育与一路慢跑的群众体育之间存在鲜明的差距。

究其缘由，是在精神层面我们的体育发展观出现了问题，即始终持一种"竞技体育强国"的价值取向，而忽略了以竞技体育带动大众体育，最终促进人民大众的身心和谐这个根本。所以，如果体育精神中的"人本精神"长期得不到充实和发展，竞技运动员追逐金牌的动力不是出于对运动本身的热爱，民众参与的热情不高，不能营造肥沃的体育土壤，那么，即使在奥运会上我们获得的金牌再多，我们依然不是一个热爱体育的国家，不尊重运动员的社会，依然不是一个体育大国。

"人文奥运"理念意味着我们对体育精神的一种全新的认识，是"国家体育观"回归以人为本的体育本原的转折点。我国举办奥运会的目标之一，应该是推动中国体育政策的天平更多地向大众体育和公共事业倾斜，并通过运动员在奥运会赛场的示范作用，唤醒群众参与体育运动的热情，提高全民健康意识，使体育锻炼成为大多数人不可或缺的一种生活习惯和方式，进而提高国民体质，促进国民素质的全面发展。所以，"人文奥运"无疑是北京奥运会赛场含金量最高的一枚金牌，是我们应该珍惜的宝贵精神遗产。

> "人文奥运"理念意味着我们对体育精神的一种全新的认识，是"国家体育观"回归以人为本的体育本原的转折点。我国举办奥运会的目标之一，应该是推动中国体育政策的天平更多地向大众体育和公共事业倾斜，并通过运动员在奥运会赛场的示范作用，唤醒群众参与体育运动的热情，提高全民健康意识，使体育锻炼成为大多数人不可或缺的一种生活习惯和方式，进而提高国民体质，促进国民素质的全面发展。

经过北京奥运会的洗礼，我国的"公民体育观"也得到升华。《中国青年报》的一项民调显示，北京奥运会最受敬佩的运动员中埃蒙斯、丘索维金娜的得票最高，而他们既非冠军运动员，亦非中国运动员。不妨回忆一下我们曾经的"金牌至上"的狭隘金牌观的历史：1984 年的洛杉矶奥运会上，曾经打破世界纪录的我国跳高名将朱建华，因为未能获得跳高的金牌，家里的玻璃被砸碎。其实他获得的铜牌也是当时亚洲的最好成绩。在 1988 年的汉城奥运会的跳马比赛中，25 岁的李宁重重地坐在了地上，在吊环比赛中，他的脚挂在了吊环上。回国后的李宁顷刻间由洛杉矶奥运会的"英雄"沦为"罪人"，针对他的批评、指责铺天盖地，有人甚至给他寄来了刀片和上吊绳索。《中国青年报》的调查结果表明，我国公民经过北京奥运会的洗礼，正在逐渐梳理自己意识中关于"体育"的概念，丘索维金娜的竞技银牌是一枚母爱的金牌，埃蒙斯对待失败的超然风度更让中国观众折服。金牌的光辉与人本精神的光芒交相辉映，体育让国人更加陶醉。

意大利《欧联时报》刊发了一篇题为《从"汉奸何智丽"到"郎平，我爱你"》的评论文章，文章的内容引发了人们关于公民体育观念的思考。1994 年日本广岛亚运会上，前国家队成员何智丽以小山智丽的身份代表日本队出战，并最终以3∶1的比分击败排名世界第一的中国乒坛"大姐大"邓亚萍，夺得亚运会乒乓球女单金牌，一时间"汉奸"、"叛徒"、"卖国贼"等骂名铺天盖地地抛向这位前国手。在北京奥运会上，曾经为中国女排书写过神话的主力队员郎平，却坐在了美国女排的教练席上，并且在北京奥运会上与她曾经效力的中国女排对垒。在中、美两国选手在赛场上你争我夺的时候，中国观众在为中国女排加油的同时，也发出"郎平，我爱你"的呼喊。随着郎平带领美国女排进入决赛，为郎平加油的人也越来越多。

看台上发生的故事见证了我国公民体育观的进步与成熟。在当今全球体育融合的大氛围里，国家间的体育交流与人才流动愈加广泛，国人执教外国队或代表他国在竞技场上取得优异成绩的例子已经屡见不鲜，而且我国体育也在吸纳海外英才的过程中受益。例如，法国击剑教练鲍埃尔带领仲满在男子佩剑决赛中击败法国选手，历史性地为中国队夺得金牌；韩国籍教练杨昌勋带领张娟娟连挑3名韩国队顶尖射箭高手，让箭坛"霸主"韩国失落射箭女子个人项目金牌，等等。据不完全统计，目前中国代表团至少拥有来自16个国家和地区的38名海外教练，他们分别在17个运动项目中任职，他们都在兢兢业业、认认真真地为中国队呕心沥血，都在为中国摘金夺银而不懈努力。

关起门来可得一技，打开国门八面来风，世界体育走向大同是当代体育的发展趋势。北京奥运会见证了我国公民由当年崇拜金牌的、充满民族悲情的"弱国心态"，逐渐向开朗、快乐、包容、大度、开放的"大国心态"、"强国心态"的转变，留下了我们的民族走向成熟，我们的国家走向成熟，我国的体育精神走向成熟的片片脚印。我们应该将这些脚印仔细收藏，因为它们是奥运会留给我们的精神遗产。

第六章

北京奥运与国民心态

　　自强不息，厚德载物。安居乐业，温良恭俭。万般下品，读书最高。克己复礼，经世济用。四海兄弟，近悦远来。己所不欲，勿施于人。天人交感，世界大同。

　　久远以来，这些始终是作为个体的中国人面对人生、他者和外物的心态，也是作为整体的中国人所操持的人生观、社会观和宇宙观。中华文明之绵延不绝，不在器物，不在典籍，也不只在历代政治、文化精英的抱负和愿景之中，而在其灵魂扎根于"子子孙孙无穷匮也"的心灵土壤。举心动念、言谈行止之间，灵魂立现。

　　如今，我们以这样的心态举办奥运，面对世界，打理国家和民族的命运。若以"门"喻"心"，我家大门常打开，自家风光尽显，宾客风流遍观。奥运如机枢如钥匙如召唤，虚掩的尘封的沉睡的念想和心态，轻启之下光明澄澈。

一、国民心态：一个族群在喧嚣时代的终极追问

2008 年 8、9 月间，我们把自己的身心交付给奥运。谁都得承认，那是自己一年之中乃至数年以来最快乐从容润泽的光景。此前几月，我们经历了南方雨雪冰冻灾害、拉萨"3·14"事件、汶川地震；此前十五年，我们闯入市场的洪流，摸着石头穿越；此前三十年，我们把门打开，在陌生的世界中撑持繁荣的梦想；此前一百年，我们在纷乱和屈辱中救亡图存；此前一两千年，我们在迁变流转中因章首所说的"自强不息……世界大同"而生生不息。

奥运让世界见证了中国人的心态，也让中国人找到了自己的身份认同和心灵世界。作为"一届真正无与伦比的奥运会"，北京奥运会留给世界一个简短有力的国家陈述："这是快速发展而传递和平的中国！"对 13 亿中国人而言，奥运会是一场反思、辨识和寻找国民身份的心理探求：在历经革命与改革、现代化与全球化、市场化与城市化等沧桑巨变后，中国人在创造财富的同时，也升级了精神家园，国民心态又一次"大觉醒"。芝加哥大学政治系主任杨大力说，北京奥运会帮助中国摆脱了"以往的自卑感"，"取而代之的是一种中国能做到，而且能做好的自信"。

奥运带来的国民心态转换有三重含义：一是回归，即找回自文化童年期即已跳动的"中国心"；二是超越，即心扉敞开后与世界不同族群"情同此心"的融汇；三是革新，即对当下无可回避的某些国民心态"病症"的切诊与治疗。

首先看病症。在奥运之前，海外舆论和国内一部分人最担忧的问题之一即是中国复杂的国民心态。人们津津乐道国内球迷在某场中日足球赛中的不良表现——愤怒、咒骂、离席，热议在经历了拉萨"3·14"事件、家乐福事件、海外火炬传递遭遇袭扰、汶川地震、中韩部分传统文化项目申遗等重大"心理挫折"和"尊严伤害"的中国国民，将以怎样的心态面对法国人、日本人和韩国人。中国人会举办一届"野心勃勃"、"剑拔弩张"、"赢得起、输不起"的奥运会吗？

这样的担忧不无道理，人们可以排列出一堆历史事实作为证据，也可以搬用

奥运带来的国民心态转换有三重含义：一是回归，即找回自文化童年期即已跳动的"中国心"；二是超越，即心扉敞开后与世界不同族群"情同此心"的融汇；三是革新，即对当下无可回避的某些国民心态"病症"的切诊与治疗。

诸如现代化、全球化等若干理论来作出解释。众所周知，国民心态是一国软实力的重要组成部分，而在这一点上，"战略界普遍性的观点是，中国软实力的现状和未来均令人忧虑"；"当前，中国软实力并不强大，或被视为弱不禁风，或被视为有剑无锋"①。一位法国外交官在北京奥运会之前甚至断言："中国在能够输出价值观之前不会成为一个大国。"② 国内学者也提出："大国崛起过程中国民应该树立什么样的国民心态显得尤为重要。"③

对于中国软实力"有剑无锋"的评价近乎刻薄，实际存在两个指向：一是我们的软实力是浑厚、强大的，却未得到有效的传播和输出，因之很难"击中"目标对象；二是有一些负面因素"钝化"了我们的软实力，譬如尚不成熟的国民心态偶尔带来不理性的民族主义情绪的横冲直撞。

所谓国民心态，是"国民社会心理状态"之缩语，也有"社会心态"或"文化心态"之说，即一个国家社会存在的国民心理反映。"从本质来说，国民心态和社会心理是同一意义的"，"都是指一个国家的社会成员在一定社会发展时期普遍呈现的一种认识倾向、情感倾向和行为倾向的'集合'，是国民对现实社会存在的心理反映之'总和'"；国民心态与"社会心理"的差别主要在于，前者更具有通俗性，更强调现实性、过程性、综合性和可变性。

那么国民心态与社会存在的关系是怎样的呢？这可从马克思主义理论家普列汉诺夫有关社会心理与社会结构的论述中看出端倪。普列汉诺夫认为："如果我们想简短地说明一下马克思和恩格斯对于现在很有名的'基础'对同样有名的'上层建筑'的关系的见解，那么我们就可以得到下面的一些东西：（一）生产力的状况；（二）被生产力所制约的经济关系；（三）在一定的经济'基础'上生长起来的社会政治制度；（四）一部分由经济直接所决定的，一部分由生长在经济上的全部社会政治制度所决定的社会中的人的心理；（五）反映这种心理特性的各种思想体系。"④ 简言之，社会结构由生产力状况、经济关系、政治制度、社会心理和思想体系五项因素构成。

普列汉诺夫认为，这五项因素之间有一种起源关系，即其中在前的一项决定着后面的各项，或者说后面的一项适应着前面的各项；反过来，后面的一项对前面的各项具有反作用和相对独立性。生产力状况与经济关系属于社会物质生活层面（经济基础），政治制度、社会心理和思想体系属于社会政治生活、精神生活层面（上层建筑）。生产力状况、经济关系与政治制度属于社会存在范畴，社会心理

① 门洪华：《中国：软实力方略》，3页，杭州，浙江人民出版社，2007。
② 《何解：中国在能够输出价值观之前不会成为一个大国》，见 http：//www.icpoline.com/archives/5426。
③ 《大国崛起与国民心态——我系罗教讲教授走进中国社会大讲堂》，见 http：//shxx.whu.edu.cn/News/20080414614.html。
④ 《普列汉诺夫哲学著作选集》，第2卷，195～196页，北京，三联书店，1961。

和思想体系属于社会意识范畴。

由是观之，国民心态或社会心理决定于社会存在，同时具有相对的独立性并反作用于社会存在。更进一步，国民心态是基于特定的社会存在，一国民众对国家价值与民族身份的追问，对时代大势和社会结构的探寻，以及由此激发的"我是谁"、"我当如何"的整体性反映。这种心理反应从表象上看是多变的，所谓心随境转，但也有其相对的稳定性：

国民心态不是某个人某一时刻的忧喜悲欢，而是蕴涵着国民集体的一系列终极追问：族群的生存轨迹问题——历史、当下与未来，信仰、尊严与认同问题，自我与他者、内心与外物的关系问题，等等。一般而言，相对稳定的东西总是可以类型化，国民心态亦是如此。在终极追问及可能的答案面前，国民心态往往可以归结为三种类型：我骄傲，我屈辱，我平静。

> 国民心态不是某个人某一时刻的忧喜悲欢，而是蕴涵着国民集体的一系列终极追问：族群的生存轨迹问题——历史、当下与未来，信仰、尊严与认同问题，自我与他者、内心与外物的关系问题，等等。

从生存轨迹看，当我们面对春秋战国文化之繁荣、文景之治与汉武雄风、贞观盛世等久远的荣光时，面对改革开放三十年以来的巨大成就时，"我骄傲"的国民心态自然是主流；而当面对鸦片战争以降的近现代史以及当下来自西方的偏见、个别敌对势力的挑战时，"我屈辱"的心态又无可避免。

从信仰与认同、自我与他者、内心与外物的关系看，社会主义及其价值体系是国家的指导思想体系，引领了中国社会的变革和发展，取得了举世瞩目的辉煌业绩；同时商品化和市场化也无可避免地带来了精神家园一定程度上的破败感和伦理道德的缺失感。我们大声表达自己的成就，相信这一切能为自己乃至整个世界创造有关繁荣与和平；我们大声争论范跑跑是"好人"还是"坏人"，忽而又想到在二十年前或更早的年代，这根本就不是值得犹豫的道德选择题。

骄傲意味着自信、自豪，也可能意味着粗糙、粗暴；屈辱带来自立、自强，也可能带来偏见、偏激；我们引领发展并渴望被承认，我们得到很多却怅然有所失。这些在发展中出现的社会问题，或多或少地导致了国民心态的一些病症：

中国社科院研究员邵道生总结了当前中国

> 骄傲意味着自信、自豪，也可能意味着粗糙、粗暴；屈辱带来自立、自强，也可能带来偏见、偏激；我们引领发展并渴望被承认，我们得到很多却怅然有所失。

面临的六大国民心态危机（病态社会心理）：令人心跳的物欲化倾向、缺乏理性的群体躁动倾向、人性衰退的冷漠化倾向、反文明的粗俗化倾向、使社会无序的无责任化倾向、祸国殃民的虚假浮夸化倾向。

外交家吴建民说，当代国民还存在着弱国心态：第一是喜欢夸大自己的成就和优点；第二是不喜欢提及自己的缺点和不足；第三则是很介意人家的批评，不能冷静进行反思。[①]

中国社科院研究员金熙德分析说，历史与现实叠加，使中国人心态中自卑与自大这两种极端的心理复杂地交错，两者之间仅仅是一纸之隔，很容易动摇，国人的心态还很不稳定。如果用这两种心态去看待世界，我们就很难客观地分析国际形势，无法制定理性的对策。[②]

> 历史与现实叠加，使中国人心态中自卑与自大这两种极端的心理复杂地交错，两者之间仅仅是一纸之隔，很容易动摇，国人的心态还很不稳定。

这些叠加和错位，为国民心态"非此即彼"的摇摆、激荡提供了空间。我们感受到自己发展的雄心、崛起的意志，我们摸索属于自己的道路并恪守和平的信念；我们同时也为焦虑、纠结、狂躁所困，我们希望给内心寻找一个安放的去处，路阻且长，其间偶尔情绪奔腾恣肆。前者是主流，后者是支流，主流导引方向，而支流在鸿沟和落差中亦获得了不可小觑的势能。

恰在此时，奥运来了。顾拜旦说，现代奥林匹克运动是"早已分离的灵与肉的复婚"。这可谓一语明心见性：破镜重圆，照见诸相圆融，心地清明。

北京奥运语境下的"复婚"、"复合"或"复活"，同样是灵与肉的重聚，而且促成了前述诸多断裂的弥合。这的确是宏大的道理，也实在是微细的体验。人们在赛场上、马路边、公园里、电视机前，在握手时、谈话中、念想处和扬眉瞬目间，以自在的方式镜缘重续。

重续即归家，灵肉都回来了。追问一路"我是谁"，归家才有答案。归家之后，病症得以诊治，传统得以激活，还收到了远方客人送来的礼物。祖宗家训高悬堂前，凝视我们的身心；客人的礼物亦有光彩，可归入我们前行的资粮；门前道路朗阔，纵有风雨，决不迟疑。心态之轮转，骄傲而生自豪，受伤而化坚强，是为平静。

二、奥运心态：比赛场更大的舞台

按照中国佛教禅宗的观点，自性完美乃一体两面：心内无限深远，心外无限

---

①② 转引自杨琳：《塑造大国心态》，见《2005 中国政治年报》，兰州，兰州大学出版社，2005。

广大。奥运二因具足，它是中国人的百年梦想，是世界上最盛大的体育和文化事件，召唤、滋育了国民心性之美。另一个特别的因缘是，与以往外交事件、经济事件和科技事件对国民心态的刺激不同，奥运对"去政治化"的追求使国民心态被纳入日常生活叙事。因此，奥运之下的国民心态最终落实为一种居家心态和工作心态，而不是表现为政治话语和民族主义话语。

> 与以往外交事件、经济事件和科技事件对国民心态的刺激不同，奥运对"去政治化"的追求使国民心态被纳入日常生活叙事。因此，奥运之下的国民心态最终落实为一种居家心态和工作心态。

这与奥林匹克精神是一致的。《奥林匹克宪章》指出："奥林匹克主义是增强意志和精神并使之全面均衡发展的一种生活哲学。"与此相应，奥运心态也正是人们在那一段美好时光的生活态度。这就引出两个值得深究的问题：一是奥运创造了美好心态，还是美好心态创造了"无与伦比"的奥运？二是作为一种美好的生活态度，奥运语境之下的国民心态能否进一步日常化、持久化，并长远、深刻影响奥运之后的社会结构和大众生活？

以辩证的观点看，第一个问题的答案是简单明确的：二者相互作用，彼此建构。辉煌的奥运当然营造光明的心态，反之，众妙皆成的心态也必成就精彩绝伦的奥运。前者自不待言，后者意味深长。就后者来看，几乎所有的哲学思想、社会理论和宗教观念都表明，上帝无意创造一个让我们称心如意的世界，外在的残缺要么是客观的，要么是内在心性不足的投射。我们唯以美好的心灵面对和适应它，改造和提升它，才能找到自身存在和奋进的意义。当全世界都在议论经历了南方雨雪冰冻灾害、拉萨"3·14"事件和汶川地震的中国人，会以怎样的心态、姿态迎接北京奥运的时候，我们拉开大幕，齐声高呼：

有朋自远方来，不亦乐乎！

回答第二个问题，需要采取"两步走"：奥运之下，我们拥有、展现了哪些美好的国民心态？奥运之后，我们应采取哪些方法持之固之？第二步将于本章最后一部分迈出，第一步有关奥运心态则分述如次：

担当。中国人历来"识大体，顾大局"、"家事国事天下事事事关心"、"以天下为己任"，这种担当意识根植于儒释道之大统。儒家讲求兼济天下，舍我其谁；道家念持主体自觉，护佑苍生；佛教主张代天下人受苦，利益众生。我们必须承认，在这样一个充满不确性的年代，每一个人都有自己的爱憎、悲喜、欢愉和抱怨，每一个人都试图找到自己情绪的流放地和宣泄场。然而，令西方人很难真正理解的中国式群体价值和担当意识，总是在关乎国体尊严、民族大业时发挥强大的力量：小我融入大我，挽救危亡或者铸就辉煌。奥运火炬海外传递遇袭，我们屈辱不堪；汶川地震夺去数万手足同胞生命，我们苦痛不堪。屈辱和苦痛在奥运倒计时牌下接连而至，我们无比震惊，泪流满面。"嘿，这不行"，每一个人都告诉自己，也告诉身边的人，"我们得给百年梦想一个交代，给当初对世界的承诺一个答复，给那些伤逝的英灵一个抚慰"。于是，世界看到了中国人用泪水浇灌鲜花，用扒开废墟、重建家园的双手拥抱四海兄弟，用清新的空气、整洁的公园、有序的交通、博雅的文化欢迎各种皮肤和面孔，也包括那些曾经最挑剔的眼睛。

> 令西方人很难真正理解的中国式群体价值和担当意识，总是在关乎国体尊严、民族大业时发挥强大的力量：小我融入大我，挽救危亡或者铸就辉煌。

交通限行如此彻底，掌声笑声如此热烈，志愿服务如此体贴，这是政府有效动员、合理规治和国民一心担当、全力投入的共同结果。陈丹青说，那一刻，人人都是李宁。这句话充满真感情，也体现了大智慧：一位只有初中文化的出租车司机，用浓重的北京延庆县口音大声朗读英语，那一刻，人人都是这个出租车司机；一位几乎没做过家务的"85后"大学生，一边在奥运村里擦地板、洗厕所，一边给妈妈发短信说"我很好"，那一刻，人人都是这个"85后"；一位在深山里守护奥运供电设施的工人，拿着收音机，站在岩石上，转着圈搜索奥运赛事节目的信号，那一刻，人人都是这个工人。

没有旁观者，纵使于赛场千里之外，一个平凡的中国人也至少送给奥运一串笑容，一句祝福。

自信。这是发现自性、确认自我的一种心态，对过往与未来、内在与外在拥有整体的理解力和从容的进取意志。正是对自己的信任和信心，使个体、集体乃至一个国家即使遭遇无常无明，亦能保持向上的精神：对，这就是我，这就是我所梦想的，这就是我努力追求并可以达到的。自信的人才能自足自立，才能有尊严地活着，才能创造财富和历史，国家也是如此。一个人或一个族群倘若没有自信，不管拥有多少财富和怎样广博的土地，心灵都匍匐在沙滩上。

2001年，国际奥委会在对候选城市北京的评估报告中说：北京举办奥运会，将给中国和世界体育运动留下独一无二的遗产。中国奥委会名誉主席何振梁接受媒体采访时指出，这遗产绝不仅是物质上的，恐怕真正长期起作用的是精神遗产，这就是中国人自信心的增强。在何振梁看来，中国人的不自信集中表现在一句"我不如人"上，中国城市里到处都是"欧洲小镇"、"美式风情"和"雪梨澳乡"，而奥运改变了这一点。① 何振梁如此看重奥运之下的"自信心"问题，当然是有所指的：

---

① 参见 http：//www.jiaodong.net/sports/system/2008/08/03/010309947_01.shtml。

我们背着鸦片战争之后一百多年的屈辱上路，没有谁能够掂量出这屈辱在中国人心中有多重。我们批判西方，我们崇拜西方，我们在打理自己的同时总是有意无意间把那个被概念化的"西方"当作高悬的镜子。这镜子照见我们的"美"，我们就放大它、装裱它；照见我们的"丑"，我们就遮了它、污了它。更糟糕的是，这镜子一直偏见偏照，呈现我们的"哈哈"影像。别人喜欢用"东方睡狮"来形容我们，如今我们醒了，但偶尔在心态上更像一个初醒的孩子，受伤了，哭了，怒了，卑微了。

自信取决于实力和修养，并且往往因为这一点与自卑相缠结，有时甚至与妄想捆绑在一起。现代以来的相对落后造成了国民心态上的自卑感，而有关"盛唐"的集体记忆和对复兴、富强的强烈憧憬又总是加重这种自卑感。地震和奥运让我们放下虚浮，去除卑微，我们有能力克服天大的灾难，我们有信心办好一届高水平的奥运。事实也证明了这一点，我们实现了世界对北京奥运的种种宏大想象，不卑不亢地应对了所有挑战，精致地料理了万千琐碎的环节和细节。随后的全球金融危机和新疆"7·5"事件也证明了这一点，我们确信自己能够处理好国际和国内事务，这些挑战只会增强这个民族的整体精神，而不是在卑微中被打垮。

地震和奥运让我们放下虚浮，去除卑微，我们有能力克服天大的灾难，我们有信心办好一届高水平的奥运。事实也证明了这一点，我们实现了世界对北京奥运的种种宏大想象，不卑不亢地应对了所有挑战，精致地料理了万千琐碎的环节和细节。

平等。1920年，顾拜旦在发表有关训练的讲话时说，"一项运动纪录是一个人的力量和性格相互影响所达到的极限，是一个人个性高度发展的极限。他的社会地位，从父母那里继承的门第或财产均不起任何作用。不管他是王子还是平民，都不会使他的跳跃增加一英尺，也不会使他在规定时间内的跑步、游泳、划船距离增加半码。"北京奥运再次印证了顾拜旦的思想：在奥运面前，我们平等了。

鸟巢，这个容纳9万观众的田径赛场，荡涤了各种世俗的差异和偏见，拉近了人们情感的距离。在这里，不分种族、肤色、国度、贫富、宗教信仰，在统一的竞赛规则面前人人平等，地位高低身价贵贱都失去了往日的意义：

在起跑线上，无论你是白人黑人，富人穷人，出身豪门还是家境贫寒，声名显赫还是无名之辈，发令枪就是最高的指挥，终点线就是权威的裁决；

在巨大的环形观众席上，无论你是国王、总统、公主、首相、大亨还是普通劳动者、平民百姓，同样拥有的"权力"都是为获胜者纵情欢呼，为拼搏者鼓劲加油，为失利者扼腕落泪，为超越者抛洒激情；

在颁奖仪式上，无论是超级大国还是发展中国家，当国旗徐徐升起，国歌庄严奏响，数万观众的注目礼中饱含的是一样的敬意和祝福。牙买加飞人博尔特在22岁生日的前夜接受了超乎王室规格的9万人齐唱生日歌的祝福，男子5 000米预赛中比其他选手落后两圈多的不知名缅甸选手也享受了9万人雷鸣般的鼓励和致意。

平等意识带来了平常心。奥运赛场是英雄的舞台，但这些英雄承载、表征了所有人的共同心智：心存梦想，尽力而为，各得其所。所有成功的喜悦皆可分享，所有失败的苦痛皆可担当，一颗平常心立在中间。杜丽错失首金，刘翔因伤退赛，我们一度心痛堪怜，然而很快就告诉自己：这正如我们每一个人的生活，有风云有闪失，终究要以平常心去面对。

风云乍起，彩虹即现，一生契阔，平常是真。这是奥运教给我们的道理，一个人乃至一个社会当"超越竞技"，让财富创造和精神涵化统一起来，将自己锻造为平衡、完整的主体。

开放。三十年改革开放，前半段我们将国门打开，后半段把市场打开，而今以奥运为标志性事件，我们把心灵和文化打开。心灵和文化的开放，不是投入洪流、淹没自己，也不是骄横恣意、征服他人，而是以大国的底蕴和调

> 这是奥运教给我们的道理，一个人乃至一个社会当"超越竞技"，让财富创造和精神涵化统一起来，将自己锻造为平衡、完整的主体。

性，拥抱这个世界并因自己的努力而让它变得更美好。北京奥运是"一场浓缩西方文明精华的盛大'礼仪'，以东方人的智慧演绎给全世界，在中西文化漫长的碰撞和融合史中，可能没有哪一历史事件能比2008年北京奥运会，更具有人类文化走向多元共荣的象征意义"①。

开放意味着真实、真诚和包容。北京奥运会大规模、集中化地展示了中国改革开放三十年的巨大成就，这种展示也是一个以史为镜、以人为镜的过程。当我们努力把中国的历史文明和当下的创造呈现给世界时，当我们尝试以世界的眼光看待和理解自己时，眼前明镜照见了我们的真实和真诚。

我们津津乐道自家园地满树花果，并且不再刻意遮掩那些不尽如人意处。这让我们心安理得，不闭户为王，不藏匿"家丑"，也让看到的人不再大惊小怪，不再靠猜疑和谣言过日子。历史常识、外交经验和生活的智慧都告诉我们，只要大家能够坦直、诚恳地面对彼此，各自的命运和处境都会得到改善。纵然有再多的困难、冲突和缠结，我们至少拥有开放的解决问题的心态。

奥运会期间，很多孩子在努力辨识、记住那二百多面国旗、区旗。这一代是幸运的，也是了不起的，当他们长大成人，开放和包容将成为他们最宝贵的品质。

---

① http://news.xinhuanet.com/sports/2008-01/09/content_7389239.htm.

多元文化在同一时间和空间相遇，各自精彩，彼此融汇，造就了同一个世界之下的同一个梦想。法国队，日本队，韩国队，美国队，伊拉克队，"海外军团"，只有数万人口的精致小国，无论是谁，只要来了，便为你鼓掌、喝彩，并且请把我们的歌声与微笑带回你的家。中西合璧的奥运主题曲，响亮唱道：我和你，心连心。奥运唤醒了整个世界平等、包容的心态，弱者无须动辄愤怒，强者也不必擎着所谓"普世价值"自高而下俯冲。

快乐。勤劳素来是中华民族的基本美德，而改革开放又为每一群体和个体提供了无限的可能性，发条上足，马力开动，我们成了世界上最忙碌的民族。我们因此而摆脱了积贫积弱，进而奔向小康和共同富裕，也因此驱动了超负荷运转的人生和民生。家里、街头、车站、机场、办公室、电话中、网络上，总是有人告诉你他很忙很疲倦。现代化带来的诸如异化、空虚、压抑等精神病症开始显现，人们迅速创造了一个繁荣的物质世界，而意义的世界却于不经意间一片荒芜。

快乐被视为明天的事，明天复明天，最后成了人生憾事。在中国的佛教思想中，这种现象被称为"倒因为果"：喜乐本是前提、过程、方式和状态，所谓于人于事于物喜闻乐见，心内念念清净，如此才能成就圆满人生，不枉"人身难得，

走此一遭"。而如今，很多人以付出巨大代价——譬如健康的方式，以"不在愁中即病中"的状态负重前行，并把快乐当作此般种种后的朝露和昙花。

我们可以找到无数指标和证据赞叹蔚为壮盛的北京奥运会，而其中最简单、最直接者，即是13亿人心态上的快乐，以及这种快乐在全世界范围的撒播和分享。无论精英怎样定义、评判这届奥运会，无论少数挑剔者和那些别有用心者怎样指责或不屑，只要"平头百姓"挂在嘴边一句"我很快乐"，那么它就是一届成功的奥运会。更进一步，倘若这种快乐延展开来，成为国民心态持久、稳定的一部分，那么它就是一届名副其实的伟大的奥运会。

> 我们可以找到无数指标和证据赞叹蔚为壮盛的北京奥运会，而其中最简单、最直接者，即是13亿人心态上的快乐，以及这种快乐在全世界范围的撒播和分享。

快乐是一切有情众生的在世追求，它统摄了前述之担当、自信、平等、开放等所有可贵的心态。不快乐的担当是压迫，不快乐的自信是逞强，不快乐的平等是漠然，不快乐的开放是妥协。在残奥会开幕式上，由几百位聋哑姑娘表演的舞蹈《星星你好》让场内外观众为之动心动容，解说员告诉观众，她们用肢体一遍又一遍表达的"话语"是："有一颗星星是属于我的，你知道我的名字吗?"奥运会、残奥会的全部过程证明，无论是健全人还是残疾人，每一个人都有一颗属于自己的星星，生命的星光一样璀璨，生命的尊严一样崇高。

找到自己的星星、尊严和崇高，快乐地生活，是这个时代朴素而主流的生活之道。大之广之，一个和谐社会，就国民心态而言，当是人皆心乐怡然的社会形态。

三、后奥运时代国民心态的建构

北京奥运从成功申办、筹办到举办历时七年之久，是中国近现代百年历史中，特别是改革开放以来最重大的社会事件之一，必定对国民心态产生深刻影响。在一定意义上，一部北京奥运史恰是新世纪以来中国国民的一段心灵史。然而，如前所述，国民心态根源于特定的社会存在，同时自身也是一个复杂的动态系统。当奥运已然谢幕，金融危机汹涌而至，股市房市跌宕起伏，社会阶层持续分化，"躲猫猫"、"飙车案"不断上演，我们又将以怎样的心态面对这一切?

同政治、经济和其他社会要素一样，国民心态也需要建设，不可放任自流。奥运召唤、激发了美好的国民心态，然而固其根本、不生退转仍需精心培育、努力护持。唯有如此，在后奥运时代，我们不但可以走出家门参观奥运留下的众多场馆，而且能够开启心门汲取奥运年里因担当、自信、平等、开放和快乐而汇聚的巨大力量。以下从三个方面切入，探讨国民心态的培育和引导。

一是传统文化的复兴与创造性转化。北京奥运为 20 世纪 80 年代那场著名的争论提供了答案。彼时，有人面朝西方，反思五四运动和"文化大革命"，追问祖宗文化的价值，甚至发出"传统文化还存在吗"的根本质疑。奥运告诉所有人，世代先辈于这个民族童年期创造的文化道统，依旧是我们熟悉、温暖、亲切的精神家园。回到父亲那里，我们才有力量。奥运再次让我们确信，那些家业并非残缺的砖瓦、发黄的竖排体经典、挂在墙上的长袍，而是不死的民族之魂。

> 同政治、经济和其他社会要素一样，国民心态也需要建设，不可放任自流。奥运召唤、激发了美好的国民心态，然而固其根本、不生退转仍需精心培育、努力护持。

奥运以非书斋、非愤青的方式为传统文化批判打开了"死结"：传统文化依然以强大的力量存在，潜伏在每一个人的内心深处——历史的暴风雨摧残了枝叶，而不死的种子仍然在广阔的心田中等待阳光和水；我们不能把传统文化弃若敝屣，而后内心空洞地投入他人的怀抱。前述奥运之下的诸种国民心态，莫不与传统文化紧密关联：

担当即是先天下之忧而忧、后天下之乐而乐乃至兴亡之际的"匹夫有责"，而非工业革命以降绵密严格的社会系统分工；自信源于"天行健"的自强意识和君子精神，而不是弱者的假傲慢和强者的真傲慢；平等基于儒家的立人达人、不欲勿施之"金银律"，也是道家天人齐物、佛教众生平等观念的反映；开放充溢着中国人"朋友"、"兄弟"般的友善之心和道德感，也晃耀着中国文化博大包容的气象；同样是狂欢式卷入，北京奥运中的快乐是中西合璧的心灵绽放，投入而不靡醉，尽性而不狂乱，发乎中，显于外。

北京奥运和近年来的大量文化事件、思潮都表明，我们所拥有的一项最丰饶、最现成的文化资源，正是无数先辈于天地人世之间流浪生死而凝结的经验、智慧、道德和信念。这些构成了我们民族的总体心理秩序，历风雨而沧桑，却如大地安稳不移。大地如斯，国民心态自然有了根底。

> 我们所拥有的一项最丰饶、最现成的文化资源，正是无数先辈于天地人世之间流浪生死而凝结的经验、智慧、道德和信念。这些构成了我们民族的总体心理秩序，历风雨而沧桑，却如大地安稳不移。

除了证明传统文化之重要性，北京奥运给我们的另一个重要启示是，当以怎样的方式对待传统文化。这个问题已经困扰我们多年，北京奥运提供了答案：那些绚丽、浓烈的符号足以动人，而真正让人交付身心的是整体的气韵，是活着的历史和文化。或者说，我们所称扬的传统文化的继承和转化，所采取的方式应是复兴而非复古。

复古的本质在于对"已死之物"的当下摹制，它在历史长河中"打捞"个别元素或碎片，按照当下的需求进行拼装，以供展示、缅怀、打击敌人或者牟取商业利益。复古的典型话语是"文化搭台，经济唱戏"，也正是这一话语戳穿了它自身的虚伪：从往昔殿堂中拾来木料，由粗俗的木匠打制成有关订单的谈判桌。

复兴要求我们拥抱民族经验的各个方面，特别是要在历史中抓取那些积极、向上的东西。抓取的过程，包括复古者的"淘宝"，但主旨并非在此，而是魂魄感召。如前所述，这些魂魄是无数代人历经无数忧喜悲欢的精神凝结，与之相遇才能辨认我们自己，才能不让每一次出发都站在零起点。因此，复兴所追求的是自我确认，是头脑改进，是出发前告慰和请教祖先的精神。这也正是我们使用"创造性转化"一词的理由所在——这需要我们花大力气去建设，而不是以高明的观察者的身份感叹或批判传统文化"一去不复返了"！

二是公共空间的构建。国民心态往往表现为特定的公共舆论，即社会各方表达意见的公共空间，或称公共领域。这一概念最初是哈贝马斯为克服"生活世界"的危机而开出的药方。所谓生活世界，胡塞尔认为是人类作为个体和共同体存在的基础领域，是一般人日常直接经验、原初自明、亲切熟悉的世界，因而是人类其他所有实践活动的前提；布尔迪厄则简练地提出，生活世界就是对老百姓的实践逻辑管用的世界，它一旦遭到破坏，整个社会系统的运行必然紊乱甚至颠覆；哈贝马斯认为，生活世界既是主体之间交往行为发生的背景，也是彼此达成理解必须依赖的"信念之库"。人们在生活世界所提供的共同经验、明确意义和无争议的信念之下，进行诚实的对话，以期达成共识或谅解。

正如哈贝马斯所发现的，当前人类的生活世界面临着两大挑战：一是从外部看，它正在被入侵和殖民化，金钱和权力战胜精神和信念成为制约对话、交往的强大力量；二是从内部看，主体之间的交往本身就是成问题的，道德理想的贫弱，使主体间的对话越来越陷入困境——要么沦为无意义的喧哗，要么激化为不可理喻的对抗。而从民族国家的层面看，"生活世界"的危机会直接投射到国民心态上，并生成种种病症。

为了重建合理化的生活世界，哈贝马斯开出的药方是建立公共领域。一个健康的社会，在个体、家庭等私人领域、生活世界和国家之间应存在一个容纳公共事务、公众舆论的公共领域。在公共领域内，社会主体广泛、自由地加入对话，而不是直接投入权威的怀抱；人们基于平等权利表达自身立场，但并不为明显的荒谬添加逻辑；人们质疑对方的意见，同时相信只有辩论才能找到解决问题的方案。此中，人们之间是"主体—主体"的关系，即互为主体，内在自由，平等交往，而非依从强与弱、多与寡之势滥施支配。我们可以对此作出如下几点补充

解释:

　　第一，公共领域在一定意义上可以被视为生活世界与国家系统之间的过渡、缓冲和弥合地带。因为这个公共空间的存在，生活世界和国家系统保持了各自的相对独立性，政治不过分干预私人领域，民意也不轻易"绑架"政府；同时它也强化了二者的互动，来自生活世界的问题和困境能够上升为公共议程，而国家层面的战略和决策也可以转化为大众的普遍关心。

　　第二，公共领域是一个具有参与、引导和排释多重功能的广阔空间。这个空间召唤人们的共同参与，而所有参与者皆成为所讨论议题的主人，使各种可能的经验——无论个体的还是集体的得以整合和分享，使苦难和通过苦难积累的财富成为集体记忆，进而形塑社会性格、引导国民心态。同时，广泛的参与和有效的引导，能够确保我们所欲构造之社会性格和国民心态有坚韧、温暖的价值皈依与同一，有开放、多元的平等和尊重。

　　第三，最近几年，有人倡导建立"世界公共领域"，虽有理想主义之嫌，却也不失为一个努力的方向。实际上，经济和信息的全球化已使世界公共领域的建立成为一个很现实的问题。在一国之内，公共领域主张以协商、对话，而非胁迫、对抗的方式解决问题，国家和民众皆以对方的眼光看待问题，这同样适用于全球事务。在世界范围内，各国坦诚地面对各项公共事务，以整体的、世界的眼光寻找解决方案，而不应是动辄手里操起武器，心中激荡极端民族主义情绪。在奥运之前的拉萨"3·14"事件和奥运之后的新疆"7·5"事件中，我们正是以这样的眼光和心态来应对的。现在看来，这是正确而且有效的，至少让世界上很多人第一次正视西藏和新疆是中国领土神圣不可分割的一部分，而不是"被共产党政权占领并且疯狂毁灭其文化"。

　　三是社会主义核心价值观的"常识化"。北京奥运会筹办和举办期间，社会主义核心价值体系在上述维度得以全面彰显和弘扬，这突出表现在：奥运会激发了前述传统文化于当下的创造性转化，动员了广泛的社会参与，体现了社会主义制度集中力量办大事的优势，坚定了全国人民于内构建和谐社会、于外和平崛起的共同理想，凝聚了以爱国主义为核心的民族精神和改革开放、融入世界的时代精神，提升了社会公众的文明素养和伦理道德水平。

　　正如很多研究者指出的那样，社会主义核心价值体系是社会主义制度的内在精神和生命之魂，它影响、指引着社会主义的发展模式、制度安排和目标任务，在我们的主观世界处于统摄和支配地位。从内容上看，社会主义核心价值体系包括指导思想、社会理想、民族精神和时代精神、道德基础等四个基本方面，四者指涉不同而又有机统一，涵盖了从党的治国观念到个体的人生态度等所有价值范畴。从关系上看，社会主义核心价值体系反映了传统与现代、国家与社会、集体与个体、观念与实践等根本性的价值维度。

所谓"常识化"，主要包括如下三项内容：一是通过广泛的宣传和讨论做到人尽皆知，即传播层面的"普遍化"；二是经由教育和引导使人真正理解，即价值尺度的"内在化"；三是在持续的激励和示范下，人们于社会行为中将之"自觉化"。从哲学、社会学、政治学和传播学的视角看，核心价值体系的"常识化"是一个社会最重要的公共事务之一，优先于各项具体的政治、经济和文化议程设置；同时，它也是一个建构而非"自然发生"的过程，即政党、政府、新闻媒体等社会组织和一般公众于广泛动员、深度参与中达成思想共识的过程。

以北京奥运会为起点，社会主义核心价值体系的"常识化"及其对国民心态的引导，大抵可以围绕以下三个方面展开：

第一，强化生活叙事。目前有关社会主义核心价值体系的政策表达、学术解读与新闻宣传在质和量两个层面都是充分的，而生活叙事则相对不足。唯有贴近、融入公共生活和个体生活，成为人们生活世界的精神支撑，核心价值体系才会常识化为一种内在的规范和尺度。

第二，强化社会讨论。传播学将社会议程区隔为"硬议程"和"软议程"，核心价值体系建设及其常识化属于"软议程设置"，其效果的达成主要靠社会各方广泛、深入的讨论，靠人们在实质性参与、体验中生发的共识。在北京奥运会火炬海外传递过程中，包括"80后"在内的社会公众对"建设性的爱国主义"、"理性的民族主义"、"一体两面的全球化"展开了波澜壮阔的大讨论，深刻理解甚至丰富了这些价值议程的内涵，影响了人们面对世界、祖国和自己的心态与姿态。在随后的奥运赛事中，亿万公众又投入到"杜丽痛失首金"、"刘翔因伤退赛"等问题的讨论中，并形成了"包容、理解、开放"等价值认同。

第三，强化价值指涉。社会主义核心价值体系包含了国家理想、民族认同、社会风尚、人生态度等丰富的价值指涉，是13亿人共同的价值追求的凝聚，既可以为了公共传播的需要进一步提炼若干核心概念，也可以对其具体内容进行细化、分解，以激发人们结合自己的社会角色和生活处境进行理解和消化，二者并不矛盾。人们是在具体而微的生活感受中认知和评价整个外在世界的，能够沉淀到人们内心深处的社会议程往往是那些打动人的"微内容"。譬如，美国曾围绕有关"自由"的若干比喻进行大规模的公共辩论。我们亦有必要针对不同社会人群，科学规划、合理定位、统筹安排一些基于"微内容"渐次延展的社会讨论，在"小我"的参与中形成"大我"的认同，以引领健康、向上的国民心态。

第七章 北京奥运与公民素养

2008 年北京奥运会给中国和世界留下什么样的遗产，可能需要长时间的积淀和总结，但无疑这份遗产是巨大的、全方位的。这一届奥运会以北京冠名，却渗透到全中国。有一些成果是直接的，如中国体育健儿所取得的辉煌成绩，中国政府、北京奥组委出色的组织管理，志愿者的突出表现等。有一些影响是隐性的，却深远地融入人们的思想与行为，如国民的心态变化与公民文明素质的提高等，也是奥运会带给北京、中国的礼物和回报。

一、考试：公民素养的全面检验

现代奥林匹克运动从诞生起就带有这样的愿望，即推广崇尚健康体魄与追求真善美的理念，全面促进人类文明发展。奥林匹克精神的培育对象不仅是体育运动员，还包括所有民众。北京奥运在提升公民文明素质方面取得了很大成果，积累了许多无形遗产，大量经验和做法值得在中国的文明素质培育中持续推广和运用，值得奥林匹克大家庭共享。

北京奥运在提升公民文明素质方面取得了很大成果，积累了许多无形遗产，大量经验和做法值得在中国的文明素质培育中持续推广和运用，值得奥林匹克大家庭共享。

1. 国民形象文明与否关系北京奥运成败

我们从向世界承诺办好奥运那天起就在想，怎样才算是一届出色的、成功的奥运会？我们不仅要办一次体育盛会，还要通过北京奥运促进经济、政治、文化、教育方面的发展，向世界展示今天的北京，展示现代的、文明的中国。正如北京奥组委一位负责人所说："成功创造 2008 年北京奥运会的形象，是整个奥运会成功举办的重要标志。"

在奥运筹备阶段，北京曾经召开一次"2008 年奥运会视觉形象设计研讨会"。在会上，来自国内外的设计界精英、奥林匹克专家和文化界人士，就北京奥运会的"形象与景观工程"展开了陈述和讨论。现代奥运会已有一百多年历史，国际奥委会对举办城市准备了一套很成熟的视觉设计体系。但大家一致认为，2008 年奥运会视觉形象设计，仅有城市景观标准是不够的，城市景观必须和"人"这道景观共同构筑起人文奥运的风景，才是一个全面而丰满的"形象"。

2008 年奥运会视觉形象设计，仅有城市景观标准是不够的，城市景观必须和"人"这道景观共同构筑起人文奥运的风景，才是一个全面而丰满的"形象"。

2008 北京奥运会，中国将给世界留下什么样的印象？良好的环境、宏伟的建筑固然重要，但北京人的素质与形象也将起到至关重要的作用。"鸟巢"、"水立方"这样的奥运体育场馆、北京城市景观的整顿和建设，我们都可以在短时间内以较高水平实现，并在其中引进一流的设计和技术。但一流的城市服务和人的文明素质则需要我们经过一段时间的努力来打造，不是一朝一夕所能达到的。因此，在那个阶段，无论是国际奥委会，还是北京奥组委，大家并不担心奥运会的硬件建设和准备，而是对"中国人、北京人"这道景观心里没底。第29届奥运会组委会执行主席、时任北京市市长王岐山就曾坦言，举办北京奥运会，人们参差不齐的素质是他最担心的问题。

世界上还有不少人对中国的了解很有限。相当多的人没有来过中国，没有亲身感受过现代文明的中国，往往会有一些误解。例如，前两年我曾带学生去美国参加一个国际道德教育师生交流会，会间交流时某些国外教师和学生提出了令我们吃惊不已的问题："现在中国男人还留大长辫子吗？""中国农村妇女是不是还裹小脚？"这对我们来说是很可笑的问题，但这笑中带有苦涩的思索。

改革开放以来，中国人生活水平逐年提高，境外旅游也日渐频繁。大量富裕起来的中国游客，在出国观光旅游的同时，也把中国人的形象带到了世界各地。少数中国公民在境外旅游活动中行为不够文明，直接影响了中国人和中国的形象，也引起了海内外舆论的关注和批评。比如在国外形成了一些"标识"，只要看到随地吐痰，随手扔垃圾，公共场所大声喧哗、抽烟，飞机刚着地就纷纷解安全带、拿行李、打电话的往往是来自大陆的中国人，旅游休闲时西装革履的也是以中国人居多。在国外一些中国游客较多的地方，会有中文特别提示："请把杂物投在垃圾桶里"，"请不要随地吐痰"，"请便后冲厕"等，少数人的不良习惯给国人的形象带来严重的负面影响。

一项"奥运会留给人最深印象"的调查显示，长久留在人们心中的不只是开幕式，不只是运动场馆，不只是金牌数和奥运纪录，还有举办城市的"表情"和这个城市的人的风貌。对于城市文明和公民素质在奥运会中所起到的作用，奥运研究专家也认为，历届出色的奥运会，必定有令人称道的城市服务、城市文明和志愿者。城市文明和人的素质不仅决定奥运会的品质，也决定着国家的"表情"和形象。

在筹办奥运那些年，北京上下做了多种调研，想了解北京人文明素质状况到底如何，存在哪些问题。媒体曾列举了通过调查得出的北京人的12个小毛病：随地吐痰、随地扔杂物、"规则意识"淡、下车难、过马路心太切、出租车宰客、"京骂"、缺乏微笑、随便指路、没有说"对不起"的习惯、对老外比对外地人好、说话声气太粗等。

这些现象和问题令我们忧虑。2008奥运会时全世界的目光都会聚焦北京，如果届时北京人还有这样那样的不文明习惯，如何向世界传达中国悠久的文明传统，

展示礼仪之邦的中国形象？我们可以为奥运会投入巨资，在短时间内修建四通八达的城市道路，建起一座座具有世界先进水平的比赛场馆，我们也可以营造一届绿色的奥运、科技的奥运，但是，"人"这道景观如果塑造不好，就会使我们的2008北京奥运会在世界面前大煞风景。

可见，北京和北京人身负重任，不仅决定着奥运会运转和服务的品质，而且影响着北京奥运和中国人的形象。那些年，为了强化国家形象意识，切实提升公民文明素质，北京乃至全国上下在涉及奥运主题时都反复强调，"每一个北京人都是2008奥运的形象代表"，有的奥运礼仪讲座直接把题目定为"奥运成功从北京市民文明礼仪形象开始"。

应当说，北京奥运会兑现了"举办出色奥运"的承诺，也成功展示了中国实力以及中国人的文明形象，以成功和荣耀载入了奥运史册。2008年北京奥运会，给世人留下"奇迹"和"成功"的感叹，优质的体育场馆和城市基础设施是硬环境方面的原因，城市文明水平和公众文明素质的提升则是软环境方面的原因。

2. 北京奥运践行奥林匹克教育宗旨

奥林匹克精神完全可以被看作是发展社会文明和追求人类真善美理想的一个缩影。提升人类素质是奥林匹克运动丰富内涵中蕴涵着的极其重要的宗旨。

我们可以从三个层面解读奥林匹克精神的丰富内涵：其一是更快、更高、更强的自强精神。奥运会不是单纯为了体育竞技而竞技，其真正意图在于推广崇尚健康体魄和高尚德性的理念。顾拜旦在《体育颂》中就表达了这一点："你塑造的人体变得高尚还是卑鄙，要看它是被可耻的欲望引向堕落，还是由健康的力量悉心培育。"奥林匹克不仅要促进人的健康发展，而且要教育培养人的德性品质。

> "你塑造的人体变得高尚还是卑鄙，要看它是被可耻的欲望引向堕落，还是由健康的力量悉心培育。"奥林匹克不仅要促进人的健康发展，而且要教育培养人的德性品质。

其二是公平公正竞争的道德伦理。它期望建立一个没有任何歧视和压力的平等世界，强调在平等条件下所有人享有公平竞争的权利，并企求通过奥林匹克运动规则，培育起公平竞争、和谐共处的合乎人类真善美价值取向的世界秩序。《奥林匹克宪章》将其表述为"互相理解、友谊、团结和公平竞争"的精神。奥林匹克精神倡导人们以世界公民的胸怀，相互理解、尊重差异，求同存异，共创和谐世界。

其三是友爱和平的价值原则。它表达人类企望远离战争、建立和谐和平世界秩序的追求。顾拜旦在《体育颂》中这样赞颂奥林匹克运动："啊，体育，你就是和平，你在各民族间建立愉快的联系。你在有节制、有组织、有技艺的体力较量中产生，让全世界的青年学会相互尊重和学习，使不同民族特质成为高尚而和平竞赛的动力。"顾拜旦认为，奥林匹克精神应该完全独立于各种国际利益之上，不受任何来自政治、经济和其他社会因素的干扰，国际奥委会旨在成为超越各种国际纷争和利益因素的组织，其职责被规定为，用忠诚和公正保证奥林匹克理想和原则的实现；奥林匹克章程要求参与奥林匹克运动的所有人和国家，都要超越任何政治因素和经济利益因素。

奥运会的标志和仪式的设定，充分展现了奥林匹克运动追求真善美文明的精神内涵。奥林匹克旗帜以圣洁白色为背景，用五色五环作标志，不仅象征不同肤色、信仰、语言、价值等多元色彩的五大洲的团结，而且示意人们要以纯净之心对待奥运；而奥运会吉祥物，或友好或纯真，或可爱或善良，都旨在发送欢乐、友好、和平的信息，因此成为历届奥运会不可缺席的精灵伙伴。雅典人说，奥运圣火采集仪式中最高女祭司人选的确定，不据美貌而据气质和神态，是因为人们相信在采集圣火的那一刻，只有心态绝对高雅、宁静和圣洁的人才能采来真正的真善美火种；而圣火传递活动实际就是在全世界传播奥林匹克友好和平种子的一种方式。

在这次圣火采集仪式上，希腊奥委会主席基里亚库致辞说：我们怀着真挚的友情，将圣火交给中国，期待着圣火的全球传递，能将和平、友谊，人类彼此尊重的讯息和奥林匹克的理想传递到全世界，它所到之处都会让人产生敬仰和自豪之情，坚定人们追求完美理想和价值的信念。这段发自圣火采集地奥林匹亚的声音准确表达了圣火传递的意义和价值之所在。

现代奥运之父顾拜旦从创建奥林匹克运动起，就坚决反对把这一运动看成是纯粹的体育竞技运动。他明确指出："体育具有高度的教育价值，是人类追求完美的最重要的因素之一。"他提出，奥林匹克主义最实质的内容就是体育与文化教育的结合。他在《致各国青少年运动员书》中说："奥林匹克主义能建立一所培养情操高尚与心灵纯洁的学校，也是发展体育耐力和力量的学校，但这必须在进行强化身体练习的同时不断加强荣誉观念和运动员大公无私精神的条件下才能做到。未来属于你们青年。"他认为奥林匹克主义的基本功能就是社会教育，恢复现代奥运会的主要目的就是通过体育活动来教育广大青年。

奥林匹克运动还企求通过和平友好、公平竞争的体育规则，建立进取与和谐的世界秩序。《体育颂》这样赞颂奥林匹克运动："体育，你就是和平，你在各民族间建立愉快的联系。……让全世界的青年学会相互尊重和学习，使不同民族特质成为高尚而和平竞赛的动力。"在这个意义上，奥林匹克运动是世界人民通过体育盛会实践美好理想、传播和平理念、提高精神素质的最好的学校。它为世界各民族和各国家树立了一个公平对待、宽容学习、和平友好的样本。人们期望通过奥运盛会，体味并实践人类的真善美理念，把和平的火种传遍世界的每一个角落，让它化为一代又一代人的内心原则，最终把以自强、公正、和平为原则的价值理念，推广到其他各个领域。纵观历史，应该说，奥运会在推动世界和谐和平发展中起了非凡的作用。

北京在申办、筹办和举办奥运会的过程中很好地理解和把握了奥林匹克精神的精髓。北京奥运会确定的"有特色、高水平"的目标中，很重要的一点就是"大众参与"。2008北京奥运会，不仅是一届体育盛会，也是文化盛会，是国家实力和形象的展示会，北京在出色举办奥运会的同时，也促进了社会政治、经济、文化的全方位发展，提升了城市文明和公民文明水平。

二、发展：北京奥运对公民素养的提升

文明古国是中国的光辉履历，"有朋自远方来，不亦乐乎"是中国百姓的美好格言。"我家大门常打开"、"北京欢迎你"，唱出了北京人以及中国人的待客心情。中国疆域广大，人口众多，历史悠久，国力富强。但决定中国是否是一个真正的"大国"的，还有国民的素质、心态和国家的精神品格。中国智慧告诉我们，海纳百川，有容乃大。中国自古被称作"礼仪之邦"，五千年积淀下来的文明、智慧能否在现代中国得到展现，北京奥运是一个绝好的证实窗口。

1. 国民文明心态在成长

中国人民圆了百年奥运梦想，北京奥运在实践、弘扬奥林匹克精神方面作出了积极的努力和贡献。像以往许多届奥运会一样，北京奥运的理念、实践和成果在奥林匹克精神发展历程中留下了丰富的遗产。

中国人民在奥运筹办和举办的过程中，体验着参与奥运的快乐，也经历了一些风雨，中国人更成熟了。例如奥运会前夕，西方某些国家在境外圣火传递以及一些中国问题上，采取了不和谐、不友好、不客观的态度，很多人因此担心北京奥运会期间中国人会作出过激反应，但无论是城市服务还是赛场观众，中国人都表现出了东道主国家和人民应有的和平、友好与热情，反映了中国的自信、理性和宽容。

对于大国在国际社会中的地位和处境，对于各种我们不希望看到的现象、不习惯听到的声音，对于如何以一个开放、友善、包容的心态和世界对话，中国人都有了更深透的理解和自觉。

面对奥运及圣火传递的一些令人错愕和痛心的事情，中国人如何面对？是交流，还是对抗？不论发生了什么，中国政府和人民都能步步为营，有理有利有节地面对。随着奥运帷幕拉开，尘埃也渐渐落定，西方的见解和心态的悄然改变令人欣慰。中国人一如既往地带着自信真诚友好的微笑，张开了欢迎的双臂，迎接着八方来客。

中国百姓的大气大度令参加北京奥运的各国朋友感到温暖和敬重。大气大度不仅是一种对世事宽容涵纳的品格，也是一种理性的智慧和一种分寸掌握能力，更是一种自信心态的体现。有人误读了我们，有人甚至反对了我们，如何对待？儒家智慧主张"以直报怨"。以直报怨意味着我们不能简单地"以怨报怨"，也应该避免毫无尊严和原则的"以德报怨"。在有些场合，我们要据理力争，"该出手时就出手"；在有些场合，我们则应和善而宽容，以柔克刚，以静制动。我们既要让世界知道中国人的自强、自尊、勇气和力量，也要让世界看到中国人的开放、包容与对和平的爱好。用善意打消疑虑，用宽容冰释歧见，用开放、文明来证明中国！北京奥运表明，中国人做到了。

> 中国百姓的大气大度令参加北京奥运的各国朋友感到温暖和敬重。大气大度不仅是一种对世事宽容涵纳的品格，也是一种理性的智慧和一种分寸掌握能力，更是一种自信心态的体现。

我们在举办奥运时也在践行奥林匹克精神。奥林匹克精神强调奥运具有超越政治和国界的属性，强调"互相理解、友谊、团结和公平竞争"，它倡导人们以世界公民的胸怀，相互理解、求同存异，共创和谐世界。尽管不同国家、民族中存在着"文明的冲突",但我们期待各国化解敌意、扭转偏见。

奥林匹克运动会还具有超越一切现实冲突的要求。国际奥委会主席罗格的就任宣言中,在原有"更快、更高、更强"的格言基础上,提出了"更干净、更人性、更团结"的奥林匹克新格言。新格言旨在更多凸显奥林匹克运动会对利益纷争的超越,以及远离战争和政治的真善美理念诉求。它呼唤一切真正爱好和平、具有公正良知的人,共同创造和谐世界,推进和平发展。

人类文明发展至今,尽管国际政治利益、经济利益以及意识形态的冲突一直存在,尽管奥林匹克精神遭受玷污的现象时有发生,但奥林匹克运动为全世界传播、培育和平与公正理念而作出的努力成就卓著。奥运圣火代表着全人类的神圣和尊严,奥运是一个超越政治的体育盛会,这已经成为全世界一切爱好体育、热爱和平的人民的共识。

事实证明,2008北京奥运会是一届有特色、高水平的奥运会,同时,在展示中国形象、践行奥林匹克精神、推动世界公正秩序与和平发展方面也获得了很大的成功。

2. 公民文明行为习惯在养成

恐怕没有哪届奥运会能像第29届这样做到"全民热情参与"。媒体发布的一项对北京市民的调查显示,超过99%的受访者表示自己以各种形式参与了奥运。或做奥运志愿者,或收藏各种奥运纪念品,或观看火炬传递。70%以上的受访者表示"要尽量少开车,支持绿色奥运",接近95%的受访者表示要努力"提高自身素质,提升北京城市形象"。奥林匹克独有的魅力和中国人自古就有的民族心、爱国心,以及改革开放三十年培育出的百姓的自信心,使2008奥运成了名副其实的全民奥运。"我参与、我奉献、我快乐",是北京奥运会的口号和标语,更是170万志愿者和全体中国人参与奥运的心声。

> 恐怕没有哪届奥委会能像第29届这样做到"全民热情参与"。媒体发布的一项对北京市民的调查显示,超过99%的受访者表示自己以各种形式参与了奥运。

大众的广泛参与是奥运的生命力所在,随着奥林匹克精神、奥运精神的广泛普及,占世界人口五分之一的中国人民正在亲历和实践着"参与比取胜更重要"的理念。顾拜旦《奥林匹克理想》一书中表达的这种奥运原则正在推广到中国文化、生活等各个领域;北京奥运提出的"绿色奥运、科技奥运、人文奥运"理念,"同一个世界,同一个梦想"的口号,既体现了当今世界和谐发展的共识,又对奥林匹克精神作了新的诠释和丰富;奥林匹克所具有的沟通世界、尊重差异的功能,在北京奥运活动过程中逐步显现着,"让世界了解中国,让中国走向世界"的初衷

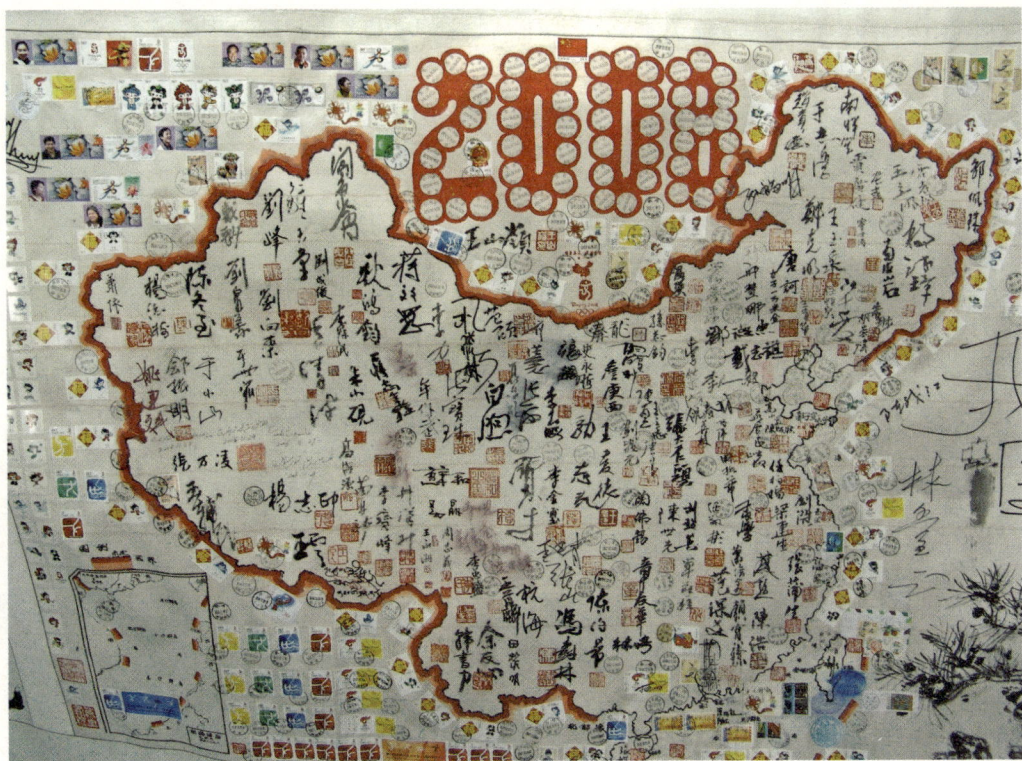

以更深层的方式实现着，奥运的教育功能更是在提升中国人民文明素质方面起到了重要作用。

2008奥运从很多方面向世人展现了中国人刷新了的文明风貌。从过去赛场的"京骂"顽疾，到奥运赛场上令人叹止的文明友爱的表现，北京市民以观众这个特定身份表现了文明素质的渐变提升。赛场上，观众的友好掌声和热情加油声，不仅为中国运动员，也为外国运动员；不仅为赢得胜利的运动员，也为失利的运动员。有些场馆场次，如8月10日晚的天津体育场，虽然没有中国队参赛，但数万名观众仍旧冒雨观看比赛，他们热情地为其他国家参赛球队加油，玩"人浪"助威。几乎所有的比赛场馆，观众离场时基本都自觉把门票根及饮料瓶等废弃杂物随身带走。

为克服赛场"京骂"顽疾，各方一直在寻求治疾良方，北京文明办在中央文明委倡导的"迎奥运、讲文明、树新风"活动中，专门启动了"赛场文明志愿行动"，倡导文明观赛、热情助威。中央文明办、教育部、北京奥组委和新闻媒体不仅着力打造"文明拉拉队"，甚至博采公众优秀创意，联合推出了赛场文明加油助威手势动作。

北京相关部门还联手在全市范围开展"文明引导行动"，通过拉拉队员的引领示范作用，营造文明观赛气氛，改变不文明观赛习惯。在文明引导行动中，电视、广播、报纸、网络等媒体被广泛调动起来，宣传观赛礼仪和竞赛规则，引导观众文明观赛、良性互动，营造热烈、祥和、文明的赛场氛围，展示文明和谐的北京奥运形象。

文明引导行动在社交礼仪、环境卫生、窗口服务、出行秩序等方面也发挥了良好的作用。为了改变公共场所和城市交通乱拥乱挤等不文明状况，培养北京人的规则意识和习惯，北京市相关组织还推出了一系列文明培育活动。据粗略统计，开展"迎奥运、讲文明、树新风"活动以来，北京市共有400多万人参与了各种文明行动的志愿服务，在各种公共场合开展示范引导工作。更多北京人则以实际行动投身文明奥运建设，数百万人参与了"排队日"、"让座日"、"绿色出行"、"全民健身"、"奥林匹克文化节"等各项活动。如近350万辆机动车车主身体力行积极支持北京交通限行和机动车单双号行驶。当2007年2月11日北京启动了第一个"排队推动日"时，10万多名文明乘车监督员和志愿者走上街头，引导人们自觉排队。北京市把每个月的11日定为"排队推动日"，这一活动大大增强了人们的排队意识，直至今天，我们仍旧能感受到市民

自觉排队的意识和风气。

在诸多文明推动活动中，必须要提到"微笑北京"的倡议活动。由于东方文化和东方人生活心态崇尚严谨含蓄，平时表情也比较严肃。汉城奥运会准备时期，韩国曾有针对性地开展了"全民微笑运动"。汉城奥运会上，韩国人的微笑给世人留下深刻而美好的印象。北京筹办奥运会的时候提出这样的口号："志愿者的微笑是北京最好的名片。"在"微笑北京"活动中，人们把这个口号演化为"北京人的微笑就是最好的奥运名片"，伴随着迎奥运"微笑圈"不断发放到人们手里，佩戴在更多人的腕上，北京人的笑容也越来越灿烂，中国人的真诚、善意、友好和热情写在了脸上。外媒报道评论中说，北京奥运会最能打动人的，"是中国人的微笑，是中国人的形象"。

筹办7年，也是北京城市发展和市民文明素质显著提升的7年。从2005年起，受首都文明办委托，中国人民大学人文奥运研究中心连续三年从公共卫生、公共秩序、公共交往、公共观赏、公共参与等五个方面进行文明状况调查，并连年向社会发布了"市民公共行为文明指数"。该指数2005年为65.21%，2006年为69.06%，2007年为73.38%，三年共提高8.17个百分点。经过多年准备多方努力，北京市民的文明素养有了明显的提升。

外媒在报道北京市礼仪教育成效时说，"北京市政府在广大公众中发起了迎奥运讲文明的运动，旨在根除那些让毫无准备的来访者惊讶的陋习"，"北京奥运会将展示给各国来宾一个有文明教养、亲切的、微笑的城市表情，尽管目前没人知道奥运会以后会怎么样"。事实上，北京奥运的文明礼仪教育已经落地生长，它已经成为奥运遗产中重要的一部分内容。当然，要让它在奥运之后更广泛更持久地生根开花结果，还需要全社会上下继续努力。

三、经验：从奥运走向未来

北京奥运筹办过程中，在北京公民文明素质和城市文明风气方面，取得了明显成效，其中有许多经验和做法，值得后奥运时期继续推广运用。

1. 全方位推动城市文明建设工程

一是国家和北京市政府采取了有力措施。中央和北京市不仅在城市基础设施、市容改造方面给予财政支持，还从一开始就重点支持精神文明建设。中宣部、中央文明办、北京市政府和北京奥组委等部门，在紧密沟通的基础上，联合开展了"迎奥运、讲文明、树新风"活动。结合交通出行、人际交往等方面，具体部署了全市的文明建设工程。

二是围绕"礼仪北京，人文奥运"，营造浓厚的舆论氛围。在确定"礼仪北京，人文奥运"的主题后，北京市卓有成效地开展了文明礼仪宣传教育活动和实践工程。全市各类媒体积极联动，先后推出了生活礼仪、社会礼仪、赛场礼仪、职业礼仪、校园礼仪、涉外礼仪等六个方面的主题宣传，充分利用立体、平面、视觉、听觉等手段，做到每两月集中开展一个方面的宣传，重点解决突出的城市和市民文明问题。为了放大文明礼仪的宣传效果，有关方面还发布了诸如"我参与、我奉献、我快乐"、"微笑北京"、"文明中国"等朗朗上口的口号。此外，为营造文明气氛，北京还非常注重发挥大大小小"讲师团"的作用，各种奥运和礼仪知识讲座在全市遍地开花。观念引导，舆论先行，是一个重要的基本经验。

三是通过各种主题活动带动城市文明风气。如"排队推动日"、"让座日"、"与奥运同行健身活动"、"文明出行行动"、"文明观赛行动"、"旅游文明行动计划"、"美德在农家"、"志愿者队伍建设工程"、"文明拉拉队建设工程"、"市民素质提升工程"等，不断丰富着"迎、讲、树"活动。这些主题活动，有的以学习和鼓励为主，有的则以规范约束乃至惩罚为形式，都是力图通过公共活动实现对市民言行的影响和约束。应该说，各种主题活动起到了营造文明氛围的作用，也让"大大咧咧"的北京市民开始意识到文明和自律的重要性。

四是注重吸引公众的积极广泛参与。无论是奥运吉祥物、奥运徽章、奥运口号、主题歌，还是征选志愿者等活动，都非常注重吸引公众参与。这一方面可以延揽人才、集纳公众智慧，同时也是一种便利的大众自我教育方式。在参与过程中，普通市民感受到了奥运与自己的关系，从而会更加主动地关心奥运、奉献奥运，并更加自觉自律地做文明中国人。

此外，北京还注重通过市民广泛参与的测试性活动，让每一位市民都能从中感受到自己文明行为的社会价值和效应。在"好运北京"系列测试赛中，北京市民感受到了"天蓝路顺人心畅"，也测出了"我参与、我奉献、我快乐"的心态。测试期间，机动车实行单双号出行制，这意味有 200 多万人要乘坐公交、地铁出行。虽然给许多人带来不便，但市民普遍表示理解和赞同，在拥挤时段和路段中，市民也显示出了比以往更多的秩序和礼让。

五是通过"志愿者行动"带动全社会的文明奉献精神。志愿者是北京奥运会成功的重要因素。志愿者的微笑和优质服务作为北京最好的名片，把中国的友善形象传递给了全世界。志愿者行动还是一种有效的培训方式和精神文明推广方式，百余万志愿者自身素质得到了锻炼和提高，其中"80 后"、"90 后"更是经历了一场重要的文明"成人礼"。更重要的是，志愿者还能通过提供服务把文明友善的精神传递给身边的人。他们就像一个波纹中心的动力源，使文明一圈圈地在社会中荡漾传播开来。

六是各项工作力抓细节。在"迎、讲、树"工作中，北京把目光聚焦在不排队、乱穿马路、随地吐痰、乱丢垃圾、乱穿衣、"京骂"、手机铃声、厕所文明等细节问题上。赛事筹备过程中，在赛事组织和服务、场馆系统稳定性、信息通报流程、突发事件处理等方面，有关方面又作了专门研究、培训和演练。此外，加强城市公共环境整治，依法纠正乱搭乱建、乱摆乱卖等顽症，实施清洁城乡工程，实施绿化美化工程，也是北京力抓的细节。

2. 开发社区文明培育平台

在北京市的文明建设工程中，社区组织发挥了重要作用。总结和研究社区对居民文明素质的培育方式和功能，是后奥运时期社会建设应该关注的一个问题。

调研发现，市民文明素质的"重灾区"表现在公共文明领域。究竟是什么造成人们文明或不文明的素质习惯？是他们的日常生活！具有文明的生活方式和行为习惯的人，在公共领域和职业领域会自然地表现出文明习惯，而在日常生活中养成不文明行为习惯的人，在公共领域和职业领域也往往会表现出相应的不文明行为。所以，解决公共领域的文明失范问题，必须找到根源所在——日常生活的文明素质培育！而人们的日常生活主要是在社区当中，在这个意义上，社区是培育人们文明生活方式的基本场所。

在奥运文明建设中，许多城市从社区着手，通过有效的社区管理和文明生活方式引导、建设，使居民在社区的日常生活中不知不觉地接受并养成文明生活方式，改变、远离不文明行为习惯，在培育市民文明素质方面取得很好的效果。

文明生活方式，不仅是个人文明素质的培育母体，也是市民公德素质、职业素质的酵母和元点。职业单位对人们生活方式及行为习惯虽有一定影响，但主要在职业方面，而人们心理习惯和行为方式形成并定型，主要是在社区的日常生活中。社区的文明程度及其管理水平，在很大程度上塑造着人们的文明水平和行为方式，文明社区是培育人们文明生活方式的摇篮。

社区必须承担起塑造居民文明生活方式的责任。社区通过制度建设和生活管理，直接或间接地改造居民的不文明生活方式，如不讲卫生，乱堆放杂物，不遵守社区规则，与邻里不能友好相处，缺乏他人意识，缺乏奉献精神等等，引导居民接受并追求健康文明的生活方式。

一些样板社区提供了培育居民文明生活方式和行为习惯的成功范例。在北京文明社区里举办晚会，近千人观看散场后没留下一点果皮纸屑。居民们具有强烈的规则意识，言行文明，从拄杖老人到学步孩童，人人注意保护环境卫生。邻里之间关系和谐，充满关爱，生活方式文明健康。许多社区开展"公共文明志愿者"活动，志愿者佩戴写着"文明监督员"、"奥运环境建设志愿者"字样的袖标，利用业余时间在社区里巡逻，制止那些乱扔杂物、随地吐痰等不文明行为，还为遇到困难的人随时提供帮助。这样的社区"亚文化"环境一旦形成，就会成为一个熏染文明、习惯文明生活方式的大学校。

文明的社区生活氛围能够给人们以文明的引导和暗示，而身处不够文明、不守秩序的社区生活方式中的居民，也会受到不良行为的传染，形成一种不文明生活环境。美国政治学家威尔逊和犯罪学家凯林曾提出有名的"破窗理论"：如果有人打坏一栋建筑的一块玻璃，又没有及时修好，别人就可能受到某些暗示性的纵容，去打碎更多的玻璃。

"破窗理论"体现的是一种社会生活和文明教育中不良环境的消极暗示作用，它从反面说明营造文明的生活环境对于市民文明素质养成的必要性，而社区正是这种生活环境最好的承载之处。奥运社区建设在这方面给了我们重要的启示。

3. 启用公众明星文明教育资源

奥运期间，众多明星积极加入奥运志愿者行列，一些明星甚至携家上阵，成为奥运人文景观中一道亮丽的风景。朱时茂父子在"水立方"前提供志愿服务，他们自费印制了奥林匹克公园及周边地图，免费发放到游客手中，以便为不熟悉周边环境的游客提供准确的服务。周华健父子，王姬母女，也都是一起上岗一起为奥运做奉献。还有濮存昕、林依轮、吕继宏、朱军、李宇春、撒贝宁、谭晶、何炅、叶蓓等等，都积极参与了奥运志愿活动。用明星们自己的话说，是"用实际行动为奥运加油，为中国加油"！他们不仅直接为奥运做了工作，而且在营造奉献奥运的社会氛围、影响公众志愿行为中，也起到了很好的作用。

"公众明星"泛指具有社会影响力或知名度，并与社会公共利益密切相关的人物，也可称作"公众人物"。公众人物的言行对社会有着不同于一般民众的影响力。公众人物在社会文明教育中有非常重要的影响力，他们不仅仅是时尚和物质生活方式的代表，还应该是文明形象的代表和道德的榜样。他们的良好品质和正面形象会成为公众的榜样，引起公众尤其是追星族对文明素质的关注，而他们的不良言行也会产生不好的社会影响。

公众通过欣赏明星出演的各类节目，在认可明星的专业表现和个人形象基础之上，会产生对明星的情感认同。而对明星的认同感尤其是崇拜情感会产生"晕轮效应"，即因为喜爱某明星从而认同、模仿他身上所具有的行为特征和生活方式。由于明星在占有社会公共资源方面有得天独厚的名人效应，他们拥有独特的话语权和形象展示机会，借由公共媒体资源平台，自觉不自觉地影响着受众。培养公众明星中的文明形象榜样，可以在社会文明建设和公众文明素质引领中发挥积极作用。

> 北京奥运所积累的公民素质提升经验主要包括：全方位推动城市文明建设工程；开发社区文明培育平台；启用公众明星文明教育资源；以管促教，在管理中提高市民文明素质。

许多有社会责任感的明星活跃在社会公益事业当中，也有些明星不得体地凌驾于大众之上，甚至随心所欲地挥霍运用社会公共资源，忘记了作为公众人物的特殊使命和社会责任感。那些参与公益活动、志愿服务社会的明星们，往往出于自身道德良知和文明涵养，比较多的是一种自发的行为，如果社会以及有关政府部门对明星的公共生活进行必要引导、约束或激励，可以使更多的明星加入到公益事业中来，使明星的正面教育引导作用得到更有效的发挥。

公众明星作为一个社会群体的同时，往往也隶属于某个具体的利益主体机构，完全依靠公众明星自觉履行社会责任显然是不现实的，明星的所属机构也应该采取相应的管理手段。社会相关系统和部门还应建立奖励和激励机制，对明星的积极社会价值作出肯定评价，帮助他们树立良好的社会品牌形象，促使"明星效应"向积极的方向发展，对广大公众产生健康、文明的良好影响。

明星承担社会责任引导机制的建立，将会推动明星更加自觉主动地承担社会责任，并注意自身各方面形象的展示。人们在关注明星承担社会责任或参与公益活动的同时，也会感受到明星优秀的文明素质的传递，在榜样的感召下，大众尤其是青少年追星一族也会不知不觉地接受良好的影响，其中也包括不断提高自身文明素质这个方面。

除演艺明星之外，政治公众人物即政治明星也应该参与进来。如果在后奥运时期，更多的公众人物能够在文明形象上做好榜样，相信会对社会大众发挥不可估量的影响和教育作用。

4. 以管促教，在管理中提高市民文明素质

社会管理在奥运期间的运用十分普遍甚至较以往更加严格。社会管理在保障北京奥运秩序的同时，也在塑造和培养公众的文明素质和习惯。

管理对于公民规则意识、文明习惯的养成有着至关重要的规导作用。通过管理树立规则意识，培养具有自律、礼让精神的文明公民，最终将"他律"的规则内化为"自律"的习惯、内化为人的文明素质。通过具体的管理，建立一个有力的社会制约监督环境，使每个市民切身感受到遵守规则于己于人有利，不遵守规则得不偿失，从而在日常管理的潜移默化中养成遵守规则和文明行为的习惯，最终培养出文明意识、文明心态，做一个自觉遵守社会规则和有文明素质的公民。

通过管理塑造国民素质，是奥运期间收效明显的做法，其实也是许多国家已经积累见效的经验。严厉的责罚措施可以快速消除人们的违规行为，人们出于对自身利益的重视，往往惧怕违规带来的严厉惩罚，从而谨慎行事，遵守规则。责罚还能够发挥有效的威慑作用，在预防违规方面取得显著效果。以乘车自觉购票为例，在德国的公交车里醒目张贴着告示，写明逃票行为将会被罚款 30 欧元（这是最低票价的几十倍），且还产生不良记录。权衡利弊，大家觉得还是自觉购票为好。新加坡有关处罚也相当严厉，如随地吐痰、乱停车、乱丢垃圾最高可罚款 1 000 新元，入公厕不冲水，初犯罚 150 新元，再犯罚 500 新元……种种高额罚款

使人们轻易不敢以身试法，此外还有鞭刑等其他严厉责罚形式。严厉的处罚使许多人不敢铤而走险，有人因此称新加坡是"罚出来的文明"。

严格管理的前提必须是有章可循，有法可依。管理规则只有细化明确，才能为人们提供切实可行的规导，使人们知道如何具体遵守实行。在日本，有细致明确的垃圾分类管理规则，久而久之，垃圾分类并定时定点投扔已是每个市民的基本常识和习惯。"花园城市"新加坡，也得益于小区严格完善的规章管理。社区每户居民都有的《居住守则》，涉及日常生活、娱乐健身设施的使用、停车管理以及公共设施维修等多个方面，详细规定住户在小区内可以进行的活动以及被严格禁止的行为。一旦有人违反了规定，保安人员会及时制止，物业管理处也会向各家发出书面通知提醒，如果违规者无视警告，没有在限定时间内纠正错误或者给他人造成损失，那么除了要赔偿，还有可能"吃官司"。

规则制定出来后，能否取得预期效果，很大程度上取决于管理者管理理念和能力的高低。管理者是规则权威的维护者和树立者，也是管理能否取得成效的决定性要素。许多国家严格的管理之所以能得到落实，很大程度上是由于拥有一批严明责罚的管理者。只有管理者确立起"规则权威不可侵犯"的刚性意识，严格执行管理规则，同时注意对违反者纠正提醒，才能起到以罚止犯、以罚促改的效果。

再严格的管理，也会百密一疏，发挥社会监督力量，可以建立一个更大更长期的约束空间，从而更有效防止不文明行为的产生，引导人们提高文明素质。比如，建立公民遵守规则记录，作为社会、他人进行评价的一种依据，这种监督效应将会有效地使个人放弃贪图一时小利而违反规则的选择。这项制度在欧美一些国家已有 150 多年历史，记录材料在人员招聘、发放贷款、注册公司、市场交易时都要被调阅参考，不良记录者经常为此付出沉重代价，因此这些国家的公民自然将这种记录视为自己的第二生命，它对个人行为的约束和规范就是长期有效的。这种约束作用，久而久之会变成自律意识根植于每个人心中，公民文明素质也会随之养成。

养成文明素质，仅凭说教式教育还不够，必须将管理纳入教育中去，形成"管理式教育"。以青少年教育为例，许多国家历来重视对学生的礼仪规范教育，帮助孩子从小养成文明习惯，注重道德礼仪。一些国家的学校有内容繁多的校纪校规，如日本学校对学生零用钱数额有统一规定，外出活动中比赛谁的零用钱花得最好，是为抹消学生中家庭的不平等，从而养成平等相处的心态和习惯。韩国学校除了课堂讲授礼仪知识外，在各种实践活动中也列入各种仪式礼节实习，注重在日常生活中进行潜移默化的教育，使学生耳濡目染，养成习惯。

北京奥运筹办和举办过程中的经验也告诉我们，公众文明素质的养成离不开严明有效的管理。只有在管理与教育的结合中，规导塑造市民规则意识和文明行为习惯，把外在文明要求内化为人们的心态习惯，才可能更有效地培养出具有良好文明素质的公民。

奥运期间的公民素质培养收效明显，我们需要把这些做法总结提升，推广运用，让社会文明风气和公众文明素质继续成长。无论在奥林匹克宗旨意义上，还是中国和谐文明的发展意义上，后奥运时期我们都必须继续大力培育公民文明素质。提高北京城市文明和公民文明素质绝非奥运形象一时之需，发挥奥林匹克运动的教育功能，培育公民文明素质是中国社会发展中的长期任务。

奥运结束了，公民素质能否持续不断地提升？"排队日"、"让座日"、"志愿活动"、"微笑北京"所蕴涵的社会风气能否继续发扬光大？国内外许多专家在探讨"后奥运经济"时认为"低谷效应"不是必然规律，一切因国情和国家的努力程度而异，在社会精神、风气和国民素质等软环境方面的建设，更是取决于我们的作为。奥运期间我们收获、积累了很多文明培育的经验，这笔重要的无形遗产值得我们精心守护和弘扬。

第八章

志愿永恒

有一群可爱的人，在 2008 年夏天，用北京奥运的圣火点燃了火热的青春。他们是如此平凡，在胡同、地铁、街道、场馆等地为人们指路，奉上一脸微笑；他们是如此伟大，如同精卫鸟，晨来暮去，衔微木以填沧海，用自己的尊严和奉献方式，共同托举着奥运构筑起的人类共同体。他们，是北京奥运志愿者。

泰戈尔曾说："花朵以芬芳熏香了空气，但它最终的任务，是把自己献给你。"那些无私帮助他人、服务奥运的志愿者们，正如泰戈尔所说，他们的生命就像花朵一样，奉献自己，熏香别人。

如果我们把每个志愿者看成一个点，再将一个个焕发着珍珠般光彩的志愿故事看成一条条线，由点到线，由线到面，我们就会看到一幅流光溢彩的志愿画卷。画卷描绘了志愿者的卓越表现，昭显了一代人对志愿精神的光大。盛会虽已落幕，画卷永不褪色。

一、为有源头活水来

"志愿"一词在《辞海》中的解释有二①：一者"志向、意愿"，如王羲之在《与谢万书》中说到"老夫志愿，尽于此也"；二者"出于自愿"——"志"，心之所往，"愿"，情之所愿。"志愿"本意上是指有志向性的自愿行为，它包含两层含义：一是个人实现某种价值的意愿，二是自发的行为、行动。②

"志愿"在具体的行为中化身为"志愿精神"，为志愿者所践行。"志愿者"指的是在不为任何物质报酬的情况下，为改进社会而提供服务、贡献个人的时间及精神的人。志愿精神作为一种意愿、精神，是意识形态的产物，它存在于人类自然心性之中，有其深刻的发展渊源，也有依势所变的精神内涵。

> 志愿精神作为一种意愿、精神，是意识形态的产物，它存在于人类自然心性之中，有其深刻的发展渊源，也有依势所变的精神内涵。

1. 中国志愿服务的思想渊源与发展

中国伦理思想历史悠久，内容丰富，独具特色，在人类文化史上占有重要的地位。中国传统文化中也蕴涵着丰富的志愿服务伦理思想。志愿服务的核心理念是"仁爱"，这种爱深深植根于中国传统文化的慈善思想中。

在中国传统文化中，影响较大的儒、墨、道、佛思想中的仁爱、互助、奉献、慈善等精神，为志愿服务的发展奠定了深厚的思想基础。志愿服务倡导的"奉献、友爱、互助、进步"的志愿精神与中华民族扶贫济困、助人为乐的传统美德具有天然的契合点和内在一致性。③

以儒家为主要代表的中国文化自有独特之处，体现为仁爱思想、民本思想和大同思想。④首先是仁爱思想。"仁"是孔子的终极关怀，其对"仁"的基本规定是"爱人"。孟子继承并发展了孔子的仁爱思想，如他说"老吾老以及人之老，幼吾幼以及人之幼"。他认为人天生是善的，恻隐之心是形成人之"仁"的善端。儒家的仁爱精神可以视为中国传统志愿

> 儒家的仁爱精神可以视为中国传统志愿服务伦理思想的价值之源。

---

① 《辞海》，649页，上海，上海辞书出版社，1999。
② 参见赵爱玲：《论新时期弘扬志愿服务精神与精神文明建设》，见《科学发展：社会秩序与价值建构——纪念改革开放30年论文集》，上卷，北京，北京师范大学出版社，2008。
③ 参见陈月兰：《志愿服务的思想渊源》，载《科技信息》，2008（13）。
④ 参见舟渡、周慧敏：《志愿服务的模式与思考》，载《西部广播电视·读城》，2008（6）。

服务伦理思想的价值之源。其次是民本思想。"民为贵，社稷次之，君为轻"。荀子提出："君者，舟也；庶人者，水也。水则载舟，水则覆舟。"再次是大同思想。《论语·季氏》："闻有国有家者，不患寡而患不均，不患贫而患不安。"在孔子看来，一个安定和谐的社会，财物分配平均是最重要的，物同一体，无贫富差别，人人和睦相处才是理想社会。宋朝以后的儒家进一步丰富了儒家传统的慈善救助思想，提出"以爱己之心爱人则尽仁"。

佛教的慈悲观表达了佛教对人生的深切关怀，对广大人民的同情和怜悯，体现了佛教解除众生疾苦的宽广胸怀和利社会、利他人的自我牺牲精神，更是当今志愿服务的重要文化土壤。以佛教为主流的中国传统宗教中，也流传着许多带有志愿者行为的善举："广结善缘"、"普济"、"布施"等，并强调"以慈悲为怀"、"善有善报"。佛教信徒的"施粥"等布施行为成为当时社会公益慈善事业的主要形式，这是特定条件下的"志愿行为"。

墨子的兼爱思想与当今倡导的志愿精神是一致的。而在道教的修行过程中也蕴涵着志愿服务的伦理思想。道教认为人要想成仙，必须行善积德，把"行善"作为修道成仙的必要条件，而且行善的多少与成仙的等级有直接的关系。

总的来说，儒、墨、道、佛思想在中国传统文化的发展中相互作用、相互渗透。虽然它们各自有不同的理论形态和价值观念，但与当代志愿精神是一致的。

到了近代，传统慈善事业开始向活动内容更为宽泛的近代社会公益事业转化。近现代的慈善活动在继承以"仁"为核心的古代慈善观念基础上，把民族复兴的崇高目标融入其中。这样既继承了传统的慈善观念，又适应了社会发展，整合了西方先进的慈善意识，也为"奉献、友爱、互助、进步"志愿精神的形成积淀了深厚的思想基础。

新中国成立后，影响最大的志愿服务活动是学雷锋活动。雷锋精神和志愿精神在实质上基本是一致的——服务社会、服务大众、服务他人。20 世纪 90 年代，组织化的志愿服务活动在中国出现了。青年志愿者和社区志愿者成为两支最为活跃的志愿者队伍。进入 21 世纪，志愿服务的价值日益得到认同，特别是在 2008 年，因为志愿者在护送火炬传递、抗震救灾以及奥运会志愿服务中表现出来的责任担当意识和奉献精神，有学者把这一年称为中国志愿服务的"蝶变"元年。

2. 西方志愿服务的思想渊源及发展

西方志愿服务思想直接源于宗教性的慈善服务，主要是以慈善、仁爱和利他主义为核心。慈善行为自古以来就被誉为人类最高境界的伦理美德。亚里士多德曾指出："一切技术，一切

> 西方志愿服务思想直接源于宗教性的慈善服务，主要是以慈善、仁爱和利他主义为核心。

规划以及一切实践和选择，都是以某种善为目标。"① 在亚里士多德的 "幸福是合于德性的现实活动" 的命题中，落脚点是 "现实活动"。亚里士多德认为要发挥德性的力量达至幸福，关键在于 "现实活动"，在于实践。他说，"幸福在于善行"，"实践（'有为'）就是幸福"。"在实践的事务中，目的并不在于对每一课题的理论和知识，更重要的是对它们的实践。对德性只知道是不够的，还要力求应用或者以某种办法使我们变得善良。"② 亚里士多德认为，人类的一切实践活动都以善为目的。推而广之，万物都是向善的。

古希腊罗马时代最著名的慈善理论家西塞罗曾深刻地分析过捐赠传统。他说："好心为迷路者带路的人，就像用自己的火把点燃他人的火把，他的火把不会因为点燃了朋友的火把而变得昏暗。"西塞罗把个人的善行与个人的道德责任联系在一起，认为慷慨行善是个人道德责任的构成要素。③

中世纪，政教合一的体制让教会在从事慈善事业方面起了很大的作用。这个时期教会兴办公益事业和慈善事业的动员能力是相当强大的。它从 "爱人如己" 理想中得到信念和义务感，一直是国外慈善事业的精神支柱。

17 世纪末 18 世纪初，在英国出现了以仁爱、同情、怜悯、慈善等利他精神为特征的情感主义，情感主义伦理学强调作为人性本质的道德情感，把理性之上的仁爱情感同增进人们的利益和大多数人的幸福联系起来。情感主义伦理学派的代表人物如沙夫茨贝利、哈奇森、休谟和亚当·斯密等认为，人性中天生有仁爱、同情、怜悯等情感，这些都是志愿精神和行为产生的根源。④

可见，西方志愿服务伦理思想是从亚里士多德主义发展而来，它以基督教公益思想为核心，以对神性的规定来论证扶危救困、爱的必然性和普遍性，从而对人性提出仁爱、同情等要求来论证服务他人的必要性和有用性。

回顾西方志愿服务的历史，由于其宗教影响，志愿服务首先是由教会推动起来的。宗教信仰中规定教徒有责任救助贫民、保护孤儿、照顾寡妇、帮助老弱病残等，只有这样信仰者才能在死后避免天谴使灵魂得救。1869 年英国慈善组织会社（the Charity Organization Society, COS）在伦敦成立；1877 年美国慈善组织会成立⑤，因反抗宗教迫害从欧洲来到北美大陆的移民们，为了克服面临的困难，相互之间互相帮助，逐渐养成了志愿帮助别人的群体精神，这种精神作为美国人民的美德而保存下来，一大批怀有慈善之心的各阶层人士成为最早的志愿服务人员。⑥ 兴起于英美等国的慈善组织会社与社区睦邻运动（发起于英国，在美国得到

---

① ② ［古希腊］亚里士多德：《尼各马科伦理学》，北京，中国社会科学出版社，1990。
③ 参见陈月兰：《志愿服务的思想渊源》，载《科技信息》，2008 (13)。
④ 参见 ［英］亚当·斯密：《道德情操论》，北京，北京出版社，2008。
⑤ 参见吴中宇：《国外社会工作发展历程及其启示》，载《中国社会导刊》，2007 (12)。
⑥ 参见张敏杰：《欧美志愿服务工作考察》（上），载《青年研究》，1997 (5)。

广泛的发展）共同促进了志愿服务的形成。①

第二次世界大战以后，西方国家的志愿服务工作扩大成为一种广泛性的社会服务工作，并逐渐向规范化和专业化发展。

当前，西方志愿服务活动开展得十分活跃。志愿服务以其突出的社会效益受到越来越多的重视。很多国家的志愿服务活动拥有广泛的群众基础和良好的社会声誉。志愿服务活动已经成为这些国家加强对公民的道德教育和维护社会稳定的有效形式，志愿服务活动几乎家喻户晓，内化为人们普遍认同和接受的行为规范和生活态度。

3. 奥林匹克主义与奥运会志愿服务

奥运会志愿服务的兴起缘于奥林匹克主义与志愿精神的高度契合。奥林匹克主义是《奥林匹克宪章》基本原则的理论基础，是奥林匹克精神的核心。它是由现代奥林匹克运动的奠基人顾拜旦最早提出的。《奥林匹克宪章》指出，奥林匹克主义是将身、心和精神方面的各种品质均衡地结合起来并使之得到提高的一种人生哲学。它将体育运动与文化和教育融为一体，奥林匹克主义所要开创的人生道路是以奋斗中所体验到的乐趣、优秀榜样的教育价值和对一般伦理基本原则的尊敬为基础的。

> 奥林匹克主义是将身、心和精神方面的各种品质均衡地结合起来并使之得到提高的一种人生哲学。奥林匹克主义与志愿精神的高度契合产生了奥运会志愿服务。

无论在理论上还是在实践中，奥林匹克主义与志愿精神都具有极强的契合性。首先，奥林匹克运动的宗旨与志愿精神是相通的，二者都强调了友爱、友谊、团结、互助等价值对于建设美好社会的重要意义。其次，奥林匹克主义提倡把体育运动与文化和教育融合起来，"创造一种以奋斗为乐，发挥良好榜样的教育作用并尊重基本公德、原则为基础的生活方式"。而志愿精神是利他、友爱、互助等社会公德原则的一种体现，也强调助人乐己。在实践中，奥运志愿服务也正是把体育运动与文化和教育相结合的典范。最后，奥林匹克主义主张通过增强体质、磨炼意志和培养高尚情操，使人得到身、心和精神方面的全面发展，它不仅发挥对人的体育作用，也注重发挥其德育功能。同样，志愿精神也是主张通过志愿服务陶冶志愿者的道德情操，实现志愿者身、心和精神方面全面发展的一种生活哲学。

奥林匹克主义与志愿精神的高度契合产生了奥运会志愿服务。自1896年至今，

---

① 参见吴中宇：《国外社会工作发展历程及其启示》，载《中国社会导刊》，2007（12）。

奥运会志愿服务已经有了 100 多年的历史。早在第一届现代奥运会举行时就出现了
900 多名志愿者。那时，奥运会的规模还很小，人们对奥运会这一国际性的综合运
动会并未完全认识，家庭纽带和朋友关系对奥运会的成功举办起着基础性的作用。
1980 年，萨马兰奇担任国际奥委会主席后，奥运会进入了关键的发展期，奥运会
志愿服务也进入了历史转折期。1980 年普莱西德湖冬奥会是奥运会志愿服务历史
发展中的重要转折点，其建立起的志愿者模式在以后的奥运会上得到传承。在
1992 年巴塞罗那奥运会上，奥运会志愿者这个概念第一次被清晰地界定出来："奥
运会志愿者是在举办奥运会过程中，以自己个人的无私参与，尽其所能，通力合
作，完成交给自己的任务，而不接受报酬或索取其他任何回报的人。"这无疑明确
了志愿者在奥运会组委会中不可或缺的地位。随着奥运会规模的扩大、影响的扩
展，志愿者的作用愈加彰显。1996 年亚特兰大奥运会、2000 年悉尼奥运会、2004
年雅典奥运会的成功举办，无不凝聚着志愿者的心血和汗水。

二、青鸟殷勤为探看

犹如夜空急驰的流星，奥运圣火划过百年时空长河，在亘古绵延的万里长城
翩跹而至。早有期待的相逢变成了世纪之约，星空下的古国缔造着 2008 奥运梦。
有着光荣传统的北京志愿者与来自海内外的志愿者携手，用一腔热诚点燃了 2008
年盛夏的北京。

奥运会、残奥会期间，170万志愿者在赛会、城市、社会、拉拉队等领域的众多岗位上提供了热情、周到、细致的志愿服务，累计服务时间超过2亿小时。他们宛若诗中青鸟，殷勤导引，舞之蹈之。

1. 志愿精神·心手相传

志愿精神的内涵因人、因地、因时而异，不同国家的人对志愿服务精神的内涵有不同的理解。志愿服务精神往往根植于不同国家的历史和传统，有着明显的文化内涵和地域特征，且随着社会的不断发展和变迁而与时俱进。

联合国前秘书长科菲·安南在"2001国际志愿者年"启动仪式上的讲话中曾对志愿精神的内涵作了精辟的概括，他说"志愿精神的核心是服务、团结的理想和共同使这个世界变得更加美好的信念"，这深刻揭示了志愿服务精神的本质——服务。志愿服务实质上是一种志愿者发自内心的真情服务和无偿付出，是一种基于博爱精神、对他人和社会的无偿服务与帮助；它不是一种施舍和恩赐，不是临时性的服务，也不是停留在政府号召或行政动员层面上的服务，而是一种融入我们百姓日常生活的无偿的、自觉自愿的、长期的服务。

奥运会是一次世界性的运动盛会，每当奥运会举行的时候，全世界的目光都会集中于此。奥运会为志愿者提供了令人瞩目的平台，通过奥运会，志愿者的形象得到了提升，志愿者的行为得到了广泛的社会认可。此时也正是一次传播志愿精神的最佳机会。

> 奥运会为志愿者提供了令人瞩目的平台，通过奥运会，志愿者的形象得到了提升，志愿者的行为得到了广泛的社会认可。此时也正是一次传播志愿精神的最佳机会。

我们还记得在北京奥运会志愿者誓师大会上，志愿者庄严举起右手，"我愿意成为一名光荣的志愿者。我承诺：尽己所能，不计报酬，帮助他人，服务社会……"铿锵的誓词道出了志愿者们无私奉献的精神追求。

无论是在奥运会举办的前期还是在奥运会举办的过程之中，百万名志愿者通过奉献自我，展示自我，用自身的行动示范着志愿精神，让更多的人开始走近志愿者，了解志愿精神。这样的例子不胜枚举。

张广松是在埃及留学的一名回族学生。由于精通阿拉伯语，张广松成为"好运北京"测试赛多语种呼叫中心的一名志愿者。测试赛结束后，他返回了开罗，但仍然通过互联网帮助志愿者工作小组完成多语种呼叫中心工作手册的编写和翻译。在奥运会举办期间，正值暑假的张广松又回国加入了朝阳区城市志愿者多语种呼叫中心的"海归阵营"，并凭借丰富的服务经验，成为一名骨干。张广松说，自己有义务为奥运会贡献自己的微薄之力。他还说，出国以后他更懂得爱国，总是希望能够为祖国多做点事。在他的鼓励下，三个一起在埃及留学的同学都加入到志愿者队伍。正是像张广松这样的志愿者对志愿精神的完美诠释，才使得奥运志愿者的队伍越来越庞大。[①]

在盛大的北京奥运会闭幕式上，12名志愿者代表接受了3名新当选的国际奥委会运动员委员会委员代表的献花。这个简单的程序在奥运会历史上是首次，表明了国际奥委会对北京志愿者的极大认可。12名代表中的曹冬梅来自地铁公司团委，是一名社会志愿者。她说，用"激动、兴奋、自豪"这些词来形容走上"鸟巢"舞台的感觉一点都不为过。闭幕式结束后，曹冬梅捧着"红红火火"的花束，直接回到了她所服务的地铁10号线北土城站点，把献花献给了还在工作岗位上服务的志愿者同伴们。在整个奥运会期间，北京123个地铁站点上，共有2万多名志愿者提供服务。地铁10号线北土城站因为处于奥运场馆区域，转接奥运支线，承担的任务最繁重。曹冬梅说："我们要继续服务于残奥会，我现在在想，如何把奥运会宝贵的志愿服务经验和体会留下来。"她认为，接受献花是对所有志愿者的一种鼓励，但是目的也不仅在于此，把志愿精神继续发扬下去，以至能够成为所有人的自觉行为才是最终的目的。[②]

在传递志愿精神的过程中，不仅有志愿者的身影，那些虽然没有志愿者的称号却为奥运贡献着力量的"二次方"们也在将志愿精神薪火相传。当登山队员们将象征"和平、友谊、进步"的奥运火炬在海拔8844.43米的珠穆朗玛峰之巅传递时，他们让人们明白了志愿精神的真正内涵；当"嫦娥一号"搭载志愿歌曲《微笑北京》在太空唱响时，默默无闻的航天员为志愿精神做了最好的注解；当志愿者旗帜在南北极飘扬时，极地科考队员把中国志愿者的风采送到了世界的尽头；当红学专家周汝昌老先生不顾自己年高体弱，在病榻上写下了《北京奥运会志愿者赞辞》时，世纪老人向人们传递了什么才是生生不息的志愿精神……因为他们，志愿精神被更多人知晓。

志愿者是奥林匹克运动的重要支撑，正是他们的无私奉献精神成就了奥运的恢宏和壮阔。在张扬个性、强调自我价值的现代社会中，志愿者本着"我为人人，实现自我"的精神追求，在辛勤付出的同时体验到的是"你快乐，所以我快乐"的成就感和满足感。他们的行为能让人们亲身感受到志愿者的无私和奉献，他们以自己的言行举止感染所接触的每一个人，也正是在这个过程中，志愿精神得到了发扬。

心心相印，手手相连，当所有人都成为传递志愿精神的使者时，整个社会文明的图景必将更加清新迷人。无论过去还是现在，志愿精神都是永久留存和长远传递的。我们现在需要做的，就是从自己的心手出发，向身边向更远处传递志愿精神。

---

① 参见李江涛：《"海归"奥运志愿者：我们有义务回国贡献微薄之力》，载新华网，2008－08－10。
② 参见《中国青年报》"共青视点"版，2008－08－26。

2. 微笑理念·深入人心

"微笑，微笑，微笑，志愿者的微笑，微笑，微笑，微笑，朋友们多友好。张张笑脸生动灿烂，汗水映蓝天，轻轻地道声'你好'！我与你相伴……"这是北京奥运会志愿者主题歌之一《微笑北京》里的歌词。这首歌所传递的微笑理念，无疑是人文奥运的最好诠释。

志愿者的微笑是北京最好的名片。这句话已成为所有奥运志愿者的共识。一个人的微笑是一个人的表情，千万人一起微笑，就是一座城市、一个社会的表情。2008 年夏天，所有奥运志愿者的微笑铸造了北京最美丽的城市表情。

微笑是一种表情，也是一种心情，更体现出一种风度。它具有热情和友善，具有接纳和体贴，具有宽容和豁达，具有轻松和乐观。微笑貌似平平淡淡，其实却是恰到好处。它既是一种含蓄，也是一种表达；既是一种单纯，也是一种丰富；既是出于礼貌，更是发自内心。的确，微笑最美！

郑怡然是对外经贸大学的一名大三学生，奥运期间他第一次接触国外高级官员，负责陪同葡萄牙总理府部长。"他们每次见到我都很热情，跟我行吻面礼。我每次都会回给他们一个灿烂的微笑。"郑怡然说，"我觉得微笑让我们的距离更近了。"[1]

杨穗是北京奥运会开闭幕式部的志愿者，她在北京奥运会开闭幕式运营中心"笑脸活动征集办公室"负责全球儿童笑脸征集活动的初步筛选、登记和归档。杨穗说，8 个月来，各种各样的儿童笑脸已经成为她的朋友，每天都给她带来许多惊喜、神奇和快乐。志愿服务的每一天都充满着欢声笑语，但杨穗感触最深的是对微笑的阐释。关于微笑，杨穗说："生命的真谛，就是微笑面对生活。微笑着收集每一份活泼的儿童笑脸照片，分享着孩子们的童真童趣；微笑着接听每一个群众来电，体会着他们对笑脸征集活动的支持；微笑着登记每一份公众来信，感受着全国人民真挚的奥运情结。生活是一面镜子，你笑它就笑。志愿者的微笑是北京最好的名片，让微笑的花儿长久地绽放在我的脸上，心甘情愿地把自己的智慧、热情、创造和心血融入微笑的志愿服务当中。"杨穗的这段话说出了所有奥运志愿者全力支持"微笑北京"的心声。

奥运会结束后，曾经做过奥运会媒体助理志愿者的韩沛在坐公交车时突然发现，自己一个人的时候竟然也在保持微笑！"以前一个人坐车，基本上都是板着脸的，现在已经习惯保持微笑了，是真的从内心里要与人为善。"韩沛说，她准备在大学的最后一年，再找个志愿项目做。像韩沛一样的志愿者还有很多，他们中的大部分已经准备加入到 2010 年广州亚运会和伦敦奥运会的志愿者队伍中。作为

---

① 《为世界服务 让微笑长存——北京奥运会、残奥会中国志愿者报告》，载《中国青年报》，2008-10-17。

第八章 志愿永恒

2008 年中国的形象大使，他们将一如既往，把微笑永久地传递下去。①

"微笑"传递热情、友善，传承中华传统文化中的"和"，彰显了关爱与和谐；同时，"微笑"融入世界眼光下的"合"，体现了开放与包容。传统美德、人本理念、开放胸襟、自信情怀，都体现在志愿者的微笑中。微笑不仅仅是奥运期间的城市表情，它还应该被永久地传递下去，让发自内心的微笑成为一个习惯，把真诚灿烂的微笑视为一种时尚，微笑看世界，微笑待他人，让微笑成为北京永恒的表情！

"微笑"传递热情、友善，传承中华传统文化中的"和"，彰显了关爱与和谐；同时，"微笑"融入世界眼光下的"合"，体现了开放与包容。传统美德、人本理念、开放胸襟、自信情怀，都体现在志愿者的微笑中。

3. 中外文化·和谐交融

奥运百年神韵，中华千载文明。在 2008 年的北京，中国这个拥有五千年文明的古老国度，充分展示自己独特的风采，以海纳百川的气度接受来自不同国家的文化。源远流长、博大精深的中华文明与奥林匹克运动交相辉映，留下独特的精神遗产。

奥运会志愿者担当了中华文明与世界文化交流的使者。志愿者在为各国运动员及观众的热情服务中学习外来文化，也让各国运动员和观众通过他们了解到中国的优秀传统文化和风俗，让更多外国友人认识中国，了解中国，喜爱中国。

志愿者在为各国运动员及观众的热情服务中学习外来文化，也让各国运动员和观众通过他们了解到中国的优秀传统文化和风俗，让更多外国友人认识中国，了解中国，喜爱中国。

在奥运会庞大的志愿者队伍中，有近 30 名从事 NOC 服务助理（国家与地方奥委会服务助理）工作和提供语言服务的葡萄牙语志愿者，他们为来自葡萄牙、巴西和安哥拉等 6 个葡语国家的运动员和教练员提供帮助。而在他们眼中，成为中国和葡语国家的文化传递者，是他们参与到这项盛事中的另一个使命。

"奥运是一个交流的平台，葡语国家的人民不仅可以从感官上领略中国的方方面面，还可以通过我们了解他们所想知道的有关中国的点点滴滴。"奥运葡语志愿者之一，北京外国语大学西葡语系葡语班大三学生刁凡伟说。因为与葡语国家的文化有着最直接的接触，中国的葡萄牙语专业学生同时也希望能为葡语国家文化

---

① 参见《为世界服务 让微笑长存——北京奥运会、残奥会中国志愿者报告》，载《中国青年报》，2008-10-17。

在中国的传播贡献自己的力量。志愿者招募活动一开始，刁凡伟和她的 24 名同学便都报了名，并全部获得志愿者资格。作为教授葡语国家语言文化的老师，闵雪飞认为在奥运这个契机下，这样两种深厚而有强大包容力的文化相互碰撞，必然会擦出精彩的火花，而奥运志愿者则是促成这种文化交融的关键因素之一。

在北京奥运志愿者的大家庭中，外籍志愿者也承载着传递中国文化的使命，他们成为奥运赛场内外一道美丽的风景线。

乔治是希腊裔加拿大人，统计学博士。其正式工作是加拿大政府统计局的一名官员。乔治不仅能流利地说汉语，而且还可以轻松地用汉语写短信，能够熟练使用汉语。在奥运会外籍志愿者培训课上，这位留着蓬松长发的老外弹着吉他，动情地用中文演唱了《达坂城的姑娘》。为了表达对于北京奥运会的热爱，乔治还专门谱写了一曲《奥运志愿者之歌》，并现场教众多志愿者演唱，在现场掀起一阵热潮。

与乔治相比，一些在北京留学的大学生更是"语言专家"。对外经贸大学工商管理专业留学生狄奥露·迪奥普来自非洲塞内加尔。除了母语，她还能流利地说法语、英语、汉语三种语言。狄奥露很早就报名申请做奥运会志愿者。她的家人都有中国情结，她的弟弟现在北京化工大学学汉语，受她的影响也递交了做北京奥运会志愿者的申请书。功夫不负有心人，狄奥露顺利成为一名奥运志愿者。狄奥露和其他外籍志愿者参加了北京奥运会、残奥会京外、境外赛会志愿者培训班。练书法、学习中国功夫、走访中国普通人家，几天的培训让他们对中国的传统文

化着了迷。她说，北京奥运会让她有了一次融入北京、走进中国的绝佳机会。

2007 年，美国小伙柯凯文作为交流学生来到北京大学。大街小巷迎接奥运会的标志和满城浓郁的奥运气氛感染了他，报名申请做奥运会志愿者成为他"很自然"的选择。经过一系列培训的柯凯文已记住了北京奥运会志愿者的口号："志愿者的微笑是北京最好的名片。"他说自己会努力做一个传递中国文化的友好使者。柯凯文的一席话与乔治的想法不谋而合："这些年我一直在加拿大、希腊和中国之间努力传递文化和友谊，一直把自己当成一个'友好使者'，现在这种感觉更深了。在为奥运服务的同时，我希望能用更多、更好的中国歌曲来履行'友好使者'的使命，让更多的外国人了解中国和中国文化。"

奥运会跨越了五大洲，旨在以更快、更高、更强的奥林匹克精神指引人类奋发向上，促进各参赛国之间彼此理解、互相沟通，是连接各个国家和地区之间的桥梁。赛场内外，沟通无处不在。敞开心扉的沟通为志愿者与运动员、志愿者与志愿者之间架起一座桥梁，共同的责任、希望和梦想让他们并肩前行。

奥运有期，沟通无限。在心与心的交流和沟通中，志愿者和国际友人互相理解、互相帮助、互相协作。正如志愿者们所说，我们身处在同一个世界，我们胸怀着同一个梦想，我们践行着同一个承诺，我们追逐着同一个目标，我们也分享着同一种心情。让我们在中国文化与世界文化的沟通中融合，在中国文明和世界文明的融合中前进，在前进中书写历史，在历史上挥洒下一抹亮丽的蓝色！

三、千树万树梨花开

1993 年，教育研究学者孙云晓针对中日草原探险夏令营中，中国孩子与日本孩子截然不同的表现，写出了一篇振聋发聩的文章《夏令营中的较量》，引发了全国上下针对独生子女问题的大讨论。中国的第一代独生子女从此被称为"垮掉的一代"、"独一代"，"娇生惯养"、"自私"、"懒惰"成了他们的代名词。

15 年后，当以"80 后"独生子女为主的奥运志愿者以近乎完美的表现征服世人时，他们被冠以了一个新名字——"鸟巢一代"。

的确，北京奥运会、残奥会改变了很多人的生活，而对青年一代的影响则是最为深远的。

同时，北京奥运会志愿服务在提升参与者社会公德意识的同时，也激发了受助者奉献爱心、服务社会的意愿，在社会上倡导了奉献、友爱的社会风尚，提升了整个社会的公民责任意识。

1. 成长·"鸟巢一代"横空出世

"鸟巢一代"是韩国最大的报纸《朝鲜日报》提出的概念，指那些为北京奥运

会成功举办而活跃着的、受过高等教育和富有爱国心的中国年轻人，并视他们为未来中国现代化建设的领军群体。奥运会后，国内外各界积极评价"鸟巢一代"，认为以奥运志愿者为代表的中国年轻人，将成为中国建设发展的栋梁之材。连一向对中国抱有成见的东京都知事石原慎太郎也忍不住惊呼，"北京的青年志愿者亲切而不卑不亢，和日本的大学生不同，他们对国家前途明显充满了希望，他们让人感到青春的跃动"。英国前首相布莱尔更不吝溢美之词，他在《华尔街日报》上撰文表示，中国年轻人"都非常聪明、敏锐和坦率，不怕就中国及其未来发表自己的看法。尤其是，他们充满自信和乐观，不愤世嫉俗，表现出积极进取的精神"[1]。

孙云晓撰文指出："'鸟巢一代'是开放的一代，是时尚的一代，是国际化的一代，是个性化的一代，是追求新道德的一代。'同一个世界，同一个梦想'是他们高度认同的价值取向。他们正在勇敢的实践中塑造中国新公民的形象。"[2]

在外界一致的赞扬之声下，作为主角的"鸟巢一代"显得很平静。"思考奥运前我从哪儿来，决定奥运后我到哪儿去，得出的是相同的答案：继续做一名志愿者，做一名永远的志愿者。"正如北京奥运会志愿者、清华大学博士生梁苏会所言，奥运会不仅给志愿者们留下了美好的回忆，更是把"愿动力"种在了志愿者们心里。没有了热烈和辉煌的奥运会，"鸟巢一代"也能在平凡中找到需要和快乐。但是，奥运志愿者的经历，注定将给他们的人生带来巨大的影响。

---

① 转引自北京奥运会志愿者工作协调小组办公室等编：《奥运先锋》，北京，人民出版社，2009。
② 孙云晓：《"鸟巢一代"塑造中国新公民形象》，载《中国教育报》，2008 - 09 - 16。

作为世界上规模最大的综合性体育赛事，奥运会的组织举办是一个复杂的系统工程，环节多、要求精细，并且特别注重经验的积累与传递。志愿者在参与服务的过程中，可以亲眼了解、参与、体会先进的管理方式与经验，这对广大青少年而言，是一笔宝贵的人生财富。2008年北京十大志愿者获得者、奥运会赛会志愿者、来自地震灾区的北京师范大学学生李菊在谈到对奥运会志愿者工作的感受时就曾表示："志愿服务虽然辛苦，但我们收获了情谊，珍藏了感动，增长了知识，这将是一生的宝贵财富。"来自老山场馆群的北京工商大学的志愿者李明英说："这次奥运会让我们从思想上和心理上获得了很大的提高，也锻炼了我们工作的能力，收获了社会工作经验。"[①]

奥运会志愿者工作增强了青年志愿者的社会责任感。对于国家的灾难性记忆，"80后"都是从历史课本和影像资料中获知的，没有直接的感知。但2008年给"80后"上了一堂灾难性教育课，从年初的雨雪冰冻灾害到汶川大地震，从奥运圣火传递受阻到"藏独"分子的种种破坏活动，"80后"从未如此集中面对这么多的灾难。在牵涉民族情感、国家尊严或国际关系的大事件面前，"80后"迅速找到了自己的坐标。北京奥运会志愿者工作成果转化研究课题组的调查表明，在接受调查的5 000位奥运会志愿者中，有79.3%的志愿者将"希望能为国家和社会尽一份力量"作为参与奥运会志愿服务的主要原因之一。而奥运会前对大学生参与奥运志愿服务的一项调查显示，有65.6%的志愿者是出于"社会责任"而投身奥运志愿服务工作。很多志愿者表示"在志愿服务中提升了对国家责任的认识，释放了爱国热情"[②]。

奥运会志愿者工作培养了志愿者的团队意识。北京奥运会志愿者工作成果转化研究课题组的调查表明，在接受调查的5 000位奥运会志愿者中，有73.0%的志愿者认为最能激发他们去努力工作的情境是"志愿者自我形成的团队精神"[③]。很多志愿者表示，奥运会让他们看到了团队合作的重要性。顺义水上项目的志愿者、北京化工大学的王邦仁认为："从这些服务当中，我觉得特别重要的一个就是志愿者团队建设，这给了我特别大的震撼！"而来自老山场馆群的北京工商大学志愿者李明英更是动情地说："我觉得我奥运的那种经历、那种感觉现在想想都觉得有点不可思议，我就在想到底是什么在支撑我们。我想首先大家是为了同一个目标，一起去奋斗，还有大家那种彼此的热情感染着对方。在这种氛围下，大家工作起来非常有激情，而且见了面就像一家人一样，在这样的氛围中工作，感觉都特别好，也会激发人的一些潜能。"在奥运会结束后，很多志愿者都保持了相互之间的联系，奥运会专业志愿者、中国地质大学的陈伟说："从服务完奥运到现在，我们

① 《经验·价值·影响——2008北京奥运会、残奥会志愿者工作成果转化研究报告》，63页。
② 《经验·价值·影响——2008北京奥运会、残奥会志愿者工作成果转化研究报告》，63页。
③ 《经验·价值·影响——2008北京奥运会、残奥会志愿者工作成果转化研究报告》，64页。

很多团队一直保持着联络，我有他们的 QQ 群，每个群里面都有我，最近毕业的时候就有群里的成员主动地提出为一块奋斗的兄弟姐妹们送行，他们现在总是一块唱歌一块吃饭。所以我觉得通过奥运志愿服务，大家有一种归属感，有一种团队的感觉，团队感情是动力。"而有一部分志同道合的志愿者则保留原来的团队，继续开展志愿服务工作。朱泓帅所创办的青春飞扬志愿者服务队就是这样的团队，在奥运会期间从事志愿者语言培训的他，在奥运会结束之后与他在高校的团队伙伴一起，创立了青春飞扬志愿者服务队，致力于语言培训、贫困学生扶助等。

奥运会志愿者工作还促进了青年志愿者的职业发展。通过参加科学、系统的培训，志愿者的沟通能力、协调能力、服务能力、表达能力、问题处理能力等都得到很大提升。专业技能的提升促进了志愿者的职业发展，有相当一部分志愿者因为奥运志愿服务经历在求职的过程中表现出更强的竞争力。山西大学研究生程龚就凭借奥运会志愿者的经历，被大连民族学院破格录用，成为该校的一名体育教师。

梁启超在《少年中国说》中写道："少年智则国智，少年富则国富，少年强则国强，少年独立则国独立，少年自由则国自由，少年进步则国进步"。作为中国崛起的群体担当，在奥运期间成长起来的"鸟巢一代"无疑将是未来中国的希望。

> 作为中国崛起的群体担当，在奥运期间成长起来的"鸟巢一代"无疑将是未来中国的希望。

2. 效应·公民意识涵化养成

戊戌变法失败后，面对内忧外患的时局，康有为在总结维新变法失败的教训时指出："今中国变法，宜先立公民。""公民者，担荷一国之责任，共其利害，谋其公益，任其国税之事，以共维持其国者也。"同时感喟："万国皆有公民，而吾国独无公民，不独抑民之资格，塞民之智慧，遏民之才能，绝民之爱国，导民之无耻也。"[①] 康有为这里所指的"公民"，实际上是指具有高度的社会责任感、强烈的参与意识的民众，而这似乎正是我们民族性格中所缺乏的。

国学大师梁漱溟曾在《中国文化要义》一书中把"自私自利"看作国民性的一大痼疾，也就是"身家念重、不讲公德、一盘散沙、不能合作、缺乏组织能力，对国家及公共团体缺乏责任感，徇私废公及贪私等"[②]。在社会学家费孝通看来，国民公共责任意识的缺乏根源于我们传统社会结构的"差序格局"特性。因为差序格局的社会关系是"以'己'为中心，像石子一般投入水中，和别人所联系成的社会关系……像水的波纹一般，一圈圈推出去，愈推愈远，也愈推愈薄"[③]。与此相对应的社会责任也"愈推愈薄"，到了公共领域，就几乎不存在了。

志愿服务最早源于西方的宗教慈善服务，因此，志愿精神承袭了西方基督教文明的"众生平等"的普世主义和博爱精神，而表现出对社会的关爱和公共责任的担当。实践中，志愿服务具有极强的吸引力、凝聚力和感染力，志愿者在帮助他人、服务社会的同时，也会潜移默化地影响和感染被帮助的对象，影响和感染周围的群众。这样一种志愿传递的过程，是高尚的道德不断传播的过程，是民众的社会责任意识不断增强的过程。

北京奥运会和残奥会举办时间虽然不长，但是通过近5年来密集式的"迎奥运"志愿服务活动，使得社会公众能够全面感受到一种"志愿社会"所带来的关爱与尊重，社会公众在志愿服务的影响下，得以对社会责任意识、公德意识形成新的理解与认识。很多居民反映，

> 社会公众在志愿服务的影响下，得以对社会责任意识、公德意识形成新的理解与认识。

在奥运会之后，公众的社会公德提升了。不论是在银行、商店，还是公共汽车站，多数人都能够自觉排队，礼仪谦让的观念有所增强；与前几年相比，人们随地吐痰的现象也大大地减少，公众爱护环境的意识加强；在地铁和公交车等公共交通工具上，为老弱病残、孕妇儿童让座的现象增多了。[④]

同时，社会公众更愿意参与社区志愿服务。强大的宣传动员攻势和社会志愿

① 转引自马小泉：《公民自治：一个百年未尽的话题》，载《学术研究》，2003（10）。
② 梁漱溟：《中国文化要义》，上海，学林出版社，1987。
③ 费孝通：《乡土中国》，北京，北京出版社，2005。
④ 参见《经验·价值·影响——2008北京奥运会、残奥会志愿者工作成果转化研究报告》，70页。

者的广泛参与，极大调动了广大居民和一些社会组织参与社区公益服务的积极性。北京市西城区体育东路社区，奥运会以前的社区治安志愿者只有100人左右，但是奥运会之后，他们的人数已经达到了300人，是奥运会前的3倍。

奥运志愿服务还促进了社会公众生活方式的改变。社会公众的环境保护意识增强，不但在家庭内提倡节水节电，使用环保用品，还在社区提倡环保，自觉监督破坏环境的现象。一些居民在奥运会之后一直坚持为小区修理花坛、清除小广告。

北京奥运会社会志愿者项目的开展，使得社区很多长期待在家里的人走出家门参与到志愿服务之中，增加了人与人的交往，增进了相互了解。社区居民感到奥运会之后，人与人的交往频率增加，相互关心程度提高，社区里互助小组数量增加，社区内人际关系有了明显改善。2004年，东城区民安社区居民成立了社区评剧队。奥运期间，评剧队自编自演了评剧——《喜迎奥运》，歌颂奥运前后北京城建、交通等各方面的改善。到目前，社区评剧队已经发展成为一支50多人的队伍。评剧队的活动对社区居民的精神面貌产生了很大影响，以前生活枯燥、相互交往少、思想局限于小家庭，现在大家互相交往，不仅扩展了思维、丰富了生活，人与人之间的关系也更加融洽。

在现代化进程中，公民责任意识是一个国家繁荣昌盛的内在持久的精神驱动力。毋庸置疑，民主政治和市场经济的发展是公民责任意识发育不可或缺的宏观社会环境，但我们也应该看到，志愿服务在培养参与者的责任意识和奉献友爱等公民德性方面具有政府机制和市场机制难以替代的作用。在北京奥运志愿服务中，志愿者无私奉献的志愿精神见证了中国公民责任意识的茁壮成长。可以预见，在后奥运时代，随着志愿服务事业向日常化、制度化和国际化方向的深入发展，志愿服务必将会成为培育公民责任意识的一种新典范。

现代奥林匹克之父顾拜旦曾说："在奥运会上最重要的是参与，而不是取胜，正如在生活中最重要的不是成功而是斗争，不是征服而是努力奋斗。"志愿者们用微笑和汗水诠释了奥运精神，是他们用真诚的微笑和优质的服务感动了四方的宾朋，是他们的无私奉献保障了各项体育赛事的顺利进行，是他们使得志愿逐步成为一种生活方式，是他们使得志愿精神永远散发着绚丽的光芒！

第九章

给未来的信——感念北京残奥会

北京真运的人文价值

    2008 年在岁月的流转中渐行渐远，带走太多的震撼和荣耀，却把一只红舞鞋，永远留在我们心上。

    那个头戴花冠、身着纱裙的小女孩儿，在《波莱罗舞曲》的激昂旋律中舞动着手臂，如同雏鸟在巢中仰望蓝天时，焦急地拍动翅膀。当王子终于出现，托举起她瘦小的身体，那只粉红色的小鸟儿，舞裙蹁跹，足尖轻点，好像真的从夜幕中的"鸟巢"腾空而起、飞舞不息。

    那一刻的美丽，让全世界在微笑之中湿润了眼眶。纱裙下一只红舞鞋的梦想，支撑着这个 12 岁的小女孩儿熬过废墟中暗无天日的 77 个小时，怀揣着生命的顽强和梦想的激情一路艰难跋涉，从汶川地震的满目疮痍走到北京残奥会的灯火辉煌。

    上百条洁白的手臂模拟成跳芭蕾舞的双腿，在她的周围灵巧地舞动。那是上百名聋哑舞蹈家在跟随着心中的旋律跳舞，他们以自己的舞步告诉这个女孩儿，即使只有一只红舞鞋，也要走到舞台的中心，也要享受音乐的节奏，也要用"永不停歇的脚步"去追逐梦想。那只感人至深的红舞鞋，承载的是残奥会"超越、融

> 那只感人至深的红舞鞋，承载的是残奥会"超越、融合、共享"的理念，是大地震后擦干眼泪重建家园的热望，是个体生命即使遭遇浩劫也不言放弃的决心，是国家民族在巨大灾难面前不屈不挠、越挫越勇、永不停步的信心。

合、共享"的理念，是大地震后擦干眼泪重建家园的热望，是个体生命即使遭遇浩劫也不言放弃的决心，是国家民族在巨大灾难面前不屈不挠、越挫越勇、永不停步的信心。

安徒生的《红舞鞋》，是我童年记忆中一个比较残忍的童话。故事中的那个女孩爱慕一双红色的舞鞋，可是她一旦穿上舞鞋，就再也无法停止跳舞的脚步。鞋与脚连为一体，在草原、在田野、在阳光中、在风雨中，昼夜起舞，不能停歇。甚至在她的双脚被刽子手砍掉后，那双红舞鞋仍在她的木脚和拐杖之前翩翩起舞。随着时间的冲刷，我已经对童话故事中的训诫意味全无印象，只有那双不能止息的红舞鞋，深深地镌刻在记忆深处。当开幕式上年幼的残疾女孩欣喜地穿上一只红鞋、努力用手臂跳起芭蕾，当盲人歌唱家在歌声里看到白云在蓝天上飘过、看到鲜花在草丛中开放，当残奥会火炬手为了点燃圣火艰难攀升、用双手承担起整个身体和轮椅的重量，当运动健儿克服身体上的障碍、用过人的勇气和意志一次次刷新赛场上的纪录，那双为了梦想不顾一切地起舞的红舞鞋，就一次次地出现在我的眼前。

我曾经刻意避免观看残奥会的比赛和表演，因为我害怕直接面对生活中一些非常残忍的东西。残缺的肢体、冰冷的器械、艰难的摔倒和爬起、令人心酸的故事和经历……可是 11 天的残奥盛会带着北京奥运会的余温，把 147 个国家和地区的 4 000 多名运动员拉到了我的身边和面前。他们用精神的强大战胜肉体的残缺，用执著的拼搏诠释体育的本真含义，用勃发的生命力唤起人们对梦想和生命本身的思考。这些人都没有因为厄运停止奔跑的脚步和驰骋的心灵，他们都是生活的勇者和强者。他们不但不可忽视，而且令人肃然起敬——向残缺致敬、向体育致敬、向人性致敬。

一、憾·美

曾几何时，有目盲的艺人在天桥上卖唱，声音厚重而忧郁，病患的眼睛失去神采，但是唱到伤心之处，也是眼泪成行。有人在他背后指指戳戳，有人目不斜视地从他身边走过，有人站在远处投掷硬币把他的铁皮桶敲得叮当作响，也有不懂事的孩子顽皮地藏起他走路用的盲杖。如今，我只能为自己目睹的这一切深深忏悔，却没有资格谴责。在很长的一段时间里，我都会尽力避开与残疾人相遇和相处，因为我曾无知地以为，那些伤残和苦痛代表的是生活中非常残酷和丑陋的一面；而失去肢体、光明、声音这样的残缺是健全人无法理解的，也是任何人都无力弥补的。

现在看来，这样的逃避无疑是把残疾人看成是和自己完全不同的一个群类，这样的怜悯也是充满了居高临下、爱莫能助的优越感。直到北京残奥会把一群乐观勇敢、自强不息、拼搏进取的残疾人直接推进了我的视线。

身体上的缺憾并不意味着远离了荣誉和关注的舞台。21 岁的南非短跑选手奥斯卡·皮斯托瑞斯虽然失去了双腿，但却不是轮椅上默默垂泪的孤独者。他是田径场上万众瞩目的英雄。皮斯托瑞斯双膝之下寒光闪闪、仿若弯刀的假肢与大幅摆动的手臂完美地配合，钢铁刀锋承载着全身的重量与红色的跑道冲撞，翠绿的身影在奔驰中仿佛飞腾一般。他的身后是现场几万名观众的山呼海啸，是场外无数支持者的急切凝视和热血沸腾。难怪皮斯托瑞斯会说："非常多的人为我鼓掌，我觉得运动员就是为这些人存在的，有几万名观众为你喝彩，你很难表现不出色。"这位"出色"的"刀锋战士"已经在全世界面前创造了一个传奇，成为一位偶像。

身体上的缺憾也不意味着失去对爱的追求和感受。巴西女将阿德里娅·桑托斯视力全无，却勇敢地在黑暗中迈步奔跑。她的美丽和勇敢，为她赢得了珍贵的爱情。她的丈夫拉斐尔后来又成为她的引导员，两人从此心手相连。"执子之手，与子奔跑"，是媒体对他们的诗意化评论。拉斐尔说："我愿意牵着她的手，陪她去任何地方。"桑托斯说："他不仅是我赛时的领跑员，也是我人生的领跑员。我们命运相连，比赛中这样，生活中也是如此。"绳子的那端是爱情的热量和奔跑的方向，桑托斯在飞速向前的过程中心中也该是一片光亮和澄明。

身体上的缺憾更不意味着可以放弃肩上的责任和担当。22 岁的阿拉萨内·加斯贝奥戈是布基纳法索唯一参加北京残奥会的运动员，赛前队里为他量身定做的手动自行车在随机空运时被压坏了，加斯贝奥戈没有放弃，他从法国队借来了一辆自行车参赛。这辆车对他来说手柄太高、背靠不到椅背，残疾的双腿跪在车上晃来晃去。比赛过程中加斯贝奥戈比前面的选手落后了很多，可是他没有半途而废，在一路汗水中坚持完成了 48.4 公里的比赛。当他在第一名到达 20 多分钟后艰难地"晃"过终点，近千名中外观众为他的使命感和坚持不懈的精神深深折服，挥

舞着手中的充气棒为他喝彩，一些运动员主动到他身边同他拥抱。加斯贝奥戈说："我是代表我的国家来完成比赛的……虽然成绩不理想，但我没有让我的祖国失望。"

荣誉、爱情、责任，这些都是衡量一个人生命的质量和价值的重要元素。这些身体上有残缺的人，凭借着顽强的意志和不懈的努力，追求着生命的高贵和完满。面对着这些赛场上奋斗不息的脚步，作为"健全人"的我不禁反躬自问，如果丧失双腿的是我，我是否还有勇气走到舞台的中心、走进众人的视线，去勇敢地说出并且实现我的梦想？如果失去光明的是我，我是否还有信心在一片黑暗中无所畏惧地奔跑，直到抓住我的幸福？如果遭遇重重打击的是我，我是否还有能力忘却"小我"的艰难境遇，义无反顾地投身于"大我"的嘱托？

也许我可以自我催眠——毕竟遭遇厄运的并不是我。遗传基因出错、胚胎期受到小小的惊扰、可怕的病变、车祸、地震、战争、社会动荡……原来人的身体是这样地脆弱，我们的存在方式就是被"抛"到这个世界上来经受种种的危险和磨难。西谚有云："残疾是必然的，不残疾才是偶然的。"即使暂时在身体上没有残疾，疾病意外、天灾人祸随时都可能发生，这些危险和磨难的可能性也是要到生命的终结才能解除。

可是即便一直侥幸"健全"，就应该感到优越吗？那场凶恶的病症夺走了他的光明而我仍能看见，那场惊险的意外夺走了他的肢体而我仍在行走奔跑，那场摧毁性的地震发生在他的城市而我仍正常地生活着，这难道值得骄傲吗？我们同样被无情地抛掷在危机四伏的世界之中，惶恐而无助地迎候并抗拒着随时可能发生的考验。大火、洪水、山石、泥浆、狂风、严寒、冰雹、钢铁、木材、砖瓦、细菌、病毒、射线、强光、噪音、毒药……任意一项都能使脆弱的身体致残，甚至带来生命危险。在弄人的造化面前，没有任何人可以高枕无忧，也没有任何人有权居高临下。

人类共同的卑微和有限不只体现在强大外力下的脆弱不堪，更体现在身体本身的缺憾上。"残疾"并不是残疾人独有的。"完美"只是人们寤寐思服的对象，"残缺"才是存在的常态。而"残疾"仅仅是残缺的一种。在音域广阔的人面前，五音不全也是一种残缺；在视力良好的人面前，近视和远视都是一种残缺；在身材姣好的人面前，肥胖和瘦弱都是一种残缺；在畅游水中人面前，不识水性也是一种残缺；而在飞速狂奔的"刀锋战士"面前，我们又何尝不是一群行动迟缓的"残缺"的人？人的身体机能本身就参差不齐，再加上后天开发的情况不同，致使人的能力大小差异很大，只是人们对这种"缺憾"毫不自知或者是已经习惯。严格说来，每个人都是残缺的。正是"残缺"的不可避免，才加深了人们对"完美"的迷恋。

更何况，这些"残缺"的身体都无法耐受时间的腐蚀。从生命形成的那一刻起，我们就注定要走向衰老，身体也要不断磨损。周国平曾经说过一段精彩的话："人的肉体是一架机器，如同别的机器一样，它会发生故障，会磨损、折旧并且终于报废。人的肉体是一团物质，如同别的物质一样，它由元素聚合而成，最后必定会因元素分离而解体。"虽然现在医疗水平进步飞速，民间也一直流传着一些延年益寿的秘方，可是这一切都无法抵制时间的力量，都不能避免肉体的衰老和死亡。从另一个角度看，或许正是肉体的"磨损"和"不适"增加了我们的"在世之感"：运动后酸痛的手臂让我们意识到手臂的存在，岁月中花白的头发让我们意识到时间的存在，生命中不可避免的"残缺"让我们意识到人生的有限而确实的存在。这样说来，肉体的生命过程本身就是一场自觉的"残缺"的旅程。

在这场不可抗拒的旅程中，每个生命都在恐惧中等待领受苦痛，残疾人只是在承受更大的苦痛，甚至在某种程度上是在代替我们承受苦痛。上天把"缺憾"和"有限"洒向人间的每一个角落，然后坐看人类前进的脚步受阻。有的人从此自怨自艾；有的人干脆自暴自弃；有的人无奈一死了之；也有的人索性安于这些缺憾，在自我麻醉中放弃了对梦想的追逐。

可是还有那么一群人——他们在承受着最严酷的苦痛——却选择了坚强地面对人生的考验，在不言放弃的拼搏中找到生命的价值和质量。我想起那只舞动不息的红舞鞋，想起那些为了荣誉、爱情和责任而付出了千百倍的努力的残奥健儿，想起那些在家园坍塌后顽强地笑对人生的幸存者，想起双目失明的诗人荷马，想起双耳失聪的音乐家贝多芬，想起全身瘫痪的科学家霍金，想起了身受腐刑的司马迁写下"左丘失明，厥有《国语》；孙子膑脚，《兵法》修列"来鼓励自己奋发图强……

他们的确都是奋发生命中的强者。在身体的必然残缺之下，他们更加敏锐地意识到了肉体生命的有限而卑微的存在，他们的心灵并不残缺。就像我们不会用人生的修短来衡量生命的价值一样，我们也不会用身体上的相对残疾还是健全来判断生命的质量。生命的价值和质量是根据"荣誉"、"爱情"、"责任"、"勇敢"、"忠诚"等心灵的强度和热量来评价的。这些心灵上的强者拥有的才是更加"健全"的人生，他们的生命才更加高贵和完美。因为，种种外部的力量和内部的无力可以伤害人的身体，可是却永远无法直接将心灵"致残"。

国际残奥委会主席克雷文说："有些人认为残疾人是不完美的，但实际上在这个世界上没有任何人是十全十美的，而生命也正是因为不完美而充满了挑战和意义。"双腿残疾的作家史铁生，在死亡的召唤前徘徊许久，终于找到了在写作之中自由驰骋的出路。那些病榻前的细碎记录和人生思考感动了许多残疾人，感动了

> 他们的确都是奋发生命中的强者。在身体的必然残缺之下，他们更加敏锐地意识到了肉体生命的有限而卑微的存在，他们的心灵并不残缺。就像我们不会用人生的修短来衡量生命的价值一样，我们也不会用身体上的相对残疾还是健全来判断生命的质量。

更多的健全人。他说："残疾人以及所有的人，固然应该对艰难的生途说'是'，但要对那无言的坚壁说'不'，那无言的坚壁，才是人性的残疾。"当"不能"和"不完美"写满了四周，人们应该如何冲出生命的限制和困苦？

其实从某种意义上说，人的存在本身就是肉体对心灵的拘禁。只有认清了生命存在的"不完美"是一种必然，才有可能在任何艰难的情况下都不放弃生存下去的勇气和希望，就如同残奥会主席克雷文在被人称赞"身残志坚"时说过的："我并不是一个勇气过人的人，但生活总是要继续，我必须顽强地面对。"这就是所谓"对艰难的生途说'是'"。而"对那无言的坚壁说'不'"，则意味着无论肉体残疾与否，即使梦想处在禁锢重重的远处，也要凭借心灵的坚忍和不屈去努力追逐梦想、实现自我。

这种为了梦想执著挣扎的心灵强力，对于全人类来说都是相通的。所以才会有那么多的人因为残奥会开幕式上的那只红舞鞋而泪眼婆娑；所以荷马等人的作品可以在其肉体灰飞烟灭之后被赋予千秋万代的荣耀；所以残奥健儿才能在"超越"的召唤之下不断挑战有限的肉身带来的拘囿；所以个体才能在一场运动盛会的鼓舞下"融合"到人类"整体"的梦想实现之中；所以残疾人和身体上健全的人才能在 2008 年的残奥会上，为了荣誉、爱情和责任而"共享"永不停步的拼搏，为实现生命的质量和价值而共同喝彩。

二、竞·跃

体现生命质量和价值的方式多种多样，人们可以在文字中纵情驰骋，可以在科学中自在遨游，可以在音乐中悠然忘情，也可以在一项安静平和的工作中自得其乐。还有一些人，把生命的热情投注于一种挑战自己身体和意志的极限活动——竞技体育。

2500 多年前，古希腊埃拉多斯山的山岩上就刻下了这样的文字："如果你想强壮，跑步吧！如果你想健美，跑步吧！如果你想聪明，跑步吧！"以跑步为代表的体育运动，是强身健体的有效途径，也是精神欢愉的重要前提。竞技体育又在运动的强度、身体的条件、心理的素质等方面提出了更高的要求。古希腊四大竞技运动会——祭祀海神波塞冬的伊斯米亚运动会、祭祀太阳神阿波罗的皮西亚运动会、祭祀大力神赫拉克勒斯的尼米亚运动会以及规模最大、流传最广的祭祀宙斯的奥林匹亚运动会——无一不是对"神之力"的崇拜和迷恋、对"人之力"的展示和较量。

身体上有残疾的人似乎更"适合"一些相对安全平和的自我实现方式。可是他们对"力"有着同样的，甚至是更大的需要和更高的追求。残缺的肢体呼唤着阳光和汗水，相对狭窄的生活范围呼唤着碰撞和交流。二战结束之后，战争使残疾人的数量大大增加，为了给这些伤兵带来阳光和汗水、碰撞和交流，英国的神经外科医生路德维格·格特曼爵士和一些热衷残疾人事业的知名人士为第一批轮椅运动员组织了自己的运动会。这次运动会正值 1948 年伦敦第 14 届夏季奥运会期间，可以说既是健全人以及他们的竞技赛事对残疾人的一次召唤，也是残疾人以及他们的赛事对健全人的一次回应。无论对健全人还是对残疾人来说，都是发自内心深处的力量使得他们努力去强健身体，身体的强健和展示的愿望又促成了竞技运动会的召开，而竞技体育的推广又会带来新一轮的对力量的崇拜和对身体之美的追求。

顾拜旦认为，奥运会的最光辉之处在于它对"美"和"尊严"的不懈追求。健全的运动员在赛场上展示着他们健美的肌肉与协调的身姿——古希腊的运动员甚至在裸露的身体上涂满橄榄油来彰显肉体之美。而残疾人运动员，则要在众多健全人的面前"展示"残缺的肢体、不太灵活的姿态，甚至是众目睽睽之下一次又一次地摔倒和爬起。这需要的不仅仅是面对目光的勇气，更重要的是对自己的身体的信心。有记者询问残疾人运动员在赛场上的激烈运动和冲撞问题时，美国轮椅橄榄球队教练詹姆斯说了一段非常精彩的话："开展轮椅橄榄球运动，冲撞是发自内心的，并不是我们身体有残疾，就没有了要冲撞的欲望。很多运动员在受伤前，内心就有从事激烈运动的愿望。现在我们有很多新队员参加进来，在场上有很多碰撞，这使原来人们的一些信念有了改变。坐轮椅的人不一定是很瘦弱的，经不起碰撞的。以后人们会逐渐习惯，他们观看轮椅橄榄球，看到的不是轮椅而是运动员本身。"正如詹姆斯所言，残疾人运动员会在竞技体育运动中忘却肉体上的残缺，专注于身体的极限本身；而观众也在这种勃发的欲望和力量中忽略了辅助的器械，沉醉于人类在身体上的超越。这或许是一种更高层次上的"肉体之美"和"肉体之力"的呈现。

以奥运会为代表的竞技体育运动当然不仅仅是身体层面的"美"和"力"的呈现，更是对精神层面的强者的肯定和赞美。顾拜旦在给"体育"下定义时，提到了五大成分："意志力、持续力、强度、提高和可能的危险。"他后来又把它们演绎为："主动、坚持、紧张、追求完善和藐视可能发生的危险。"也就是说，体育中"意志力"、"持续力"、"强度"、"提高"等考量要素的背后，需要的是主动参与的态度、坚持不懈的奋斗、抵抗压力的能力、不言放弃的决心和无所畏惧的勇气。这五个方面即使只有一环薄弱，纵使拥有再好的体魄，也难以在竞技体育中取得成功。正因如此，竞技体育在给运动员带来荣誉的同时，也给他们带来尊敬和仰慕。因为他们能够以精神上的强韧战胜人类固有的懒惰、懈怠、懦弱、自满和畏惧。他们是英雄般的人物，可以在诸神面前戴上橄榄枝编成的花冠，站在凡人与神祇之间。因为他们身体上和精神上的强力，显示了人之为人的"尊严"。

现代的竞技体育运动与电视图像的传播、市场化的运作、科学技术的发展、民族国家的利益等"非体育"的因素联系得越来越多。体育本身彰显的"美与尊严"，也在某种程度上被"娱乐化的表演"、"胜负的得失"、"兴奋剂的干扰"、"政治的入侵"等因素削弱。从这一点上来看，残疾人的竞技运动似乎更能彰显体育的精神意义。残疾人若要参加体育比赛，首先就需要以强大的意志力克服身体上和心理上的双重障碍，勇敢地走出家门，迎向各种各样的眼神。由于身体方面的不便，残疾人运动员在生活和训练中都要承受更多的打击和磨炼。在那些运动员用一只脚起跳、用头颅撞击泳池池壁、用双手摇动轮椅接球、用假肢着地飞奔、用引导线感受方向、用下颚夹起鲜花的时候，每一个简单的动作背后，都浸透着血泪的坚持和努力。除了比赛和训练，残疾人运动员还要承受更多的伤病的折磨和治疗的痛苦，他们本来可以庆幸于体育锻炼所带来的身体上的恢复，但是他们没有止步于此，而是不顾伤痛，脚步不停，向着自己身体和意志的极限发起冲击。此外，体育可能会带来的危险性在残疾人身上是加倍的，可是他们在黑暗中奔跑跳跃、在轮椅上进攻阻挡，没有丝毫的胆怯和犹豫。

相对于健全人的比赛背后众多的影响因素，残疾人的体育竞技也似乎是更单纯的"美和尊严"的角逐。运动员们都是以强健肢体为目的，因为最初的体育梦想走到一起，迎合需要的表演或是背后经济和政治利益的驱动相对较少，因此输赢得失都显得更加优雅和从容。以中国五人制盲人足球为例，这支几乎从未进入过国人视野的球队，在绿茵场上听声辨位，苦中作乐。他们排成一列，拉着彼此的手臂入场，在黑暗中跌跌撞撞地奔跑和带球，取得了中国男子足球从未敢想象过的成绩。他们甚至在比赛的过程中都没有想过名次，只是一心想着要发挥出自己的水平。颁奖晚会上，他们摸索着写下了一直深藏在心中的"中国"两个字。或许

> 相对于健全人的比赛背后众多的影响因素，残疾人的体育竞技也似乎是更单纯的"美和尊严"的角逐。运动员们都是以强健肢体为目的，因为最初的体育梦想走到一起，迎合需要的表演或是背后经济和政治利益的驱动相对较少，因此输赢得失都显得更加优雅和从容。

没有观众，或许没有支持，他们是在为了健康的体魄、为了足球的梦想、为了心中的祖国而奋力拼搏。他们说："中国足协对我们盲人足球的投入最少，我们的奥运成绩最好，不过我们从来没有把自己与正常人相比……我们还是一如既往地支持中国足球。"面对着这样真诚和平实的话语，回味着"美和尊严"的召唤，丑闻迭出的"健全"的国足，应当汗颜。

除了彰显"美和尊严"，体育竞技也是一个塑造英雄和榜样的摇篮。古代奥林匹克运动会中的冠军可以获得一顶橄榄枝编成的花冠——这花冠是由一位纯希腊血统的、父母健在、道德上没有任何污点的英俊少年，用黄金制成的镰刀，在宙

斯神殿后的"神圣橄榄林"割下并制作的。而获得了三次冠军的人，就可以在宙斯的神像旁边塑一座自己的雕像。到了现代体育竞赛，这种"制造英雄"的行为有过之而无不及。乔治·维加雷洛曾经讨论过"体育成为一个传奇的领域"的问题，他说："体育赋予那些能够超越极限和冲破障碍的男女运动员极为特殊的命运：他们成为非凡的、无与伦比的、极具影响力的人物，突然被推向另一个舞台，一个传奇和英雄世界的想象舞台。"对于健全的运动员来说，竞技体育所带来的"一夜成名"，更多地意味着对个人的极大肯定，从此他们的事迹会被一遍又一遍地讲述，他们的一举一动可能都会成为人们确认自己的价值和选择时的参照。对于残疾人运动员来说，这种"肯定"又多了一个更具深意的维度——这是一个在身体上处于弱势的群体亮相和言说的机会。竞技体育在健全人中也是佼佼者的战场，而残疾人，也能在这个领域成为万众瞩目的英雄。失去双腿的"刀锋战士"皮斯托瑞斯在赛场上获得同"百米飞人"博尔特同样热烈的掌声，"飞人"带来的仍然是古典意义上力量勃发的健美身姿，"战士"却将寒光闪闪的假肢的威力，带到了公众的视野和社会的话语之中。

体育竞技还是一种相对公平和敞开的进入世界的方式。这一点对于生活相对封闭的残疾人来说尤为重要。这里的"公平"和"敞开"，并不是要残疾人运动员去和健全人同场竞技，而是通过体育运动将他们带入人们的视线、带入正常的社会活动之中。关于为什么在残疾的情况下选择体育比赛，三届残奥会的举重冠军边建欣说了一句非常朴实的话："对残疾人来说，拓宽生活范围的机会很少，所以我从来不轻易放弃任何一个机会，我要让自己的路越来越宽。"而三届残奥会为日本夺下十五金的成田真由美则说："游泳使我认识了很多人，使我有更多机会参与到社会活动中去。对此我非常满足。"体育运动只是为残疾人提供了一个进入社会的契机，把他们从孤独的病房和安静的家庭中解放出来才是体育的真正目的。只有当残疾人开始进入到社会之中，他们才有可能被赋予和健全人同等的待遇；同时，只有当残疾人被赋予同等的待遇，他们才能真正融入到这个社会之中。

残疾人体育竞技的意义，还在于那是他们对运动梦想的执著坚持。外部的力量可以摧毁身体的某个部分，可是却无法损坏浑然一体的精神的力量。在现象的世界有种种因素不可支配，但在本体的世界我们却可以成为自己的主人。南非姑娘娜塔莉·让·杜伊托，用一条腿从残奥会游到了奥运会，被誉为"独腿的美人鱼"。中国的军人李端，本是八一男篮的队员。可是一次灭火器的意外爆炸，在他18岁时就夺走了他的光明。李端并没有因此终止自己的体育梦想。他说："战士可以受伤，但受伤的战士仍然是战士；军人可以倒下，但军人的意志不能被打垮。失去了光明，灵魂不能坠入黑暗；看不见道路，脚步不能停滞不前；即使眼睛看不到色彩，也要让生命五光十色。"于是他选择了在黑暗中奔跑和起跳，并且打破了该级别三级跳远尘封了10年的世界纪录。李端从篮球到跳远、从CBA到残奥会的成功跨越，其实根植于他对运动梦想一如既往的坚持。"以前我总梦见自己在篮球场上'绝杀'、扣篮，我想从今晚开始，我会梦见自己在黑暗中跳远，冲破光明，做一个破世界纪录的美梦。"正是这样在任何外部的艰难险阻面前都不动摇的"梦境"，支持着李端延续了冠军的气魄，支持着汶川地震中失去左腿的女孩用手臂跳出美丽的芭蕾，支持着红舞鞋无休无止地舞蹈。

体育竞技运动最早起源于祭祀神祇的盛典。古希腊诗人品达说："神明都爱竞技，所以敬神最好是请他们看竞技。"顾拜旦在《体育颂》中说："啊！体育，天神的欢娱，生命的动力。"当生命在遭遇困境之时，如果仍然能够为了生命的不可穷竭的动力而"永不停步"地欢欣向前，人性与神性，就会在这里相遇。

三、人·天

残疾人运动员站在残奥会这个舞台上用不竭的生命动力展现人性的魅力。这人性的魅力不仅仅是残疾人对自身的不断超越和对梦想的不懈追求，而且饱含着周围人的爱和关怀。那种无论在什么情况之下，无私地关爱别人——从身边的人到素不相识的人——的情怀，也是闪光的人性。

那些加诸孩子身上的折磨，会以千百倍的痛苦撕扯着父母的心。许多天生就罹患重病或是年幼时致残的人，可能终其一生都在顽强地坚持梦想；而他们坚持的起点，往往是父母用碎裂的心灵作出了"坚持"的决定。北京残奥会100米自由泳的冠军杜剑平，用独臂犁出一条漂亮的水线，像箭鱼一般畅游水中。出水之后，这位24岁的小伙子眉清目秀，彬彬有礼。出现在人们眼前的，是一个泳坛中的"独臂大侠"，是一个辉煌而传奇的人物。然而24年前的他，却是一个刚出生5个月就患上脑炎、全身瘫痪的孩子。医生在诊断了小剑平的病情之后，劝他的妈妈再生一个孩子——这可能是弥补眼前的痛苦和日后的忧虑的最好办法。可是杜剑平的妈妈坚决不愿意放弃自己的儿子。她顶住别人的好奇眼光和冷嘲热讽，带着这个瘫痪的孩子四处求医，举债 10 多万元。7 年之后的一天，杜剑平突然扶着墙慢慢站了起来……母亲喜极而泣。只有母子两人知道，面对着这样一个连医生都无能为力的孩子，母亲在漫长的 7 年的坚持之中，日日夜夜、点点滴滴，付出了多少照顾、鼓励，经历了多少希望、失望，才盼到了儿子一个颤颤巍巍的"站立"。如果没有母亲在最艰难的 7 年中不言放弃的坚持，杜剑平纵使有再突出的天赋和毅力，也无法让残缺的生命爆发出耀眼的光彩。不只是杜剑平，几乎每一个成功的残疾人的背后，都少不了周围人的不离不弃和真诚鼓励。无论是先天患病还是后天致残，一定有一种爱——可能是父母的无私奉献，也可能是爱人的安慰照顾，帮他们走出最初的阴霾。

如果说至亲之爱源自生物的本能，尚无法诠释"人性"二字的光辉，那么萍水相逢的人带来的温暖，则是人与人之间特有的情谊。海伦·凯勒的《假如给我三天光明》用动人的笔触描绘了常常被健全人忽视的平凡而珍贵的世间美景，感动了整个世界。可是，如果没有安妮·沙利文小姐用极大的爱心、耐心和毅力走入那个又盲又聋又哑的姑娘的世界，这头小小"困兽"很可能永远也无法走出那个完全封闭的牢笼。沙利文小姐早年也曾经历过失去光明的痛苦。她在恢复视力之后，用自己当初的孤独和彷徨来感受这个小女孩的内心世界。曾经有许多人感叹沙利文小姐在没有任何教育经验可以遵循的情况下创造了教育史上的奇迹，其实这一切的前提就是对他人的苦难"切身感受"和将自己的感受"推己及人"。这或许也是走入残疾人世界的最有效也最温柔的方式。残疾人体育运动之中，也有许多师生间和选手间常年彼此关怀，以至"融为一体"的例子。盲人跳远冠军李端在夺得金牌之后，扶着教练金帆的手臂说："在场上，金导是我的眼睛，我是他身体的一部分。"金帆说："我和李端的关系早已超越了师徒，我们之间有充分的信任和默契。"6 年的掌声引导，6 年的循声而跳，他们或许真的已经成为彼此生命中不可分割的一部分——为了一个共同的梦想合二为一。李端是残奥会的跳远冠军，他能够在众人的面前说出对教练的感激。还有更多的教练员、引导员、服务人员，陪伴在残疾人运动员的周围，没有鲜花和掌声，有的只是人与人之间的帮助、关怀、"信任"和"默契"。

残疾人作家史铁生对残奥会的感触是："为残疾的肉身续上一个健全的用途，为隔离的灵魂开放一条爱的通路。"比身体上的残缺更可怕的，是灵魂上的孤独。而残疾人的灵魂需要的，不是"包围"，而是"通路"。也就是说，仅仅有身边的人的照顾和关怀，并不能使残疾人走出自己的世界，走进一个毫无偏见、充满关爱的社会。残奥会为残疾人和健全人的相遇制造了一次机会。我和我周围的很多人在北京残奥会之前都对残疾人的竞技体育活动所知甚少。2008 年的这场盛事既为残疾人打开了一条通路，也为一些和我一样"自以为是"的健全人打开了一条通路。这场在"家门口"举行的比赛，让人们有幸亲眼见证了人之"大自信"和"大勇气"。坦率地说，一些观众本来并未对比赛本身抱有多大的希望和热情，而是打算借此机会感受一下奥运会的气氛或是奥运场馆的辉煌。可是残奥会的比赛真正开始之后——可能是没有手臂的游泳运动员在用头部触及池壁；可能是四肢萎缩的网球运动员用脚发球；可能是瘫痪的举重运动员平躺着用手臂向上推起杠铃；可能是失去双腿的田径运动员在奋力推着车轮进行马拉松的冲刺——很少有人可以抗拒这些"人性最有感染力的瞬间"。中国残联主席邓朴方说过："看健康人比赛会燃烧你的激情，而看残疾运动员比赛则会震撼你的心灵。"于是，观众又"推己及人"地将爱和尊重回馈给残疾人运动员：他们把眼睛聚焦在运动员身上，无论比赛输赢，都给以地动山摇的掌声；记者们和安检员们蹲下或跪下身来与轮椅上的运动员交谈，只为了给他们一个平等的视线；足球流氓消失不见，人们安静而沉醉地观看盲人足球比赛，生怕打扰了他们用耳朵去寻找足球滚动时哗哗的声响……

　　来到残奥会现场观看比赛的，还有许多残疾人观众。有肢残的观众一路摇着轮椅从无障碍通道顺利地进入赛场，也有目盲的观众在志愿者的帮助下早早坐在座位上等待着精彩赛事的口头讲解。除了欣赏激动人心的比赛之外，残疾人观看残奥会，意义还在于从残奥健儿身上获得感触和激励：那么一群同样承受着苦难和不公的人，把人生过得如此顽强和精彩。这种"眼见为实"和"现场交流"的内心触动，是健全人怎样的安慰和鼓励也无法比拟的。那是真正在用生命的不灭的火焰去点亮另一个在困境中挣扎的生命。其次，残奥会上展现出的可能是最好的康复水平和最新的辅助器械，给残疾人带来了重获自由的希望。皮斯托瑞斯可以站在"刀锋"之上，速度直逼健全人中的强者。虽然那副"双刀"现在价值 10 万美金，但实物已经存在，在进一步改良和降低成本的基础上，可以成为所有肢残者的希望。更重要的是，北京残奥会给了许多残疾人走出家门、到现场去观看比赛的机会——街头众多的无障碍设施，场边志愿者的张张笑脸，无疑为他们走出病房和家庭，走进社会和世界增加了勇气。他们会在亲身的体验和热情的帮助之下，发现"我能行"。

　　为残疾人运动员和残疾人观众提供帮助的，是 170 万名无私奉献的志愿者。比起那些热情的残奥会观众，他们更进一步走进了残疾人的世界。他们身着白底蓝边的 T 恤，把爱心和笑脸镌刻在每一个需要他们的位置：马路边的指路站、十字路口的引路员、残奥村的保洁工、比赛场馆内外随叫随到的服务员……事实上，170 万这个数字还没有将大街小巷中那些"便衣"的志愿者包括在内。那些热心接送残疾人的出租车、那些为残疾人服务的社团，甚至那些在残疾人过坡道或过马路时推了一把的双手，都是在以某种方式，为他们打开了一条"爱的通路"。而这些有名的和无名的"志愿者",也从顽强拼搏的残疾人身上,收获了面对人生的艰难时刻的勇气。许多志愿者都说,残奥会的 11 天,不知道是自己在帮助残疾人,还是残疾人在帮助自己。与此同时,志愿者们也在一些点滴细节中学习着如何帮助别人:比如帮助残疾人之前要先询问他们是否乐于接受;比如与坐在轮椅上的人交谈时要保持和他一样的高度;比如过马路时应该给盲人安全感,让他扶住我们的胳膊而不是拽着他往前走……我们用 10 分钟就能学会这些礼仪和技巧,却可以一辈子有机会去更专业也更"舒服"地帮助别人。推远了来看,这种"设身处地"的相处方式,也是所有人进入彼此世界的前提。

北京残奥会的现场,还有许多残疾人志愿者。他们是残奥会中最令人欢欣的风景。他们可以说是既为自己的"残缺的肉身续上一个健全的用途",又为别人的"隔离的灵魂开放一条爱的通路"。这些残疾人志愿者,先是战胜了自己生命中的阴霾,勇敢地走入了人群之中;他们又用自己的力量回馈社会,尽自己的能力帮助其他需要关爱的人,向那些还在孤独中徘徊的人招手。他们身上蕴涵的是人性中最完满的一面:在任何情况下都不放弃实现自己;在任何情况下都不放弃帮助他人。实践着这种完满的又岂止残疾人志愿者——那些残奥会的英雄,在第一时间走进各地的残疾人康复中心,走进生活勇气不足的人的房间,走进伤痛未平的汶川。

2008 年,似乎整个中国都行动起来——健全人、残疾人、来自灾区的人、来自各地的人、来自海外的人——寻找一种进入彼此的方式。残奥会只有短短的 11 天,然而人与人之间彼此了解、彼此理解、彼此进入的路程还很漫长。单就残疾人事业来说,我们距离那种真正帮助他们进入和融入社会的"大爱"仍然遥远。那个失去了左腿的芭蕾舞女孩,需要的不是在全世界面前被王子托起的一个亮相,也不是在镜头面前一次又一次地讲述废墟下恐怖的记忆,而是更加真实也更加持续的关注和爱——何况还有很多孩子没有机会走上电视,没有机会说出心中难以实现的梦想。

残疾人的"康复"指的不仅仅是生活和生产,而是与健全人相同的"全部的权利、价值、意义和欢乐"。那需要层层叠叠的关注和爱,需要持续畅通的"爱的通路":从身边的亲人,到相识的朋友,到陌生的路人;从盲道,到红绿灯,到电话亭,到公交地铁,到公共洗手间,到大好河山;从教育,到医疗,到就业,到爱情。这是一个庞大和耗时的工程,需要的是现实领域的发展和精神领域的纠正。好在我们已经身在途中——在"脚步不停"地走出自己的天地,走入我们共同的世界的途中。

北京残奥会用整个闭幕式完成了一封"给未来的信"。2008 的感动与光荣已经走远,可是信件会载着承诺和希望飞向未来。如今,9 万张从鸟巢寄出的明信片该是已经将残奥会中的 4 000 多个生命奇迹和那时那刻的祝福送达了世界的各个角落。"未来"终有一天会变成"现在";"现在"终有一天会被"未来"拆开和审读。熊熊的圣火在女孩的手语对话中缓缓熄灭,可是北京残奥会所见证的勃发生命力、激情四射的梦想和不息的爱之力量却已经被寄往未来。那个"拆信"的"未来"可能是某个个体丧失勇气的片刻,可能是某方水土遭遇危难、需要帮助的时候,可能是某个民族锐意进取、立志图强的年代,也可能是我们这个世界真正实现了"同一个世界,同一个梦想"的那天。

2008 只是一个起点。去往"未来"的路上,我们夙兴夜寐,风雨兼程,宠辱不惊,脚步不停。

> "未来"终有一天会变成"现在";"现在"终有一天会被"未来"拆开和审读。熊熊的圣火在女孩的手语对话中缓缓熄灭,可是北京残奥会所见证的勃发生命力、激情四射的梦想和不息的爱之力量却已经被寄往未来。

第十章 北京奥运会与媒体政策的历史性变革

十六天之于一个国家、一个民族的发展进程究竟能意味着什么？它不过是天地间月圆而缺的一个轮回；它或许只是先贤圣哲们漫漫文化苦旅中的一个短促的瞬间。然而，十六天却足以创造历史。至少，北京 2008 年奥运会就是这样的十六天；至少，中国媒体制度的演进历程因之而改变。

一、承诺

这一切都缘自一项庄重的承诺。

2000 年 11 月 30 日，时任中国国务院总理的朱镕基代表中国政府致信国际奥委会，郑重表示："中国政府暨各有关机构在举办奥运会的时候都将尊重《奥利匹克宪章》及其附则的规定，尊重与奥运会有关的国际单项体育组织的规定，保证这些规则及规定得以执行。" 2001 年 1 月 17 日上午，北京代表团正式将奥运申办报告提交到国际奥委会总部，在这份包含有时任中国国家主席江泽民支持函的申办报告中，一项沉甸甸的承诺特别引人注目。这是一段简短的文字，却注定要在中国媒体制度演进的长河中激起广阔、深远的波澜：

外国记者采访报道奥运会的活动将不受限制（There is no restrictions on reporting activities by foreign journalists on the Olympic Games）。

2001 年 7 月 13 日，国际奥委会第 112 次全会在莫斯科举行，投票表决 2008 年奥运会的主办权归属。何振梁先生代表北京向在场的国际奥委会委员们说："各位委员，你们今天在这里无论作出什么决定无疑都会写入历史，但是只有一种决定会创造历史，这就是选择北京。选择北京将让中国和世界拥抱在一起，继而造福于全人类。" 国际奥委会评估委员会在最终评估报告中强调：北京举办奥运会将会给中国和世界留下一份独一无二的遗产。怀着对这份历史遗产的期冀，世界将奥运会的圣火传给了北京。

2007 年 4 月 24 日，中国国务院总理温家宝在当日开幕的第五届世界体育大会的致辞中郑重承诺："中国政府将认真履行承诺，全力支持北京办好奥运会。我们将秉持'同一个世界，同一个梦想'的精神，依据国际惯例，为各国、各地区运动员、官员、媒体、观众提供符合奥运会标准的服务，为他们开展工作、参与比赛提供良好的条件，保证外国记者报道自由。通过奥运会的举办，将一个民主、开放、文明、友好、和谐的中国展现给世界。"这是中国领导人在新中国历史上第一次就保障外国记者新闻自由作出正面而明确的声明和表述，全世界的媒体都注意到了这一非同寻常的表态，全世界的媒体都将期待的目光聚焦到了2008 年的北京。

这是中国领导人在新中国历史上第一次就保障外国记者新闻自由作出正面而明确的声明和表述，全世界的媒体都注意到了这一非同寻常的表态，全世界的媒体都将期待的目光聚焦到了2008 年的北京。

历史将铭记下这些承诺，历史也将见证这些承诺的实现。

二、抉择

承诺的履行过程虽然历经艰辛和曲折，但我们须臾不曾动摇对承诺的坚守。站在历史的角度回望这一历程，支撑着那份坚守的，是对历史的责任和充满自信的抉择。接下来，让我们翻开刚刚封存的奥运档案，重温一下从筹办到举办过程中有关媒体政策的承诺细节和抉择过程。

奥运会是迄今为止规模最大、专业性最强、组织水平最高的世界性大型体育文化活动。正因如此，四年一度的奥运会也成为关注度最高的全球媒体的风云际会。国际奥委会终身名誉主席萨马兰奇曾经语出惊人，称一届奥运会成功与否，是由媒体最终作出评价的。北京奥运会组委会主席刘淇也曾坦言，举办一届"有特色、高水平"的奥运会，标准之一就是良好的媒体服务和舆论评价，因此要高度重视媒体工作，要"善待媒体"。

2005 年 5 月底，国际奥委会协调委员会在北京举行第四次全会，其间敦请北京奥组委协调政府有关部门尽早公布关于奥运会期间外国记者在华采访报道的"公开、透明的"管理制度，以便为外国媒体便捷地报道奥运会提供政策和法律保障。这是国际奥委会依据北京申办承诺和《主办城市合同》，第一次正式将奥运会媒体政策提上议事日程。北京奥组委面临着具体而迫切的政策性抉择。

2005 年 6 月 9 日，北京奥组委第 54 次执委会对此议题进行了讨论。6 月 16

日，国务院召开了有关奥运会期间外国记者来华采访管理问题协调会，会议就媒体工作对奥运会的重大意义，以及履行对国际奥委会的承诺等问题达成了高度共识。国务委员陈至立（北京奥组委第一副主席）在会上指出："我们必须实现对国际奥委会的承诺。这个承诺是严肃的，中国一直是一个负责任的大国，是言而守信的，即使我们现行规定同国际惯例，特别是国际奥委会的惯例有冲突，我们也要服从承诺。承诺必须履行，这一点必须明确。"会议决定由外交部牵头会同国家有关部门起草一个在奥运会期间针对外国媒体从业人员的临时性管理办法。

2005 年 8 月，国际奥委会协调委员会工作组会议在京召开。北京奥组委媒体运行部在会议陈述中对国际奥委会的要求作出回应："奥运会期间外国媒体从业人员管理办法正在由中国政府有关部门协调制定过程之中，将在制定完成后择时颁布执行。该管理办法的基本宗旨是，在遵守中华人民共和国法律、遵循《奥林匹克宪章》和往届奥运会惯例的前提下，充分保障奥运会期间外国媒体从业人员的合法权益，为奥运会期间外国媒体从业人员的采访活动提供便利，满足其工作采访需求。"这是中国方面对北京奥运会媒体政策的第一次官方性的表态和说明，也是对国际奥委会要求的积极和正面的响应。其中传达出的有关中国政府将遵循奥运会惯例、满足媒体工作需求的信息令国际奥委会释然并受到很大的鼓舞。

2005 年 9 月 22 日，北京奥运会第一次世界转播商大会在京召开。这是奥运会筹办过程中北京奥组委首次在世界主流媒体机构前亮相，奥运会期间的媒体政策成为不可回避的议题。北京奥组委审时度势、未雨绸缪，采取先声夺人的方式，直击媒体政策主题。北京奥组委主席刘淇代表中国政府重申了信守国际合同义务、遵循国际惯例、满足媒体需求的承诺。针对国际社会的疑虑，他郑重表示："如果我们的有关规定、做法与奥运会惯例及我们的承诺有冲突，

> "如果我们的有关规定、做法与奥运会惯例及我们的承诺有冲突，我们都将服从国际奥委会的要求和奥运会的惯例，满足媒体服务的需要。"

我们都将服从国际奥委会的要求和奥运会的惯例，满足媒体服务的需要。"刘淇在致辞中还首次披露了未来奥运会媒体政策的若干细节，以表明相关政策同国际惯例的接轨。这些政策包括：

凡持有国际奥委会颁发的奥林匹克身份注册卡的媒体人员，可凭护照和正式旅行证件，在奥运会期间及前后不超过一个月内，多次入出中国；北京奥组委将为北京奥林匹克转播有限公司、奥运会持权转播商及其他外国媒体人员在奥运会前多次入出境提供便利；对外国媒体因采访奥运会而携带入境的器材、物品，只

要在奥运会期间用尽或奥运会后合理时间内复运出境，将准许免税入境、使用和出境；外国媒体在中国境内拍摄、制作，并用于境外播放的奥运会资料出境，将不受任何限制；奥运会转播商可以中国著名景点为背景拍摄与奥运会相关的新闻素材。

刘淇的致辞打消了各国媒体的疑虑，来自世界各地的媒体代表用持续热烈的掌声表达了对上述媒体政策的赞赏。国际主要媒体当天无一例外地对中国政府的这一公开的表态给予了特别的关注和评价。在现场代表国际奥委会出席会议的国际奥委会委员、美国全国广播公司体育频道高级副总裁亚历克斯·吉拉迪（Alex Gilady）当场给国际奥委会主席罗格打电话通报了这一消息，并在现场接受媒体采访，盛赞刘淇讲话内容。

2006年5月，在奥运会倒计时两年之际，国际奥委会协调委员会第六次全会在北京召开。此时，已初定名为《北京奥运会及其筹备期间外国记者在华采访规定》（以下简称《采访规定》）的管理办法正在紧张的制定修改之中，并已经确定在2007年1月付诸实施。《采访规定》的内容和实施计划自然成为会议的主要议题之一。但是，在接下来即将召开的第二次世界转播商大会上究竟应该就此如何陈述，却让北京奥组委反复思量，权衡再三。原因是此次大会处在各转播商开始全面具体规划奥运会电视转播的关键时期，主办方与电视转播相关领域的政策法律规定将直接决定着各媒体机构对北京奥运会报道计划的制定。

由于《采访规定》尚未经中央和国务院批准，自然不宜过早地将《采访规定》的内容对外披露。然而仅作原则性表态，诸如重申中国政府将信守申奥承诺并遵循奥运会惯例，为外国记者采访报道奥运会提供便利等，显然已无新意，无法慰藉媒体焦虑的神经，甚至会被曲解为中国政府敷衍塞责、毫无诚意。另一种积极和主动的思路则是，针对转播商迫切需要了解政策细节的心理，在本次会议上公布中国政府为落实此前所作的承诺，已经或正在采取的对法规和政策的调整措施，以此表明中国政府的诚意和务实的工作态度，使世界媒体放心。最终，后一种思路取得了大家的共识。

2006年8月10日，刘淇用主要篇幅详尽介绍了正在制定中的《采访规定》的细节，回应了国际媒体的期待，让各大广播电视机构的奥运报道负责人吃下了一颗定心丸。北京奥组委媒体运行部在刘淇致辞后的第一时间向与会媒体发放了讲话的中英文文稿，文稿一时间成为媒体争相索要和报道的热点。在此援引致辞的核心段落如下，以为历史记录：

　　　　朋友们，为转播商和媒体提供良好便捷的服务，是我们今后两年中的一项重要工作。也是我们与国际奥委会多次沟通讨论的重要议题。在去年的世界转播商大会上，我们就奥运会筹备阶段和赛时期间外国记者来华采访的相关政策作出了承诺，我们将继续信守这些承诺，努力为转播商和媒体提供优质、便捷的服务。

据我了解，这项规定将本着为外国记者采访奥运会提供便利的原则，在如下方面作出安排：持奥林匹克身份注册卡的外国记者在奥林匹克身份注册卡有效期内可以免办签证，凭奥林匹克身份注册卡和有效护照（或者其他旅行证件）多次入出中华人民共和国国境；外国记者的签证申办程序将得到简化；根据该规定，外国记者携带合理数量自用采访器材可通过便捷手续按临时进口的方式免税入境，依照中国法律外国记者将可以在中国境内设置和使用无线电设备。此外，该项规定还对外国记者在华采访、雇用中国公民协助采访报道工作等都制定了相应规定。这项规定将在履行了法定的立法程序后，于 2007 年颁布实施。北京奥组委还将编制《北京奥运会外国记者服务指南》，对有关外国记者奥运采访活动所涉及的政策和程序作详细说明，并提供指导性信息。

三、变法

事实上，在 2005 年至 2006 年底的这段时间内，中国政府领导人有关奥运会媒体政策的每一项声明和表态都不仅仅停留在原则立场的重申，而是层层递进传达了不断具体化的政策变革内容。在这一过程的背后是紧张而有序、繁复而缜密的政策法规修订和完善的工作。

就在国务院 2005 年 6 月 16 日会议之后，北京奥组委立即行动起来，由媒体运行部牵头成立了当时称作《北京奥运会期间外国媒体从业人员管理办法》的起草小组，自 6 月 19 日起迅速投入到紧张的立法调研工作。小组从摸清背景情况入手，首先确定了深入调研的四个主要方向：

一是对我国现行有关外国记者管理的各类法律、法规进行调研。此项调研重点是对现行的涉及外国记者管理的法律、法规、条例与规章等进行认真梳理研究，厘清现行法律规定与国际奥委会要求、国际惯例、申办承诺、《主办城市合同》的冲突所在，为下一步进行制度调整、更好地履行承诺奠定基础。

二是对国际奥委会关于奥运会媒体管理和服务的成文规定和惯例进行调研。国际奥委会在《奥林匹克宪章》、《媒体技术手册》等规范性文件中对奥运会媒体管理和服务政策都有明确规定。这些规定作为国际合同义务是北京奥组委制定奥运媒体管理和服务政策时所必须遵循的基本准则；以往历届奥运会主办国在奥运会期间行之有效的媒体管理和服务政策，尤其是近几届奥运会在此方面的成功经验，作为奥运会的惯例对北京奥运会而言也具有相应的约束力，需要予以高度关注。

三是对北京奥组委的合同义务和申办承诺进行调研。此项研究的重点是明确北京奥组委在《主办城市合同》、《奥运会主转播机构设立协议》以及《转播商协议》等法律文件中所承诺的有关媒体政策的合同义务，以及《申办报告》所包含的相关内容。这些承诺和合同义务将在新起草的媒体政策中得到落实和体现。

四是对相关国家记者管理制度进行调研。一些举办过奥运会的国家在记者管理方面积累的经验，尤其是韩国、澳大利亚、希腊等成功举办过奥运会的国家在奥运会期间针对媒体的制度和政策，均可作为借鉴和参考。

在对上述几方面背景情况进行深入调研的基础上，一周后，起草小组完成了《有关"管理办法"起草背景材料的调研报告》的文件。此后的事实表明，这份报告成为起草"管理办法"乃至后期《采访规定》的最基础性的依据之一，其电子版和纸介版的拷贝被多次提供给外交部、国务院法制办等国家部委机关，并屡次作为会议支持文件直接提交到相当高层的会议场合使用。

从调研情况看，直至奥运会开幕前两年，我国实行的涉及外国媒体采访和运行方面的许多法规、制度和政策与我国有关奥运会的申办承诺、合同义务，以及奥运会惯例都存在不同程度的冲突，与其他奥运会主办国的做法也有差距。报告的结论和建议要点如下：

（1）媒体制度存在差异。我国此前执行的《外国记者和外国常驻新闻机构管理条例》（国务院令第 47 号，以下简称《条例》）是国务院于 1990 年颁布的。该《条例》对维护国家安全、加强对外国记者的管理发挥了重要作用。但《条例》条款规定过于原则，随着情况的变化，一些规定在实际中已经难于执行。尤其是其在外国记者入境申请、签证、接待单位、旅行、采访报道、雇用人员、租用房屋、携带器材入境、使用无线电设备等方面均与奥运申办承诺和国际惯例有较大差距，难以适应举办奥运会的需要。

> 从调研情况看，直至奥运会开幕前两年，我国实行的涉及外国媒体采访和运行方面的许多法规、制度和政策与我国有关奥运会的申办承诺、合同义务，以及奥运会惯例都存在不同程度的冲突，与其他奥运会主办国的做法也有差距。

（2）国际奥委会对奥运会媒体政策有明确而系统的规定。这些规定包含在国际奥委会一系列规范性的文件中，我国政府通过签署奥运会《主办城市合同》对上述文件进行了法律认可，从而使上述文件及其全部内容成为我国政府在举办奥运会过程中应予遵守的国际合同义务，对奥运会媒体政策的制定也具有规范性和法律约束力。国际奥委会的有关规定主要源自三项基本性的文件，即《奥林匹克宪章》、《主办城市合同》和《媒体技术手册》。其中涉及媒体政策的规定主要有：一是关于国际奥委会的权利和奥运会媒体政策的原则：国际奥委会执行委员会是

举办奥运会的最高权力机构，国际奥委会执委会和奥运会组委会应采取一切必要的措施，确保不同媒体最充分地报道奥运会，进而保证奥运会拥有最广泛的受众；二是关于媒体在报道奥运会过程中应享有的权利和获得的便利。

（3）奥运会媒体政策方面的国际惯例应予遵循。每届奥运会结束后，国际奥委会都会对其媒体政策进行总结，其中可行的经验被确认下来，作为奥运会的惯例，转化成对下届奥运会组委会的建议，或写入规范性文件，对以后各届奥运会组织者产生约束力。此外，可借鉴的国际惯例还包括同类型国际赛事和活动中有关媒体政策的通行做法、成功经验、可供借鉴的媒体措施和安排、最新确立的设施和服务类别与标准、新近确立并行之有效的政策和程序等。调研发现，奥运会和类似国际赛事中有关媒体政策的一些通常做法，在我国由于和相关的法律规定相冲突，未能作为通行做法被接受。这些情形包括：

奥运会期间对境外媒体雇用本地人员从事新闻报道或其他工作，主办国政府通常不作限制；主办国政府一般不对前来报道奥运会的外国记者在采访区域和采访对象方面作出限制，也不设立任何针对采访的行政许可程序；主办国通常同意，凡持有国际奥委会颁发的奥林匹克身份注册卡的媒体记者，可免于签证，凭护照或正式旅行证件，在奥运会前后一个月的时间内，可多次出入主办国；主办国和主办城市政府应为媒体在设置办公室、演播室、报道位置、直播、接收和传送节目信号、航拍、使用无线电设备等方面提供便利；主办国海关应对外国媒体人员携带或货运入境器材设备、特殊物资、车辆、音像制品、出版物等给予以简化临时入境手续、免于关税且无须交纳保证金的通关便利；主办国政府应为外国媒体提供外汇、税收、保险、工作许可等方面的国民待遇。

（4）我国政府的申办承诺应予兑现。与媒体政策相关的承诺在《申办报告》中包含在第3.3、3.16、16.9等章节，内容涉及媒体设施和服务、物资通关政策、新闻素材的拍摄和外国记者的采访报道等活动。这些承诺内容在《申办报告》中均已由中国相关政府主管部门书面确认，因此应予兑现。

调研报告的结论是不言而喻的：立法和政策调整的任务繁重而迫切。明确了冲突和差距就找到了立法的方向。然而如何才能使新法律在符合国际惯例的前提下充分全面地满足奥运会媒体报道的需要呢？起草小组决定另辟蹊径，从深入研究奥运会期间媒体的行为模式和需求入手，去寻求立法的依据。

我们认为，充分理解奥运会媒体及其从业人员行为模式特点和由此产生的独特需求，是制定奥运期间媒体管理政策的前提和基础，也是起草新法规的根本依据。起草小组很快完成了另一份极其重要的基础性文件——《奥运会外国媒体从业人员行为模式和需求分析报告》，该报告归纳了奥运期间境外媒体九个方面的行为模式和需求：

奥运会媒体行为模式特点	对媒体政策、设施和服务的需求
媒体代表着公众的知情权和话语权，行使着舆论的监督权。	媒体需要宽松便利的法律政策环境：保障媒体的采访权利；符合国际通用准则，符合行业标准和通行做法，政策明晰、程序便捷，行政审批服务标准化。
媒体作为奥运会的合作伙伴和利益相关方，有权参与媒体政策决策和享有相应的媒体设施与服务。	媒体需要充分的尊重与理解：承认并尊重媒体的权利、行为模式、工作特点、专业诉求。
四年一度的奥运会是全球媒体高度聚焦的传媒盛事，吸引了全世界的媒体在短时间内集中报道，普遍关注。	媒体期待充分、全面、及时、客观的信息服务。
媒体在奥运报道中对设施和服务的依赖日益增强，媒体业竞争日趋激烈。	媒体期待获得和支配充足、可靠、便利及成本低廉的服务资源与服务提供；期待获得标准化的工作设施；采纳通用标准、提供多种制式、标准配置、规范化的服务、规范化的运行政策。
新闻机构为报道奥运会支出不菲的花费。	媒体期待得到相应的服务回报。
持权转播商支付了转播权费用，为组委会预算收入作出了贡献。	转播商有权期待获得特殊的和专有的服务。
当代媒体专业分工细化，不同类型媒体在共同的需求之外还因自身性质和特点差异产生有区别化的需求。	不同类型媒体期待得到针对性的专业服务，因此需要分类管理，区别不同对象，提供个性化的服务。
参加奥运会报道的注册媒体包括来自世界各国的报纸、杂志、广播、电视、电影等传统媒体，也包括网络、手机等新媒体，以及赛事主转播机构等；从事采访报道的人员包括媒体机构社长、总编等行政管理人员，也包括编辑、制片人、节目主持人、摄像、摄影和文字记者等采编人员，以及灯光、音响师、技术人员和为媒体机构报道、制作节目提供服务的机构及其人员。	媒体政策的对象应涉及和覆盖广义的媒体机构和媒体从业人员，注册媒体及其从业人员的范围十分宽泛。
采访奥运会的记者人数众多，工种多，器材量大，时间长，发稿件量极大，彼此之间竞争激烈。记者是奥运会期间最紧张、最疲劳、最敏感、最易抱怨和有最多需求的群体，所以对媒体服务水平要求十分苛刻。	媒体期待获得周到、便利快捷、高效、细致入微的支持服务和无微不至的关怀。

　　2005 年 7 月 2 日，起草小组正式提出了关于新法规起草应遵循的九项原则。这就是：遵守中华人民共和国法律法规；遵循《奥林匹克宪章》和国际惯例；恪守和兑现中国政府承诺；遵循平等、不歧视原则，充分保障奥运会期间外国媒体从业人员的合法权益；尊重媒体行为模式和工作需求，为奥运会期间外国媒体从业人员的采访活动提供便利，满足其工作采访需求；服务与管理并重，寓管理于服务之中；与时俱进，均衡利弊，适度放开；维护国家安全，针对违法行为留有

充分的法律处置空间；新法规应与《外国记者和外国常驻新闻机构管理条例》有机衔接。

上述指导思想迅速得到认可，新法规制定工作转入具体法条的起草阶段。为保证新法规起草工作的时间和质量，由奥组委媒体运行部牵头，会同法律事务部、新闻宣传部，组织精干力量，于 2005 年 6 月 27 日来到北京近郊顺义，潜心投入到新法规条文的起草工作中。两天之后，新法规第一稿成稿，难能可贵的是它已经包含了最终颁布的 477 号令的核心内容，这就是开放限制、保障采访自由。这是中国媒体法制史上值得记录的一个细节：它对北京奥运会、对中国，乃至对世界都产生了深远影响。①

2005 年 7 月，北京奥组委第 55 次执委会对第四稿进行了审议，此后新法规草案移交给外交部作进一步的修订和审议。2006 年 3、4 月间，陈至立两次主持会议，就外交部和奥组委共同提交的新法规草案召集国家相关部委进行会商，并进一步指示国务院法制办参与此项工作。此时新法规已经初定名为《北京奥运会及其筹备期间外国记者在华采访规定》（以下简称《采访规定》）。

此后，《采访规定》的起草进入实质性法条推敲的阶段。以外交部新闻司、国务院法制办和奥组委媒体运行部人员组成的立法班子夜以继日地工作，逐条逐字地推敲法条。很快发现原本希望在同一法规中集中解决所有外国媒体来华采访问题的想法，因涉及内容繁杂，难于实现。作为外国记者管理部门的外交部主张新法规应仅限于狭义的记者管理内容，为此，《采访规定》的草案经历了一次内容的瘦身，从最初的十余条删减到九条，内容仅限于签证、器材入境、采访、使用无线电设备、雇用人员等五方面事项。为了确保最初的立法目的能够得以实现，在奥组委方面的动议下，《采访规定》草案最终写入了一项总括性的条款，赋予了北京奥组委进一步协调制定其他涉及外国记者来华采访事项的法律与政策的权限和责任。

这就是著名的《采访规定》第八条：北京奥运会外国记者服务指南由第 29 届奥林匹克运动会组织委员会依据本规定制定。这不能不说是中国法制史上比较特殊的规定，条例通过具体法条直接授权一个非政府性质的临时性事业单位，在规定的时间内依据条例的精神，协调制定一系列特殊政策作为条例的解释和补充。这样，北京奥组委关于制定一部综合性奥运会媒体管理法规的目标虽然未能实现，但是起码保留了实现这一目标的手段，只是不得不承担起实际修订各项法律的责

① 本人有幸主持了这项工作，成为这段鲜为人知的历史的见证者。值得记取的是，在 1988—1989 年间，刚刚从中国人民大学新闻系硕士研究生毕业的我，曾经参与了当时酝酿中的新中国第一部新闻法的起草准备工作，然而世事多变，拟议中的新闻法最终未能出台，留下了历史的伏笔。二十年后，当年曾经参与新闻法起草的人已经不知何在，唯有我因为历史的机缘有幸与新闻立法重新结缘，并且亲自主持、参与并见证了 477 号令的诞生。这不能不说是一种历史和命运的惠顾。

任，这对于一个不具备任何政府职能的临时机构而言实在勉为其难。事后证明，《北京奥运会及其筹备期间外国记者采访服务指南》（以下简称《指南》）的编制相比条例的制定，内容更为繁杂，协调更为艰难。而此时的北京奥组委，别无选择，只有努力完成。

2006 年 8 月，在外交部、国务院法制办和奥组委的共同努力下，起草完成的《北京奥运会及其筹备期间外国记者在华采访规定（草案）》正式进入立法程序。此后，国务院法制办根据各方意见对《采访规定（草案）》的内容作了进一步的修改和完善。2006 年 11 月经国务院常务会议正式审议通过，《采访规定》于 2006 年 12 月 1 日对社会公布，2007 年 1 月 1 日起正式实施。

《采访规定》的顺利颁布为《指南》的编制打下了坚实的基础，然而时间紧迫，北京奥组委媒体运行部一干人员不曾稍事喘息便投入到了紧张的《指南》编撰工作中。《采访规定》虽然为《指南》的编制提供了依据，但却并未明确其内容和形式。北京奥组委首先从《采访规定》的立法目的出发，确定了《指南》编制的指导思想，即根据法律的授权和规定，旨在向外国媒体说明相关法律规定、解释有关媒体政策、提供具体服务信息、介绍有关部门提供的设施与服务，以便利奥运会及其筹备期间外国记者采访报道活动。换言之，《指南》的内容将不仅涉及对《采访规定》的诠释和说明，还将包括其他涉及外国记者来华采访的政策和程序信息。此外，《指南》的内容编撰方面还须达到如下两个目标：第一是其所包含的法律和政策信息应确保充分满足奥运惯例且符合我国政府承诺；第二是其所包含的程序信息应具有实施细节和可操作性。

由于相关政策调整和程序简化工作涉及中央和国家诸多政府部门，北京奥组委作为《指南》编制牵头单位本身并不具有任何政策和法规的订立权限，因此协调便成为《指南》编制小组的核心工作。2006 年 11 月 9 日，北京奥组委媒体运行部邀请 25 家中央和北京市相关单位召开了北京奥运会外国记者服务指南编制工作启动会，以此为标志，《指南》编制工作正式启动。此后，《指南》的编制主要围绕两部分内容展开：

一是编制《采访规定》的实施说明。由于《采访规定》的内容多是原则性条款，为便利外国记者准确理解执行《采访规定》，奥组委媒体运行部在与外交部沟通研究的基础上，起草了《〈北京奥运会及其筹备期间外国记者在华采访规定〉实施说明》，分别对"规定"的实施期限、适用对象、适用范围、签证办理、海关手续、在华旅行、在华采访、进口使用无线电设备、雇用人员等九个事项进行了详细解释和说明。实施说明丰富了《采访规定》的内涵，明确了执行过程中的法律界限，为记者准确理解和遵守《采访规定》提供了必要帮助。

二是协调制定与奥运会媒体报道相关的其他政策。虽然《采访规定》已颁布实施，但我国现行涉及外国记者工作和活动管理的相关政策与"规定"的精神尚有不少差距，需要按"规定"及我国政府申奥承诺作相应调整。《指南》的编制除涉及《采访规定》实施说明外，还涉及外国记者赴文物保护单位或区域采访等十余个方面的政策调整和程序简化工作。针对这一问题，奥组委媒体运行部分别走访了国务院新闻办、公安部出入境管理局、海关总署、北京市外办等18家中央和北京市相关单位。各有关单位本着兑现承诺、遵循国际惯例的原则，逐步明确并形成了针对上述问题的政策口径。2007年2月，《指南》中文初稿编纂完成后，相关内容又再次分送相关主责政府部门征求意见并请其以书面形式予以确认。

《指南》在北京奥组委官方网站发布后，美联社、欧广联和日本广播联盟等奥运会注册媒体和持权转播商纷纷来信表示感谢和祝贺。一时间，拥有一部中英文合订本的《指南》成为注册报道北京奥运会各国媒体热衷和乐道的事情，红色封面的《指南》被各国媒体奉为"红色圣经"。

2007年3月14日，根据国务院和北京奥运新闻宣传工作协调小组指示精神，奥组委媒体运行部邀请中宣部、外交部、国务院新闻办、北京市委宣传部等8家单位的16名领导同志和相关工作人员对《北京奥运会及其筹备期间外国记者采访服务指南（草案）》进行了集中审读。经过逐条认真审读，审读小组作出评价：《指南》内容所涉及的政策和程序事项信息全面，政策取向符合奥运惯例和我国承诺，基本上满足奥运会外国记者的采访需求。审读小组还建议正式将《指南》名称确定为《北京奥运会及其筹备期间外国记者采访服务指南》。

2007年5月，《指南》在北京奥组委官方网站发布后，新华网全文转载了《指南》内容。《人民日报》、法新社、雅虎网、美国全国广播公司等国内外主要媒体都迅速就此作了报道。美联社、欧广联和日本广播联盟等奥运会注册媒体和持权转播商纷纷来信表示感谢和祝贺。《指南》的纸介版发放工作随即展开，一时间，拥有一部中英文合订本的《指南》成为注册报道北京奥运会各国媒体热衷和乐道的事情，红色封面的《指南》因为其实用性和亲切的风格，被各国媒体奉为"红色圣经"而倍加珍视。《指南》被追捧的事实成为《指南》成功的最直白的注脚，而这一切皆缘自《指南》所诠释的有关中国媒体政策的实实在在的变革。

四、成果

经历了无数的曲折和艰辛之后，《北京奥运会及其筹备期间外国记者在华采访规定》和《北京奥运会及其筹备期间外国记者采访服务指南》两部沉甸甸的文件终于公之于世了。各国媒体将关注目光转向两部文件的具体执行和实际成果。为了充分理解两部文件的历史价值和分量，不妨在此盘点一下两部文件对中国媒体政策所实现的历史性的变革和突破。

在《指南》所涉及的一系列媒体政策中，《采访规定》的出台是法律法规调整方面最重要的举措。与1990年颁布实施的《外国记者和外国常驻新闻机构管理条例》相比，《采访规定》和《指南》在采访自由等方面极大改善了外国记者的工作环境。以下择取十个方面进行具体阐述：

1. 关于《采访规定》和《指南》的适用对象

这一问题的焦点是如何定义"外国记者"。《采访规定》没有对"外国记者"的内涵和外延作具体的界定。《指南》对此作了解释和说明，指出"《采访规定》中的外国记者是指外国常驻记者和临时来华记者，其中包括网络媒体记者、自由撰稿人、受聘为北京奥林匹克转播有限公司工作的外籍人员和在北京奥运会期间获得国际奥委会和国际残奥委会媒体类别奥林匹克身份注册卡的媒体从业人员，后者包括持权转播商、注册文字和摄影媒体等北京奥运会注册外国媒体机构的从业人员"。这一定义十分宽泛，实际上将所有外国媒体机构的从业人员全部纳入了外国记者的概念。这样处理的原因，首先是依照国际惯例，不再将采编人员和从事行政管理、技术支持与后勤保障等其他媒体从业人员作区别管理和对待，而是对之采取一视同仁的态度；其次是将《采访规定》和《指南》所规定的各项便利政策和条件尽可能地普惠于所有外国媒体从业人员。这也是中国新闻史上首次承认网络媒体记者、自由撰稿人作为媒体从业人员的地位并赋予他们同样的权利。

2. 关于《采访规定》的适用范围

《采访规定》第二条规定："北京奥运会及其筹备期间，外国记者在中国境内采访报道北京奥运会及相关事项适用本规定。"鉴于"相关事项"涉及《采访规定》适用范围的外延和界限，是外国记者的重要关切所在，因此也成为《采访规定》执行过程中的一个关键问题。无论从扩大对外宣传而言，还是从往届奥运会惯例而言，对奥运会赛事之外事项的采访报道都将是外国媒体工作的重要方面。《指南》最终对《采访规定》第二条作了如下明确的阐释："《采访规定》既适用于外国记者在中国境内依法采访报道北京奥运会赛事及其组织筹备情况，又适用于外国记者在中国境内依法采访报道中国的政治、经济、社会和文化等方面的事项。"这一解释一方面呼应了477号令作为国家临时性专项法规的性质，同时也按照国际惯例为外国记者在华进行广泛领域的采访活动构建了合法的法律环境。因而也使这部法规实际上具有了规范外国记者所有在华采访活动的性质和意义。

3. 关于外国记者来华签证办理

《采访规定》第三条规定："外国记者来华采访，应当向中国驻外使领馆或者外交部授权的签证机构申请办理签证。"这一条款实际上废止了原长期执行的关于无国内邀请单位不予办理外国记者来华签证的内部规定，外国记者可以直接到中国驻外使领馆办理签证申请手续，不必事先获得中国有关单位的邀请。事实上，在此条款的执行实践中，只要证明确有工作需要且提出申请，我国外交部甚至会视情况核发数月有效多次入境的记者签证，大大便利了外国媒体来华采访工作。这也从实际中突破了以往只签发短时限一次有效的记者入境签证的做法。

4. 关于外国记者在华采访

《采访规定》第六条规定："外国记者在华采访，只需征得被采访单位和个人的同意。"这是《采访规定》最核心的条款，此条款的含义可以理解为：外国记者来华采访，不再必须有中国国内单位接待并陪同。外国记者赴地方采访，无须向各地相关政府部门申请并获批准，只需征得被采访单位和个人同意即可。这是《采访规定》较之47号令的重大突破，被外国媒体称作"新闻自由条款"。在实践中，这实际上取消了此前一直沿用的对外国记者采访的"开放地区"与"非开放地区"的区别与限制，取消了采访的事先审批制，从而也取消了长期

> 外国记者来华采访，不再必须有中国国内单位接待并陪同。外国记者赴地方采访，无须向各地相关政府部门申请并获批准，只需征得被采访单位和个人同意即可。这被外国媒体称作"新闻自由条款"。

沿用的陪同采访制度，仅要求"采访时应当征得被采访单位和采访人的同意"。依据此条款，外国记者在突发事件发生后第一时间赶赴现场进行采访这一职业性的做法，从此不再被视为违规行为，而得到了法律的认可。

5. 关于外国记者安装和使用无线设备

《采访规定》第五条规定："外国记者因采访报道需要可以在履行例行报批手续后，临时进口、设置、使用无线电通信设备。"相比47号令，这是一项有重大突破的条款，它明确废止了我国此前一直实行的对国外无线电设备进口和使用的"禁止制"，而改为"审批制"。这一政策调整首先是兑现了我国政府的申办承诺，遵循了国际惯例，同时也极大地满足了当代媒体，尤其是广播电视媒体的报道需求。

6. 关于外国媒体机构雇用中国公民协助采访报道

《采访规定》第七条规定："外国记者可以通过外事服务单位聘用中国公民协助采访报道工作。"此条款对以往的管理办法作了两方面的调整。第一，按照该规定，外国媒体机构或个人可以但非必须通过我外事服务单位聘请中方雇员，外国记者直接雇用中国公民协助采访报道不再为法律所禁止。这就改变了以往只有通过我政府外事服务部门唯一合法途径聘用人员的做法，外国媒体机构或个人自行

推荐、直接雇用人员成为合法，但须通过我外事服务单位履行登记手续并获得执业证件。第二，关于中国雇员所从事的"协助采访报道"工作，《采访规定》和《指南》都未作明确，在奥运会的实践中，对执"协助采访报道"证件的外国媒体中方雇员的采访活动均予认可。

7. 关于个人携带器材入关手续

《采访规定》第四条规定："外国记者来华采访所携带的合理数量的自用采访器材可以免税入境，有关器材应当在采访活动结束后复运出境。"这一规定取消了以往必须由中国接待单位为外国记者出具保函或保证金的做法，便利了记者器材入境手续。

8. 关于采访突发公共事件

《指南》明确，在出现突发公共事件时，事发地政府或主管部门将及时进行信息发布，介绍事件情况、进展、政府应对措施以及公众应该注意的防范措施，为媒体提供及时的信息服务。外国记者采访突发公共事件时应注意自身安全，如遇险情，可向现场安全或救援人员求助。中国政府有关部门如在现场依法采取临时控制措施，如设置警戒带等，外国记者应服从现场安全管理人员的指令和疏导。这一表述改变了以往限制外国记者采访突发公共事件的做法，体现了在处理外国记者采访突发公共事件

> 不禁止和限制外国记者赴现场对突发公共事件进行采访报道；明确事发地政府或主管部门有义务向媒体提供及时的信息服务；外国媒体应服从现场依法采取的临时控制措施，并注意自身安全。

方面我国政府管理政策的转变。其内容是：不禁止和限制外国记者赴现场对突发公共事件进行采访报道；明确事发地政府或主管部门有义务向媒体提供及时的信息服务；外国媒体应服从现场依法采取的临时控制措施，并注意自身安全。

9. 关于办理临时驾驶许可

为便利北京奥运会及其筹备期间临时入境驾驶人的活动，北京奥组委协调公安部颁布了《公安部关于北京奥运会及其筹备期间临时入境机动车和驾驶人管理的通告》。在北京奥运会及其筹备期间，包括奥运会、残奥会、测试赛、火炬接力等活动期间，外国注册媒体因采访报道需要，经批准后可以申请办理临时驾驶许可。临时驾照的申领程序非常便捷，既不需要对申请人进行交通法规和驾驶技术的考试，也不设置其他先决条件，在奥运会期间极大地便利了外国媒体的工作。

10. 关于互联网访问政策

《指南》明确，北京奥运会期间，中国将为外国记者接入互联网提供充分的便利，保证外国记者在中国境内利用互联网开展奥运报道不受影响。这也是中国政

府第一次在此方面作出政策承诺。

五、评价

试图评价北京奥运会在媒体政策方面给中国留下的长久的遗产，显然是徒劳和妄自尊大的。原因其实很简单，无论如何，我们都无法在时隔不久的今天，准确、充分地评估奥运会媒体政策对中国社会进步与中国媒体政策演进所带来的深刻和长远的影响。与任何伟大的事件一样，奥运会媒体政策的历史张力需要经过时间的铺陈才能彰显出来。

仅就其实际获得的结果而言，北京奥运会的媒体政策已可谓成果丰厚，在有些方面已经开始对中国的社会进步产生深刻且深远的影响。

第一，开放的媒体政策保障了北京奥运会媒体服务工作的完美运行，实现了高水平、有特色的工作目标。由于北京奥运会的媒体政策严格按照奥运会和国际大型赛事的惯例，充分保障媒体权利，充分满足媒体需求，所有 37 个竞赛场馆、媒体村、奥运村和主新闻中心及国际广播中心的媒体运行工作都得以出色地完成，为报道奥运会、残奥会的媒体记者搭建起了专业化的工作平台，为其充分报道赛事奠定了基础。通过开放和国际化的媒体政策及精心的规划，北京奥组委有效地管理了迄今为止我国历史上（同时也是奥运会历史上）最大规模的注册媒体（超过 26 000 名注册记者），未出现任何运行事故，未出现任何服务纰漏。国际媒体机构及其从业人员得以在宽松、自由、开放、透明、合作、友善、信息完备的环境中从事采访报道工作。

北京奥组委通过对媒体提供优质专业化的设施以及温馨、贴心、个性化的服务，使国际媒体在满意、便捷的服务享受中消除成见，加深对中国的理解，成功地引导和影响国外媒体对北京奥运会形成积极正面的评价，进而促成了于我有利的国际舆论环境，实现了中央关于"服务媒体就是服务奥运"的预定方针和目标。此外，积极而稳妥的电视转播运行政策确保了北京奥运会电视转播得以出色完成，赛事电视转播的制作手段、转播规模、信号质量、信号传输、转播时数、覆盖地区、覆盖人口、全球收视率、转播收益等各项指标均创奥运会、残奥会的历史最好水平，极大地传播了中国积极而丰富多彩的国家形象。同时，切实实现了转播播出的政治安全和技术无差错，向全世界观众奉献了一届完美的奥运会。

> 北京奥组委通过对媒体提供优质专业化的设施以及温馨、贴心、个性化的服务，使国际媒体在满意、便捷的服务享受中消除成见，加深对中国的理解，成功地引导和影响国外媒体对北京奥运会形成积极正面的评价，进而促成了于我有利的国际舆论环境，实现了中央关于"服务媒体就是服务奥运"的预定方针和目标。

从统计结果上看，根据国际奥委会就北京奥运会媒体报道所作的官方调查统计结果[①]，北京奥运会在 2008 年全球电视新闻报道总量排行榜中位居第四位，实际累计报道时数为 471 666 小时（53.8 年），仅次于美国总统大选、伊拉克战争和世界金融危机三大新闻事件。由于奥运会的拉动，全球媒体对中国的关注和报道大幅度增加，2008 年中国在世界媒体中获得的关注度相比 2007 年增加了 20%，相比 2000 年增加了 51%。在北京奥运会召开的 2008 年 8 月期间，关于中国的报道较上一月环比增长了 2 倍，而在奥运会结束后的 9 月则迅速下降了 82%。调查还表明，媒体的关注点并不限于奥运会赛事本身，而是主题十分广泛。在奥运会开始前的 2008 年 3 月至 4 月间，与中国相关的各类新闻所受到的媒体关注度，较奥运会后的 2008 年 9 月至 10 月，高出了 8～15 倍。这一数据同时也表明奥运会赛事是一项公众兴趣非常高的新闻事件，它本身也会进一步衍生出对主办国、主办城市更为普遍的关注。北京奥运会的电视转播吸引了全球电视转播历史上最为广泛的受众。奥运会转播在主办国中国的收视率达到了 94%，在美国也创造了电视转播的收视纪录，平均每日拥有观众 2 700 万人次，累计电视观众达到 2.11 亿人次。北京奥运会媒体报道的另一特点是互联网报道的大幅增加和互联网受众阅读量的激增。据统计，在 2008 年 8 月间，几家获得了报道权的全球重点互联网站，如

---

① 此项结果来自由国际奥委会委托的"新闻传播影响力"专业机构对全球五大洲 160 个国家 10 亿人进行的跟踪抽样调查。

NBC 奥运网、Yahoo 体育网、ESPN 网、体育画报网、纽约时报网和 FOX 体育网的访问量都飙升了 30% 以上。以体育画报网为例,当月的访问人数达到了 933 万的历史最高纪录,网页访问量达到 1.18 亿页次。

第二,积极稳妥的奥运会媒体政策推进和落实了一系列有关外国记者在华采访的法律制度和政策方面的突破性措施,最大限度地创造条件,营造了自由、开放、民主、自信的国家形象,极大地提高了我国政府重承诺、守信誉的国际地位,受到了国际媒体的好评,收到了积极正面的外宣效果。美联社社长汤姆·科利(Tom Curley)在谈及北京奥运会的影响时曾经表示:"北京奥运会的成功举行是 2008 年最为重要的事件。其中,中国政府在新闻自由方面的开放性转变,其深远意义超过了美国总统奥巴马的当选。此举对世界未来的长远影响是超乎寻常的,也必将证明是奥林匹克运动有史以来最伟大的成就。"国际奥委会新闻委员会在其 2008 年工作报告中指出:北京奥运会和残奥会取得的巨大成功举世公认。其中,北京奥组委媒体运行工作实现了对中国历史上最大规模外国记者集中采访报道的出色组织、管理和服务,完成了奥运会历史上最成功的媒体运行和服务工作,在很多方面通过创新形成了具有鲜明特色的奥运会媒体服务"北京模式",对完善国际奥委会《媒体技术手册》和指导今后各届奥运会媒体运行工作具有重要意义。北京奥运会在媒体政策方面给中国留下了丰富而重要的遗产。中国政府在奥运会期间实行的对外国媒体的管理政策,极大地便利了国际媒体的报道,传达了中国政府开放自信的国家形象,收到了积极正面的媒体评价。中国政府在 2008 年 10 月决定以长期立法的方式将奥运期间开放性的媒体政策制度化,这表明奥运会的媒体政策已经对中国产生了积极而深远的社会影响。

第三,以奥运会的媒体政策为标志,中国的媒体管理制度开启了一个全新的时代。从历史的角度审视奥运会媒体政策的突破与转变,实际是中国综合国力不断增强、社会政治民主化进程日益发展的必然的历史结果,奥运会媒体管理的需要则提供了实现这一转变的契机。实际上,这一变革进程早在 2007 年初随着《采访规定》的颁布实施就已经悄然开始,我国政府媒体管理部门正式依据《采访规定》的基本原则和规定,以开放的姿态和服务的理念先后处理了南方雨雪冰冻灾害、汶川大地震、西藏"3·14"事件等一系列重大事件的媒体报道,收到了十分积极正面的效果。中外记者为此欢欣鼓舞,我国政府媒体管理部门的形象为之一变,为奥运会媒体政策的实施作了有益的预演和铺垫。

事实证明,这一政策的转变顺应时代的潮流,符合当代媒体发展的需求,符合我国更深更广泛地融入国际事务的利益和要求,有利于我国利用国际媒体资源在国际舞台上更主动有效地发挥作用的战略目标。2008 年 10 月 17 日,即在《北京奥运会及其筹备期间外国记者在华采访规定》(国务院第 477 号令)自行废止之日,国务院正式公布了《中华人民共和国外国常驻新闻机构和外国记者采访条例》

（国务院第537号令），即日起开始执行。该条例正式取代了执行18年之久的国务院第47号令——《外国记者和外国常驻新闻机构管理条例》，在实质内容上继承和延续了477号令所实现的突破与变革，实际上将477号令所开创的自由开放的媒体管理政策通过国家永久立法的方式确定为一项长期的国策。正是从这个意义上讲，中国的媒体管理体制从此开启了一个新的时代。

第四，以奥运会的媒体政策为标志，中国的媒体管理制度实现了有关管理方针、管理策略、管理手段、管理依据方面的理论与实践的丰富、完善和转型。以《采访规定》和《指南》为代表的奥运会媒体政策不仅完成了媒体管理体制向着更加开放和自由的方向的历史性变革，两部文件制定过程的政策和法律实践，以及其所依据的全新理念、原则和指导思想对我国媒体管理制度的理论和实践同样具有变革性的意义。奥运会媒体政策实践与理论经验至少有如下几点：

> 以奥运会的媒体政策为标志，中国的媒体管理制度实现了有关管理方针、管理策略、管理手段、管理依据方面的理论与实践的丰富、完善和转型。

1. 从媒体自身的特点和行为模式出发考察媒体政策的依据

媒体的性质和工作任务决定了它的基本工作特点和行为模式，即及时发现、跟踪、发掘、展示和最终实现一个事件的新闻价值。媒体政策的出发点和落脚点首先要契合媒体的行为模式和工作特点。奥运会的媒体政策第一次明确将媒体自身的特点和行为模式作为媒体政策的基础性依据来加以研究和考察，要尊重媒体的工作性质和规律。

当今时代是媒体时代、传播时代。在这样的时代背景下，每一项重要的社会事件首先和同时都是一项重要的媒体事件，都会受到媒体的普遍关注。事件越具重要性，所吸引的媒体就越多，此外媒体报道还有报道持续时间长、短时间集中聚集等特点。由于媒体追逐独家新闻的特点，就同一事件采访报道的媒体彼此间均为竞争对手，他们从抵达报道现场的那一刻起就展开了激烈的竞争。这种竞争有时表现为公开地拼抢消息资源或是有利的报道条件，更多的时候则表现为媒体人员之间策略、胆识、敏感性、洞察力、新闻技巧、社会关系，乃至体力、毅力、耐力、心理承受力、身体承受力的较量。在这种极重的专业任务以及由此形成的巨大心理压力下，媒体人员往往成为事件参与者中最具特殊心态的客户群：他们工作晨昏颠倒（生活在各自国家和地区的时区中，以直播或截稿时间为作息标准），行色匆匆、疲劳过度、敏感易怒、抱怨挑剔，对各种服务要求苛刻。

因此，媒体政策必须着眼于满足媒体的工作规律和特点提供四方面的保障：一是信息服务保障，提供及时、全面、充分的时间信息和背景材料；二是基于空间和场地方面的配套设施与服务，如符合媒体要求的空间、场地、位置、角度、平台、背景、设施（新闻中心、演播室、风景机位等）；三是技术保障：电力系统、空调系统、网络系统、传输系统、照明系统、消防系统、安保系统、应急保障系统；四是政策保障：采访许可，设备设施进口、安装、使用许可，技术系统的分配和协调（如无线电频率），特殊技术手段的使用安全授权与监控。事实证明，符合媒体行为模式和工作特点的政策将受到媒体的拥护、支持和配合，也易于为媒体所接受和执行，可以收到很好的引导和管理效果。

2. 媒体政策应充分尊重媒体的权利和地位

在当今社会中，媒体出于其自身的性质和其经营方式的特点，往往在一些重大的活动或事件中扮演特殊的角色，占据特殊的地位，拥有特殊的权利。这些特殊的角色、地位和权利是其发挥社会作用的前提和基础，因此也应成为媒体政策制定的重要依据。奥运会政策制定者们第一次明确，要自觉地正视并且充分尊重媒体的权利和地位，并将其作为考察和制定媒体政策的前提。

> 奥运会政策制定者们第一次明确，要自觉地正视并且充分尊重媒体的权利和地位，并将其作为考察和制定媒体政策的前提。

当代社会中，媒体以其特殊的性质在传播的链条中占据特殊的地位。其特殊性质在于它在传播的过程中起着双向中介的作用。一方面它是事件的传播者，是事件组织者进行事实和观点发布的媒介；另一方面它又代表着公众的知情权，拥有得天独厚的话语权，代表社会舆论对事件及其组织者实施监督。无论出于对媒体双重身份的哪一方面考虑，媒体都有权利或有必要获得事件组织方的政策支持和服务。萨马兰奇关于一届奥运会的成败是由媒体评判的论断可谓不谬。因此，尊重媒体的上述权利并积极主动地为其提供所需要的政策和服务可以有效地改善媒体关系，与媒体建立起相互合作与信任的伙伴机制，有助于相互沟通和化解矛盾，在特殊情况下可缓冲事件组织方同媒体的对立情绪，达到规避危机和改善、强化传播管理效果的目的。北京奥运会最终以媒体服务赢得媒体的良好评价，这在很大程度上得益于明确的媒体政策定位，即善待媒体。

3. 将满足媒体普遍期待和需求作为制定政策的目标

媒体作为当代社会生活的积极参与者，对制约其活动的外部政策和条件有着合理的期待和需求，满足这些期待和需求是充分发挥媒体社会功能的前提，也是制定媒体政策的基础。奥运会的媒体政策第一次明确提出，要将满足媒体普遍期待和需求作为制定政策的目标。从奥运会的经验看，媒体政策至少要在如下几个方面满足媒体的期待和需求。

从媒体的期待看，媒体代表着公众的知情权和话语权，行使着舆论的监督权，因而有权利期待获得自由的报道环境和良好的服务，包括充分、全面、及时、客观的信息服务和周到便利的保障支持服务；当代媒体对设施和服务依赖日益增强的特点，以及媒体业竞争日趋激烈的现状，使媒体有理由期待获得和支配充足、可靠、便利及成本低廉的服务资源与服务提供；新闻机构为完成事件报道往往支出不菲的花费，因此有权利期待得到相应的服务回报；作为事件或活动组织方的合作伙伴媒体或持权转播商，有权期待参与决策和享有相应的媒体设施与服务。此外，当代媒体专业分工细化，不同类型媒体在共同的需求之外还因自身性质和特点差异产生个性化的需求，因此要求分类管理，区别不同对象，提供个性化的服务。

基于上述期待，媒体的普遍需求包括：充分的尊重与理解，包括承认并尊重媒体的权利、行为模式、工作特点、专业诉求；宽松便利的法律政策环境，要求符合国际通用准则，保障媒体的权利，符合行业标准和通行做法，政策明晰、程序便捷，行政审批服务标准化；标准化的工作设施，包括采纳通用国际行业标准、提供多种制式、标准配置、规范化的服务、规范化的运行政策；全面、客观、及时、充足的信息提供服务；良好的服务，要求方便、快捷、高效，细致入微，同时区别不同对象，提供个性化的服务。

4. 将履行外部合同义务作为制定政策的基础

在奥运会的筹办和举办过程中，《主办城市合同》及其附件《媒体技术手册》作为一份根本性的国际条约，其中规定了中国政府和北京奥组委在媒体政策方面的合同义务。此外我国政府在奥运会申办和筹办过程中所作的各项有关媒体政策的承诺，也对奥运会的举办活动有着法律约束力。上述内容作为外部的合同义务，对制定奥运会媒体政策起着根本性的制约作用。因而奥运会的媒体政策明确将遵守合同义务、兑现申办承诺作为媒体政策的重要基础，强调要不折不扣地兑现承诺和履行义务。这一经验对我国主办大型国际活动（如世博会、亚运会等）媒体政策制定具有直接的借鉴作用。

5. 将遵循国际惯例和通行做法作为媒体政策制定的前提

遵循国际惯例是我国政府申办和举办奥运会的郑重承诺，也是奥运会媒体政策制定的重要依据。前文曾经提到，刘淇同志在北京奥运会第一次世界转播商大会的致辞中曾郑重强调："如果我们的有关规定、做法与奥运会惯例及我们的承诺有冲突，我们都将服从国际奥委会的要求和奥运会的惯例，满足媒体服务的需要。"这是中国领导人第一次明确将媒体行业的国际惯例和通行做法确定为媒体政策制定的前提和标准。出于兑现承诺的义务，在媒体政策方面的国际惯例和通行做法具备了某种约束力。从奥运会媒体政策的实践看，可以作为媒体政策依据的国际惯例包括：国际性活动或赛事的组织方在管理媒体方面的通行做法、成功经验、可供借鉴的特殊措施和安排、最新确立的设施和服务类别与标准、新近确立并行之有效的政策和程序、归纳总结的理念原则、应对挑战的有效办法和途径等；各类国际组织在媒体管理方面的建议、决议、指导意见，包括活动和事件的权利持有方、主办方、利益相关方、持权媒体、赞助商、设施和服务提供商等提出的建议、决议和指导意见；来自主流媒体的建议和意见，包括来自媒体机构、媒体团体、媒体专业组织（学术的、维权的、技术的、法律的、行业的，等等）以及知名媒体人士的建议和意见。事实证明，这些惯例和通行做法对媒体政策的制定具有特别的理论和实践价值，同时具有很强的针对性。

6. 将优化媒体运行的整体法律和政策环境作为媒体政策的重要内容

与媒体运行相关的法律制度体系包括主办国普遍适用的法律法规和特殊适用媒体的法律法规。前者包括同媒体运行相关的各项综合性法律和专业性法律。由于当代媒体的运行涉及十分广泛的事项和专业保障，因此与之相关联的各个领域的法律制度都会对媒体的运行政策和针对媒体的服务保障构成制约和影响。后者则主要是指专门用以规范媒体活动或某一类型媒体活动的法律法规和相应的配套政策。从奥运会的经验看（以《指南》为例），媒体政策不仅应着眼于完善专门针对媒体活动的专业性法律规范，还应致力于从整体上优化媒体运行的法律和政策环境。媒体运行政策的根本目的是通过调整所有涉及媒体运行的各个领域的法律规范来实现对媒体的有效服务、引导和管理。因此，必须将协调所有涉及媒体运行的法律规范作为媒体政策的一项根本性的内容加以重视。

> 媒体政策不仅应着眼于完善专门针对媒体活动的专业性法律规范，还应致力于从整体上优化媒体运行的法律和政策环境。媒体运行政策的根本目的是通过调整所有涉及媒体运行的各个领域的法律规范来实现对媒体的有效服务、引导和管理。

第五，从理论和实践上创建了我国媒体科学的新领域——媒体运行学。奥运会的媒体政策理论及其实践在学术方面的积极成果，就是在我国第一次确认了媒体运行学的学科概念，并指导其在实践的基础上，科学地规范了媒体运行的定义、宗旨、本质、对象等，构建了媒体运行独立的学科体系。

媒体运行的活动长期以来一直非自觉地现实存在于政府或企业、商务或文化等性质的国际国内活动或媒体实践中。媒体运行学应属传播学的范畴，说到底，它产生自媒体实践中的现实的需要。从传播学的利益方链条看，媒体运行既是传播者的需要，也是传媒的需要乃至受众的需要；它既体现着传播目的的需要，也反映着传播过程的需要乃至传播结果的需要。

在我国，由于传统的重管理轻服务的媒体政策，使得媒体服务的概念长期得不到应有的重视，因而也自然疏于理论和实践的研究。在奥运会的筹办和举办过程中，由于外部条件要求，政策制定者着眼于履行国际合同义务、与国际惯例接轨，因而得以换一个角度看待媒体，即不再将媒体看作管理的对象、说服的对象、防范的对象，而是服务的对象、合作的伙伴，进而从服务的角度出发思考和研究媒体政策。北京奥运会在这方面高标准的需求给我国媒体政策提出了全新的课题和挑战，在应对这一挑战的过程中，才真正地开始了第一次有关媒体服务政策的自觉的实践。在实践中逐步明确完善了媒体运行的理念、原则、机构设置、人员配备、计划管理、服务标准、政策程序、应急预案、成果评价等环节的内容，构建起媒体运行学的理论体系，科学地规范了学科的定义、宗旨、本质、对象等核心理论内容。

据此，媒体运行可以定义为，以为媒体创造便利的工作条件为目的，通过专业化的计划和组织，实现针对媒体机构及其从业人员在工作设施、运行保障和信息内容等方面的综合性专业化服务。媒体运行的服务对象囊括各种传统和新兴的媒体形态；媒体运行的宗旨是为媒体提供工作便利，为媒体创造良好的工作条件。它要求以媒体的需求为出发点，以媒体的满意为落脚点，以媒体的评价为标准，以方便媒体为目的。专业化的媒体服务应包括向媒体提供为完成工作所需的工作环境、政策程序、设施服务、新闻素材和生活保障。媒体运行的本质是服务。服务是媒体运行的基本理念，服务是媒体运行的全部内容，服务是媒体运行的基本工作方式。媒体运行在某种意义上可以直接定义为媒体服务。它的运行特点是通过周密的计划，严格的落实和准确的执行来实现服务。

媒体运行区别于新闻宣传。新闻宣传将媒体定位为说服的对象、管理的对象，出发点是说服、引导，通过监控和传播，达到管理、控制的目的；媒体运行将媒体定位为服务的对象、合作的对象，出发点是服务、便利，通过设施和服务的提供，达到保障、支持的目的。二者出发点不同、行为方式不同、目的性不同，反映出的媒体关系也不同：新闻宣传与媒体之间是传播者和被传播者的关系，双方难于建立信任；媒体运行与媒体之间是服务提供方和服务接受方的关系，双方易于建立信任，乃至相互依赖。二者相通之处在于殊途同归——都会作用于媒体评价，导致媒体作出正面或负面的评价。如果说新闻宣传通过说服来影响媒体评价，那么，媒体运行则通过服务来影响媒体评价。在线性传播的效果越来越受到媒体质疑的今天，媒体运行的质量往往决定着媒体对某一事件或活动总体运行效果的感受，进而决定着媒体对某一事件的评价。因此应该说，媒体运行有着相对独立存在和运行的客观依据和实际价值，它不是也不应该简单地成为新闻宣传的渠道和工具。

　　北京奥运会第一次把媒体运行作为一项独立工作，完整地依据媒体运行学的科学理论进行了系统的实践，积累了丰富的经验，积累了一系列有关媒体运行计划体系、服务类别、服务标准、运行系统、人员计划、组织架构、指挥机制、评价标准、政策程序、应急预案、运行成果、评价总结、知识转让等宝贵的数据。更难能可贵的是通过实践培养了一批有实践经验的操作型人才。因此，通过奥运会的实践，媒体运行学科在我国的建立具备了理论、实践和人员基础，势必将丰富新闻学和传播学的理论体系，填补我国媒体运行学教育的空白。

第十一章

北京奥运与现代国家治理

　　2008年北京奥运会作为一届有特色、高水平的奥运会，体现在既是一场专业运动员参与的体育盛会，也是一场公众广泛参与的文化盛会；是一场中国的盛会，也是一场世界的盛会；在奥运史上留下了鲜明的印记，也推动了中国国家治理理念的变化与发展。

　　中国文化的元素和符号在北京奥运开幕式、闭幕式和赛场内外处处展示，把和平、和谐、和为贵、和而不同、和睦相处、和和气气的"和"文化传递给了世界，体现了中华民族对人、社会、世界的态度，必将对现代奥林匹克运动产生深远影响。同时，北京奥运会的成功举办，对中国自身的发展也有巨大的促进作用，以人为本、民主参与、开放包容、公平竞争、合作共赢等国家治理理念得到巩固和提升。

北京奥运会的成功举办，对中国自身的发展也有巨大的促进作用，以人为本、民主参与、开放包容、公平竞争、合作共赢等国家治理理念得到巩固和提升。

一、公众奥运

"参与比取胜更重要"。

这是现代奥林匹克之父顾拜旦于 1908 年 7 月 24 日，在伦敦举行第 4 届奥运会期间引用宾夕法尼亚大主教的一句话。顾拜旦解释说："生活中重要的不是凯旋而是奋斗，其精髓不是为了获胜而是使人类变得更勇敢、更健壮、更谨慎和更落落大方。这是我们国际奥委会的指导思想。"

从 1896 年的第一届现代奥运会，到 2008 年第 29 届奥运会在北京成功举办，公众的参与使奥运会成为影响深远、涉及全球的重要国际性活动，也使奥运理念和奥运精神由体育场走入千家万户。

公众参与，通常也称公共参与、公民参与，是指公众试图影响公共政策和公共生活的一切活动。回顾奥运会发展的历史，我们不难发现，公众参与是奥运会发展成今天世界上最大的体育盛会的根本动力；公众参与使奥运会由单纯的体育竞赛发展成一项综合体育、经济、政治和文化的国际盛会；公众参与丰富了奥林匹克精神的内涵，推动了不同民族和种族之间的对话与合作，推动了各国的有识之士为建设一个和谐世界而努力。

第一届现代奥运会无论参与人数、参与国家还是赛事规模都小得可怜。在今天看来，当年临时拼凑的赛场赛道，以及美国运动员托马斯·伯克在短跑中使用的近似"蹲踞式"的起跑姿势和用南瓜隔开的游泳赛道，已经成了奥运史上的奇闻逸事而被人津津乐道。

> 公众参与是奥运会发展成今天世界上最大的体育盛会的根本动力，也使奥运会由单纯的体育竞赛发展成一项综合体育、经济、政治和文化的国际盛会，丰富了奥林匹克精神的内涵，推动了不同民族和种族之间的对话与合作。

随后奥运会的发展简直出乎想象，这得力于现代奥运先驱顾拜旦和国际奥林匹克委员会的全力推动，更是世界各国人民广泛参与的结果。百年以来，奥运会的影响和波及范围逐渐扩大，直至北京奥运会明确提出"人文奥运"（People's Olympic）的理念，它已经成为世界范围内寻常百姓普遍关注的盛事。

1896 年首届现代奥运会举办时，只有 9 个项目、14 个国家的 241 名运动员参赛。第二次世界大战之后，新独立的民族国家也把参加奥运会作为展示国家形象、进行国际交流的重要舞台，参赛人数和参与国逐渐增多。北京奥运会有 204 个国家和地区的 11 526 名运动员参与比赛，创造了历史之最。另外，在 1896 年举办奥运会时，女性被完全排斥在外，当时的奥组委认为，女性不适合参加奥运会的竞技项目。后来，随着女权主义运动的兴起和公众的大力支持，1924 年，女运动员开始正式参加奥运会比赛。今天，女子项目已经占据比赛项目的半壁江山，奥运会真正成为竞技体育的完美表现平台。

如前所述，公众参与也使奥运会由单纯的体育竞赛发展成一项综合体育、经济、政治和文化的国际盛会。按照顾拜旦的设想和规划，现代奥运会应该成为独立于商业活动的非营利项目，但是，随着奥运会规模的扩大和奥运设施的要求越来越高，仅靠捐赠和政府资助很难举办一届成功的奥运会。于是，奥运会开始适当引入商业因素，推广奥运产业。如今，奥运产业全球竞逐，推动了经济全球化；奥运成为诸多首脑的对话平台，促进了政治沟通；每一届奥运会的会徽、会标和吉祥物等，奥运会的开闭幕式和相关活动都成为展示举办国文化成果，促进文化交流的重要途径。

现代奥运会举办初期，参与者大多是欧美等资本主义强国，奥运会也被称为"白种人的体育竞技会"。但随着更多新兴民族国家组团参加，奥运会成为不同种族、民族平等竞争、超越自我、追求更快更高更强的体育竞技平台，奥运会成为展现人类进取精神、追求人类解放、促进人类文明的重要活动。奥运会摈弃了对立和冲突，凸显和平与和谐的精神深入人心。历史上，韩国和朝鲜队员手拉手，组成一个代表团参赛，赢得了全世界的尊重。北京奥运会期间，正值俄罗斯和格鲁吉亚之间发生局部冲突，两国的队员在赛场上热情拥抱，相互祝福，给观众留下了深刻的印象。

实际上，这种渐进的公众参与方式全面扩大了奥运会的影响，深刻改造了奥运会的面貌。2008 年北京奥运会就是一次公众参与人数最多的有特色、高水平的奥运会。短短 16 天，奥运会的参与者、志愿者和社会各界向世界表达了中国人对奥运体育的热忱和尊重。北京奥运会火炬传递，是历届奥运会中途经国家最多、参与人数最多的一次盛大仪式。正如邓亚萍所说："奥运火炬传递有一个非常好的象征意义，因为它能让老百姓真正融入奥运。"

2008 年北京奥运会提出了"绿色奥运、科技奥运、人文奥运"三大理念，其中人文奥运是北京提出的具有独特价值的创新理念，是三大理念的核心和灵魂。"人文"即"以人为本、以文化人"。北京举办一届有特色、高水平的奥运会，大众参与就是重要的特色之一，这种非功利的大众参与使奥林匹克精神得到更充分广泛的传播，也让运动员、观众、市民等广泛的参与主体都能从中体悟到一种积极向上的力量。这样的参与和感受恰恰体现了人文奥运的基本内涵。

志愿服务是大众参与奥运会的主要方式之一。北京奥运会志愿者在赛会期间为参与奥运会的运动员、体育官员、媒体记者、赛场观众等，提供人性化、个性化、专业化的高水平志愿服务。在整个奥运志愿行动中，组织者从志愿者本身的意愿和需求出发，尊重志愿者的劳动和贡献，保护志愿者的合法权益，满足志愿者提升自身素质的愿望，面向全社会彰显了志愿精神。

加入社区人文奥运活动，理解奥林匹克运动的意义、价值，树立正确的人生观、价值观，养成健康良好的生活习惯等，也是一种参与。在奥运期间，以"礼仪北京、人文奥运"为主题的"首都文明礼仪宣传教育实践活动"是民众参与奥运的一个重要途径和方式。北京市通过各种渠道普及文明礼仪知识，向社会公开招募文明礼仪教师和"文明礼仪教育培训讲师团"的志愿宣讲员，提升了市民的文明礼仪素养，激发了人们对奥运的深度"卷入"。媒体、文化和文艺载体则用群众喜闻乐见的新闻报道、图片、影像、小品、戏剧等形式，形象、生动地对广大市民进行文明礼仪知识的宣传和教育。

北京奥运会的成功举办让中国赢得了发展的自信和良好的形象。但随着奥运会的举办，有关中国政治治理和政治体制改革的论述也在海内外热烈讨论。《华尔街日报》一篇题为《中国辉煌过往难掩不明未来》的文章开篇即断言："中国刚刚举办了一届发展中国家主办过的最恢弘奥运会，将其一系列非凡成就推向了最高潮。自三十年前开始改革开放以来，中国让许多民众摆脱了贫困，人数之众是近代以来任何国家所无法比拟的，中国很快将会成为世界第三大经济体。现在到了要啃硬骨头的时候了。拥有如此成就的中国却令人惊异地有着一个并不甚光明的未来。推动中国前一阶段经济迅速发展的各种政策效应和社会趋势大体上已不复存在。"

认为奥运会能够彻底改变中国当然过于天真，但是断言奥运会后中国的未来不甚光明也过于武断，奥运会实际上是中国深化改革开放的一个极好契机。从历史经验来看，同属东亚的日本和韩国，都曾借力于举办奥运会的政府精密组织和大众广泛参与而促进政治的变迁和进步。事实上，公众参与不仅是促进奥运会兴盛的重要动力，也是现代国家政治和谐发展的重要助推器。

改革开放三十年来，随着市场经济的发展和民主政治建设的不断推进，中国公众参与意识不断增强，参与活动日趋活跃，公众参与呈现出新的特点。公众的参与、群众的首创为改革开放开辟了新路径，推动中国的农村改革开创了新局面。1978 年夏，安徽大旱，这年夏收分麦子，凤阳县小岗村每个劳动力才分到 3.5 公斤。12 月，安徽省凤阳县一个普通社员的家里，发生了一件不太寻常的事儿：小岗大队的十几个社员在生产队长严俊昌的带领下，偷偷摸摸签订了一份"文书"，把生产队的地给分了，对他们来说，这份"包干合同"可是押上身家性命的"生死文书"。18 位社员在那张大纸上摁上了自己的手印。次年秋天，小岗村的村民第一次凭自己的双手实现了温饱。随后，包产到户以其顽强的生命力再度出现，从安徽凤阳县梨园公社小岗村家庭联产承包的星星之火开始，在不到三年时间内就在全国形成了燎原之势。到 1987 年，实行家庭联产承包责任制的，占全国农户总数的 98%。小岗村的 18 位村民和中国的 8 亿农民，用自己的实际行动开启了农村改革的新时代，创造了神州新图景。

公众参与推进了社会治理的进程，促进了社会的公平和有效发展。随着互联网的逐步普及，网民的力量逐渐显现出来。近几年来，从轰动一时的"孙志刚"案促使收容制度被废除，到陕西"华南虎"事件的水落石出，网民的参与和努力使得社会治理的路径变得多样化，以往靠政府一手主导、一手推动的局面一去不复返。就在北京奥运会举办前夕，广大中华儿女在维护奥运圣火、参与抗震救灾和奥运志愿活动中作出了巨大的努力，用行动维护了民族的尊严，北京志愿者的灿烂微笑让西方的民众通过直观感受了解了现代的中国，民众的广泛参与在短时间内积聚了巨大的能量，帮助中国渡过2008年的重重难关，保障了奥运会的成功举办。

在第29届奥运会远离北京之际，中国的国家治理和政治体制改革图景又回到许多人的脑海中。后奥运时代，中国将何去何从？其中能否将奥运期间形成的公众参与意识、奉献方式和文明素养形成推动国家治理的常规行动至关重要。我们要进一步扩大公众参与范围，提高参与水平，实现国家与社会的平衡发展。

长期以来，我国形成了国家主导、社会辅助，国家强大、社会弱小的二元对立格局。改革开放以来，随着市场经济的快速发展和国家的"放权让利"行为，社会局面空前活跃，同时也使得社会上唯利是图、物质至上的现象有所抬头。在后奥运时代，我们应当在进一步规范国家权力、引导社会局面的同时，逐步扩大公众参与的范围和领域，在公民信用体系建设、基层政权治理等方面发挥公众的积极性、主动性和创造性，培育一个讲诚信、重奉献、重公平的良好社会局面，用办好奥运会的经验攻克改革中的一些难题，实现经济效益和社会公平双赢的局面。

二、文化奥运

2008年北京奥运会，是历史悠久的奥林匹克运动与源远流长的中华文明的一次历史性握手，是西方文化与中国文化的一次热烈拥抱。从1896年第一届现代奥运会至今，从文化视角来审视，历届奥运会实质上是通过体育比赛形式呈现出的不同文化精神。正是在各国、各民族不同文化的交流与碰撞中，奥运会促使各国、各民族学会尊重和理解不同的文化，从而推动和谐世界的建设。

1912年，瑞典，斯德哥尔摩，为奥运而建的科罗列夫运动场。阳光下，在银喇叭的伴奏声中，瑞典国王古斯塔夫五世和37 000多名观众见证了来自五大洲28个国家的运动员入场，瑞典姑娘们进行了精彩的歌舞表演。顾拜旦称之为"一届充满魅力的盛会"。

1964年，日本，东京。奥运圣火首次在亚洲点燃，这一年也是现代奥林匹克运动复兴70周年。在多年奋斗之后，饱受战争创伤的日本终于借奥运会展示了自己的全新形象。

1988年，韩国，汉城。最成功的奥运歌曲，最具东方文化气息的表演，本届奥运会主题曲《手拉手》让人记住了汉城。点燃主火炬的是象征体育、科技和艺术的马拉松运动员金元铎、教师郑顺万和舞蹈演员孙美贞。

1996 年，美国，亚特兰大。光影的绝妙搭配、宏大的舞台设计、绚丽的色彩，亚特兰大成就了科技与梦幻的完美结合。美国梦与南部风情、体育精神与人文关怀、奥林匹克精神的百年华诞，在阿里用颤抖的双手点燃火炬那一刻得到升华。

2004 年，希腊，雅典。地中海文明、圣火和奥运精神的发源地、神话与人类文明的起源，雅典把这一切无比协调地融合在一起。平面与立体、浮雕与投影、色彩与线条，希腊人成功地用最现代的手法演绎了古老文明。

历届奥运会为各种文化提供了交流与沟通的场所。这种场所使人们有机会以平等的身份来互相审视对方、了解对方、尊重对方，从而以比较客观和公正的态度去看待别人和自己。只有这样，才能虚心地吸取其他文化的优秀成果，不断丰富自己。

2008 年，中国，北京。8 月 8 日，举世瞩目的北京奥运会开幕式展开美丽的画卷，将浪漫的中国、梦想的世界奉献给全世界。开幕式上五彩斑斓、独具创意的焰火，万余名全球最优秀的运动员入场时踩出绚丽的图画，"奥运英雄"李宁在"鸟巢"边以空中飞人的独特创意点燃奥运主火炬……

从故宫的红墙碧瓦到鸟巢的钢筋骨架、水立方的梦幻之蓝，古老的北京焕发出现代神韵，中华文明对接着奥林匹克文明。在奥运村的中国文化展示室里，景德镇的青花瓷、武当太极拳、云南普洱茶反映着中国的文化智慧；奥运会主新闻中心的中国书法、篆刻艺术和"竹报平安"的插花深深吸引着数万海外记者；首都博物馆中来自全国 70 多家博物馆的近千件国之瑰宝震惊四方；奥运文化广场上的 6 000 多场演出展露出灿烂的中国表情……

9 月 6 日，北京残奥会开幕式再次为世界奉献出一场高水准的艺术精品演出。文艺表演《和梦一起飞》，以北京残奥会会徽"天地人"的寓意为逻辑架构，形成空间的旅行、时间的旅行、生命的旅行三个篇章，思接千载、视通万里，展示出御梦飞翔、永不放弃的精神图景。

积淀深厚的中华文化是世界上从未间断、绵延至今的人类瑰宝，充分开发传统文化资源，可为当代社会和国家治理提供启示与借鉴。汤因比曾在《历史研究》中预言 21 世纪将是中国的文化时代，他在一次"展望 21 世纪"的演讲中阐述了这一观点：中国文化将是 21 世纪人类走向全球一体化、文化多元化的凝聚力和黏合剂，21 世纪最需要的精神就是中国文化的精髓——宽容、道德与和谐。

> 中国文化将是 21 世纪人类走向全球一体化、文化多元化的凝聚力和黏合剂，21 世纪最需要的精神就是中国文化的精髓——宽容、道德与和谐。

我国正处于改革的关键时期，市场经济带来了国家富强和社会进步，同时造成了以物质追求为核心的生活理念对传统文化、道德的强烈冲击。一方面，人们在激烈竞争中的不安全感又呼唤着传统文化、道德的回归，而另一方面，传统文化、道德因其特定的历史局限性不能拿来就用。因此，我们要撷取传统文化、道德中那些一以贯之的美好的价值元素、尺度和范畴，并使之成为现代社会的治理理念，实现传统价值与时代精神的统一。

例如，孟子主张"天时不如地利，地利不如人和"，就是倡导一种互相宽容的和谐之道，唯有彼此包容，才能化解矛盾、求同存异。在现代治理中，宽容精神也已经成为一项基本的治理思想。

再如，传统文化十分推崇人格的价值，反对抛弃人格价值而去追求富贵，认为道德的价值、人格价值远胜于荣华富贵的价值。孔子说："富与贵，是人之所欲也，不以其道得之，不处也；贫与贱，是人之所恶也，不以其道得之，不去也。"这些精辟言辞，成了千百年来激励世人的雄辞伟句，成了中华民族的人格理想。目前，随着市场经济的负面冲击，随着拜金主义思潮的泛滥，有些人不惜一切手段去追求金钱，无所不用其极，把人格道德抛到九霄。在这个时候对他们进行人格教育，重提传统文化的人格道德观，重申"君子爱财，取之有道"等思想大有裨益。

千百年来，无数优秀先人发扬德性，以"修身、齐家、治国、平天下"为己任，为后人作出了榜样。他们以天下为公，"先天下之忧而忧，后天下之乐而乐"；他们以"诚信为人之本"，信奉"人无信不立，业无信不兴"；他们修身正己，"一身正气"、"两袖清风"；他们"仁爱孝悌"，"老吾老以及人之老，幼吾幼以及人之幼"；他们勤学苦读，"悬梁刺股"、"凿壁偷光"……正是基于这些心理品质，中华民族才有着强大的凝聚力，形成了一个密不可分的共同体。

当今世界，西方文化在全球化的过程中一直处于主导地位。基于历史的深刻教训，我们更应用全球性的眼光来重新审视自己，而非用西方人的眼光来发现和阐释自己，在进行传统与现代、中国与世界对话中，重建中国的传统文化，保持一种自尊的态势。自尊是文化存在和发展的基础，缺少自尊和失去自尊的文化是僵死的文化，是没有竞争力的文化，也是苍白的文化。

当然，我们强调民族文化的自尊，并不意味着固步自封，墨守成规，妄自尊大。恰恰相反，我们是要在自我更新中重新发现和创造中国文化的魅力，打破全球化中的西方中心主义和文化单边主义，在新世纪文化中发出中国的声音，展示自己文化的价值。

现代奥林匹克运动会正是这样一套体系，除了宗教这一古老的社会文化现象外，奥林匹克运动可以称得上是历史最为悠久的社会文化现象之一。它从古老的文明走来，尊重和理解多样文化，并鼓励不同文化在相遇中有所创造。北京奥运会以其"有特色、高水平"将攀登奥运文化史上新台阶——当我们找到传统文化、道德与当今世界的契合点，我们将找到自己在人类文明体系中的生命坐标，并为人类的整体性进步作出贡献。

三、和谐奥运

在北京奥运会开幕式上，活字印刷字盘中"和"字精妙绝伦的变换，给世人留下了深刻的印象。这一个"和"字，正是中国文化的精髓：强调人与自身、人与人、人与自然、国与国之间的和谐。

同时，和谐也是从古代希腊奥运会延续至今的崇高精神。公元前8世纪，以神圣的奥林匹亚的名义举行的运动会，成功地凝聚起希腊的各个城邦。他们停止彼此的攻战，忘掉战场上血与火的厮杀，在赛场上展现力与美。古代奥林匹克运动会源于宗教庆典，在"神人同形，神人同性"的世界观下，奥运会成了展示健美身姿与高超技艺，以博取诸神欢心的活动，形成了神圣休战、人体健美、人的和谐发展、拼搏进取、公平竞争等古代奥林匹克精神。自此，奥运会变成了神圣的休战月。主张休战、追求和平的精神也在奥林匹克运动中赓续绵延，薪火相传。

1896年，第一届现代奥运会在希腊重新举办。这既是古希腊崇尚力与美的传统的复归，也是奥林匹克运动和平、友谊精神的回归。在现代奥林匹克运动初期，现代奥林匹克之父顾拜旦认为："当今世界充满发展的极大可能。但同时也存在着危险的道德衰败，奥林匹克运动能建立一所培养情操高尚与心灵纯洁的学校。"从这一思想出发，它的基本目的不是奥林匹克运动推动竞技运动，而是要把竞技运动纳入教育，进而把竞技精神、公平竞争法则、身心协调发展和追求完美的精神纳入人类文化和生活之中。

正如《奥林匹克宪章》所指出的："奥林匹克主义是增强体质、意志和精神并使之全面均衡发展的一种生活哲学。奥林匹克主义谋求体育与文化和教育相结合，创造一种以奋斗为乐，发挥良好榜样的教育作用并尊重基本公德、原则为基础的生活方式。"奥林匹克竞赛不仅是一种身体素质的较量，而且是一种心理素质的较量，最终的胜利取决于运动员的综合素质。运动员只有身心协调发展，才能最终战胜困难，取得成功。奥林匹克运动的目的在于培养一种和谐的竞争精神，锤炼人的个性，从而造就全面发展的人格。促进人的和谐发展无疑已成了现代奥运的宗旨所在。

现代奥运会创办时即以促进和平为宗旨。其创始人顾拜旦曾言："体育，你就是和平，你在各民族间建立愉快的联系。"《奥林匹克宪章》则明确将奥运精神表述为"互相理解、友谊、团结和公平竞争"的精神。1993年10月，联合国大会通过决议，恢复奥林匹克神圣休战这一古希腊传统，联合国呼吁其会员国遵守决议，促进和平，以保障运动员和体育运动的利益，通过体育和奥林匹克理想寻求和平的外交途径，避免世界冲突，促进世界和谐。"奥林匹克休战"不仅是奥林匹克运动的理念，也是全世界爱好和平人民的共同愿望。奥运会不可能在瞬间改变世界，但人们期待着从古代奥运会传承下来的奥林匹克休战传统可以感召各国和地区人民为促进世界的持久和平与世界和谐和共同繁荣而努力，这是奥运之和谐精神的具体体现。

奥运会也许不可能完全消弭战争，但是奥运的和平梦想并非空中楼阁：巴塞罗那奥运会，波黑交战双方得以停战；挪威冬奥会，前南斯拉夫地区实现了停战；亚特兰大奥运会，阿富汗和伊朗实现停火；雅典奥运会，朝韩两国运动员在统一的旗帜下步入会场。2008年8月10日，在北京奥运会女子十米气手枪决赛后的领奖台上，银牌得主、俄罗斯的帕杰林娜与铜牌得主、格鲁吉亚的萨卢克瓦泽主动相拥，互致"奥运之吻"。在北京奥运会开幕的日子，格鲁吉亚南奥塞梯地区却突然陷入战火纷飞中，格鲁吉亚军队与俄罗斯军队发生激烈交火。虽然国际社会的奥运休战的呼吁并未促成战火的停息，但两国运动员的"奥运之吻"，象征着两国人民的和平渴望，象征着世界人民的和平渴望。

2001年，北京获得2008年第29届奥运会主办权不久，刚刚就任国际奥委会主席的罗格便提出："奥林匹克的格言是更快、更高、更强。当然我们将继续保留这个格言，但是在新世纪来临的时候，或许对体育来讲需要新的格言，那就是更干净、更人性、更团结。"毫无疑问，竞争与参与是奥林匹克运动的基石，没有竞争与参与，就谈不上奥林匹克理想的实现。奥运会的竞技项目为人类提供了追求"更快、更高、更强"目标的机会，使人类在竞争与参与的过程中，探求体育运动的真谛，挖掘自我实现的潜力。奥林匹克运动以公平竞争为前提，但竞争又不是杂乱无章的。奥运赛事的所有参加者不分种族、地位、性别、肤色、国籍，都拥有平等的权利，而所有的竞赛项目都在特定的评判标准下进行，"规矩而成方圆"，竞争之和、差异之和共同谱写着奥运的动人乐章。

一个"和"字，浓缩了中华民族对人、对社会、对世界的一种态度。无论是儒家的仁义礼智信，老庄的道法自然、无为而无不为，还是墨家的兼爱为本，所有关系的最终归宿就是"和"字，最高的境界也是一个"和"字。可以说，它不仅是中华民族的基本精神和基本品格，也是中国哲学和中国文化的精髓与最高理想所在。正如文化巨匠张岱年先生所言，中国传统文化中有一个一以贯之的东西，即中国传统文

一个"和"字，浓缩了中华民族对人、对社会、对世界的一种态度。无论是儒家的仁义礼智信，老庄的道法自然、无为而无不为，还是墨家的兼爱为本，所有关系的最终归宿就是"和"字，最高的境界也是一个"和"字。

化比较重视人与自然、人与人之间的和谐与统一。而季羡林先生则说："中国文化的精髓是什么？据我的看法，就是我们现在讲的'和谐'。自古以来，中国就主张'和谐'，'礼之用，和为贵，先王之道斯为美'。时至今天，我们又提出和谐这一伟大的概念，这是我们中华民族送给世界的一个伟大的礼物，希望全世界能够接受我们这个'和谐'的概念，那么，我们这个地球村就可以安静许多。"

钱穆说："中国文化中，'天人合一'观实是整个中国传统文化思想之归宿处。""天人合一"代表着中国人的人生精神，就是追求人与自然界的统一。所谓"天地变化，圣人效之"。儒家认为，"天地生万物"，人与万物都是自然的产儿，主张"仁民爱物"，由己及人、由人及物，把"仁爱"精神扩展至宇宙万物。道家把自然规律看成是宇宙万物和人类世界的最高法则，认为人与自然的和谐比人与人的和谐还要崇高。佛家认为万物都是"佛性"不同的体现，所以众生平等，万物皆有生存的权利。儒、道、佛在人与自然和谐的观点上基本一致。人与自然的和谐思想还落实到制度上。如孟子主张："不违农时，谷不可胜食也；数罟不入洿池，鱼鳖不可胜食也；斧斤以时入山林，材木不可胜用也。谷与鱼鳖不可胜食，材木不可胜用，是使民养生丧死无憾也。养生丧死无憾，王道之始也。"意思是，人与自然和谐是生存发展与社会安危的基础，即所谓"王道之始"。

在人与人的关系上，孔子提出创造宽厚处世、协和人我的人际环境，并以"仁爱"为原则。提出实现此原则有两条途径：一是"己欲立而立人，己欲达而达人"；二是"己所不欲，勿施于人"。其中，"己所不欲，勿施于人"在世界各大文化、宗教中都有相似表述，被公认为是处理人际关系的"道德黄金律"。儒家重视"礼"，主张通过"人和"来实现社会和谐，这便是"礼之用，和为贵"。道家也反对人与人的冲突。老子说："天之道，损有余而补不足。人之道，则不然，损不足以奉有余。孰能有余以奉天下，唯有道者。"他主张人要效法天道，通过无争、去奢、知足，达到人与人的相对和谐。

人与社会和谐主要体现在三个方面。其一，政治和谐。行"王道"即"保民而王"，行"王道"的核心在于"以德治国"与"以仁施政"，"仁政"的核心在于孟子所说的以民为本。其二，经济和谐。儒家对百姓要"先富后教"，孟子说"有恒产者有恒心，无恒产者无恒心"，即必须让百姓拥有固定的收入才能使社会变得稳定和谐。儒家尤其反对"富者地连阡陌，贫者无立锥之地"的两极分化现象，认为这是社会动荡的根源。其三，文化和谐。发扬中国文化的一统多元性。一统性在于中国需要一个能兼容并蓄的主导意识形态，多元性在于各种思想能在此基础上相互糅合。

中国传统文化中的各家各派都有自己向往的和谐社会模式。道家以"小国寡民"为梦想，主张无欲、无为、无争；墨家以"爱无差等"为梦想，倡导兼爱非攻、尚同尚贤；法家以"富国强兵"为梦想，倡法治，图实效；佛教以"善地净土"为梦想，强调同体共生、乐善好施。但最具代表性的，还是儒家描述的"大同社会"。"大同社会"代表了中国古代理想和谐社会的最高境界。与柏拉图的"理想国"同期，比欧洲最早的空想社会主义"乌托邦"早了两千年。《礼记·礼运》说："大道之行也，天下为公，选贤与能，讲信修睦。故人不独亲其亲，不独子其子，使老有所终，壮有所用，幼有所长，矜寡孤独废疾者，皆有所养，男有分，女有归。货恶其弃于地也，不必藏于己；力恶其不出于身也，不必为己。是故谋闭而不兴，盗窃乱贼而不作，故外户而不闭。是谓大同。"东汉郑玄解释说："同，犹和也，平也。"所以"大同"也就是"大和"与"太平"，也就是和谐社会与太平盛世。

中国的先贤们在回应社会这三大主题的基础上，更是将"和谐"的美意推广为不同共同体间的相处与交流之道。"天下大同"被儒家视为最高的社会理想。《礼记·礼运》中"以天下为一家，以中国为一人"，便呈现着超越一国一民族的"天下"胸怀。儒家提倡"以德服人"的王道，反对"以力服人"的霸道，说："远人不服，则修文德以来之。"即以文德感化外邦，正所谓"仁者无敌"。儒家主张以和平的、公正的、文明的手段来解决国际争端，开创了一种全新的世界观——"天下观"。在天下一家的理想影响下，中国的文化中不存在"异端"的意识，中国与其他国家并不被先天认定为敌对关系，彼此间不是需要征服和压倒的对象。天下的概念也默认着世界的多样性，"多"不是"一"的对立面，反而是"一"的必然需要，是"一"的存在需要甚至存在条件，即"道始于一，一而不生，故分而为阴阳，阴阳合和而万物生"。

和平之邦的中国与和平的使者——奥运会相遇在这个纷乱的时代，源远流长的中华"和谐"精神同奥林匹克的和谐之魂相融合，奥林匹克运动在"人文奥运"的响亮口号中获得新生。

2008年8月1日，国家主席胡锦涛在人民大会堂接受了来自世界各大洲25家外国媒体的联合采访。说起奥运会，人们很自然地首先想起金牌和那些赛场上的风云人物，但对于近全球四分之一人口大国的领袖而言，筹办奥运会的着眼点则是促进社会和谐进步。胡锦涛说，他始终认为，作为国家领导人，必须倾听人民呼声，尊重人民意愿，关心群众疾苦，维护人民利益。

进入新世纪以来，"和谐"成了中国社会的主旋律。从"构建社会主义和谐社会"到"和谐世界"等一系列关键词的诞生，素以"和"为贵的中华大地再次奏响了"和谐"的乐章。

以中国社会本身而论，市场经济的实践，张扬了优胜劣汰的法则，一方面提高生产效率，推动社会发展，提高生活质量，增强了综合国力；另一方面社会的两极分化日趋严重，物欲主义、个人主义盛行，腐败蔓延，现存的国家制度在充分展现其动员、整合、稳定的优势之际，也逐渐暴露出一些深层弊端。

"构建社会主义和谐社会"的命题也正是在这样的社会经济政治背景下应运而生。

从社会主义和谐社会的内涵看旨归，所谓社会主义和谐社会，就是指一种民主法治、公平正义、诚信友爱、充满活力、安定有序、人与自然和谐相处的社会状态。其中，以人为本是和谐社会的最高境界和价值追求。只有坚持以人为本，才能最终实现人与自然、人与人、群体与群体之间的和谐，这无疑与奥运的精神旨趣殊途同归。

人文奥运的和谐理念与和谐实践紧紧扣动着国家治理的"和谐之弦"，浓缩着一个社会、国家乃至世界的理想镜像。奥运是一个多元的舞台，不同的民族、不同的肤色、不同的文化在一个小小的空间相遇，彼此的差异尤为显著，人文奥运强调"互相理解、友谊、公正和公平对待"，正是为了缓解差异所带来的误解与冲突，在赛场内达到比赛的和谐、运动员之间的和谐，赛场外实现国与国、文化与文化间的和谐。一如现代社会是一个多元的社会。多元社会事实上是利益多样化与价值观多元化的社会，它是现代化的必然结果。不同的利益与价值观必然有冲突，它们需要有合法的正常渠道来表达其利益和诉求，并要求国家的政治决策提供这样的制度平台与公共空间。

因此，一方面，政府和社会应当为不同的利益群体提供畅通的利益表达渠道，使得处于不同群体中的个人有机会申诉其愿望和要求；另一方面，政府必须创设各种利益协商机制，协调各种利益的矛盾，使人与人、群体与群体之间和睦相处。当代协商民主理论的兴起正是针对现代社会的此种社会现实，倡导在政治共同体中，自由与平等的公民，通过公共协商而赋予立法、决策以正当性，同时经由协商民主达至理性立法、参与政治和公民自治的理想。

人文奥运赋予公正、公平、公开的竞技准则以根本性的尊重，强调竞争、规则与道德的结合。现代奥运会比赛的各个项目，无论是古老的马拉松，优雅的艺术体操，还是转瞬间决出胜负的短跑项目，莫不有其严格特定的规则。任何违规行为，都会从根本上破坏奥林匹克精神所强调的公平与公正原则，从而使竞赛失去意义，那样也就不可能实现团结、友谊、进步的目的。正如已故美国著名黑人田径运动员杰西·欧文斯所说的那样，在体育运动中，人们学到的不仅仅是比赛，还有尊重他人、生活伦理、如何度过自己的一生，以及如何对待自己的同类。

公开、公平、公正原则不但是奥林匹克精神的基石，同样也是社会和经济活动的基石。无论是体育竞争、新闻竞争，还是市场竞争、社会竞争，都有共同的规则。只有严格遵守规则，大家才会公平竞争；只有公平竞争，才能促进自我乃至整个社会的发展。国家善治的标准之一是各种政治和经济利益在全体社会成员之间合理而平等的分配。古今中外的大量事例表明，严重的社会不公，明显的两极分化，势必导致社会成员、社会群体和社会阶级之间剧烈的利益矛盾，直至暴力冲突。一旦社会的尖锐利益冲突演化成剧烈的政治冲突，社会和谐就随之失去了制度的保障。

因此，社会公平是社会和谐的基石。社会公平就是社会的政治利益、经济利益和其他利益在全体社会成员之间合理而平等的分配，它意味着权利的平等、分配的合理、机会的均等和司法的公正。公平的实现，端赖于合理的制度建构，正如奥运赛场上，人们会尊重运动员实力的成果，却会对程序不公、裁判不正的结果大加鞭挞。

和则两利，这是历史的经历，也是现实的体验，又是未来的提醒。"和"字所蕴涵的博大精深之要义，弥足洞穿亘古；"和谐"是奥运精神的根本，也是国家治理的最高价值准则。

四、"世界"奥运

今天的世界已成为"地球村"，全球化构成了当今世界的根本特点。全球化绝不仅仅局限于经济领域，经济领域的全球化势必影响到政治和文化领域。随着现代科学技术的迅猛发展，地球村不再是梦想。毫不夸张地说，现代科技强烈地冲击着我们的思维方式、行为方式以及价值观念。科技赋予了人类无限的可能性，不论是外太空的神秘还是深海之处的绚烂，人类借助于科技的力量都一一征服。科技的全球化极大地改善了人类的生存状况，共同生活在大地母亲怀抱中不同肤色、种族、信仰的人们，在利用科技改善生存状况方面都是一样的。

毋庸置疑，科技发展的负面影响也日益凸显。人类生存环境恶化、自然灾害频频冲撞，考验着人类的智慧。在全球化的时代，一方面，各民族国家都争相搭上全球化的快车，争取在其中多分一杯羹；另一方面，任何局部性的问题都有可能在全球化的网络中被急剧放大。似乎，科技为人类开启无限的可能性，也闭塞了人类的心智。人类精神的平庸化、平面化、空洞化以及虚无化，越来越缠绕在现代化国家公民的心头。福柯以夸张的语言，描述了技术权力对人类的宰制，认为人类社会就像是一座巨大的监狱，科技越发达，控制的技术就越娴熟、完美，对人类心灵的闭塞就变本加厉。海德格尔认为，现时代的技术座架，遮蔽了思之可能性。技术中立化的时代，不仅伴随着心灵的弱化，而且人类的灾难也随之而至。

后现代思想家对现代技术文明的激烈批评，在全球化时代，任何国家，任何聪明的政治家都不能熟视无睹。我们无法用历史主义的托词，即后现代之思想乃是西方工业文明畸形发展的逻辑结果，来掩盖技术在后发展中国家的影响。因为，在全球化的时代，区域文明和强势的西方文明之间的界限越来越模糊，从思维方式到价值观念都经过了现代文明的洗涤。要摆脱技术对人类心灵的宰制，必须诉诸技术之外的力量。可供人类选择的，就是人文精神。

> 要摆脱技术对人类心灵的宰制，必须诉诸技术之外的力量。可供人类选择的，就是人文精神。

人文精神关注心灵的富足和解放。如果说技术是向外的征服，人文精神则是把人心从繁忙、无聊、同质的科层生活中聚敛起来，向内关照人类心灵本身。人文化成之根本目的，在于把人当人看，把人当作目的！无论西方还是中国的读经运动，都是要把人类心灵从琐屑的、无聊的社会生活中解放出来，聆听圣贤的教诲，在心灵深处与圣贤进行精神层面的交流和对话，陶冶情操，提升境界。

全球化构成了我们思考中国国家治理问题的现实背景，无论我们愿意与否，全球化都是我们不可逃逸的现实存在。人文奥运，构成了我们思考当代中国治理的良好契机。国际政治学界从历届奥运对主办国民主化进程的推动作用，来臆测后奥运时代中国政治的民主历程，未免过于乐观和浅薄。当然，完全漠视奥运对中国国家治理的影响也失之武断。

在全球化和人文奥运的双重背景下，中国的国家治理理念发生重大转型。科学发展观和和谐社会建设理论的提出，就是国家治理理念转变的具体表现。如果我们的治理理念还停留在旧的思维模式中，认为效率就是一切，人民富了自然就会拥护党的领导，就会拥护社会主义，这是非常肤浅的政治观念。毋庸置疑，经济绩效是政治认同的必要条件，但并非充要条件。

从横向来看，后发展中国家为急速追赶发达国家，不顾一切地追求技术现代化，以此作为改善民生的杠杆。这种愿望是良好的，也是应该鼓励的。可是如果我们思考一下拉美国家在经济发展比较好的时候，却纷纷陷入动荡之中，几十年积累的财富瞬间大为缩水，甚至化为乌有，就不能不对拉美的发展模式保持警惕，避免重蹈覆辙。从根本上说，拉美国家的政治失效就是其国家治理理念出了问题，只看物不看人，特权阶层贪婪地侵吞改革成果，无视最广大人民群众的根本利益。须知发展的根本目的是为了国民有尊严地生活，因此分配正义在后发展中国家尤为重要。中国新一代领导集体提出的科学发展观和建构和谐社会的发展战略恰恰回答了这一问题。因此，我们有理由对当代中国国家治理绩效和发展前景保持谨慎的乐观。

人文奥运展示出全球化时代中国国家治理理念的转变。在全球化时代，任何国家都应该保持开放的胸襟来积极吸收人类文明创造的一切优秀成果。奥运会把一个胸襟开放、心态平和的中国展示在世人面前。西方妖魔化中国的策略，除了展现自己的无知和狭隘外，只能为世人徒增笑料。中国应该以平常心大胆地展示自己古老的文明和发展的业绩，也毋庸讳言发展道路上存在的问题。

> 奥运会把一个胸襟开放、心态平和的中国展示在世人面前。中国应该以平常心大胆的展示自己古老的文明和发展的业绩，也毋庸讳言发展道路上存在的问题。

胸怀开放了，心态平和了，视野开阔了，自然会大胆自信地面对自己的问题。习近平在回答外国记者提问时，说中国以平常心来看待自己的问题，可谓一语中的。国际社会对汶川地震期间中国政府信息透明称赞有加。实际上，世界上任何国家都有可能面对一些突发事件，也都有所谓的敏感问题，公开的讨论总比遮遮掩掩的要好。

奥运会场一个非常有趣的现象也展现出中国的开放胸襟，郎平执教美国女排，要是以前很多人会骂她为卖国贼，一如国人对何智丽的态度。可是今天，不仅中国优秀的体育人才可以到海外发展，国外优秀的体育人才也可到中国发展，比如中国曲棍球和花样游泳项目就大胆起用外国教练。国人的心态很平和，这就是进步。我们应该珍视这一点一滴的进步。积少成多，健康开放的国民心态才是一个国家国际竞争力的根本。不健康的国民心态，永远造就不出成熟的政治国家。

当代中国国家治理不仅要对外塑造自己的国家形象，也要对内保持开放的心态。批评的声音终归有助于我们的事业。邓小平曾说，最怕的是什么声音都没有。赞歌固然听起来受用，但逆耳忠言也要耐得心听进去，一触即跳是不可取的。

中国作为当今世界性大国，应该有足够的自信参与国际政治新秩序以及游戏规则的制定。一方面，我们要重视国际惯例、规则对中国的冲击，比如加入 WTO 后中国市场经济的推进；另一方面，我们也应该积极参与国际游戏规则的制定或改善。作为最大的发展中国家，中国完全有责任在国际社会表达发展中国家的愿望和要求。这样才能赢得发展中国家在国际问题上的支持。以开放的胸襟接纳世界文明，是我们的自信；向世界展示我们的实力，发出改进乃至改变某些国际游戏规则的呼声，也是我们的自信。

中国在全球化时代举办奥运，高举人文奥运的理念，展示了中国国家治理理念的转变，展示了中国开放的胸襟、平和的心态、谦虚学习的精神以及中国负责任大国的形象。在后奥运中国，关键的问题在于深化学习，把奥运的仪式象征转化为日常生活的实践，切实推进中国国家治理的转型。经济转型的成功，让我们富了起来；如果中国政治转型成功，那么中国对人类文明的贡献将是难以估量的，只有到那一天，我们才可以自信自豪地说，中国确实崛起了！

第十二章　北京奥运与文化中国国家形象构建

构建系统的国家形象战略是我国政治、经济和文化发展的客观需要，是改革开放近三十年来大国成长的历史必然，是经济全球化时代我国担当大国责任、促进世界对话、改造国际秩序的战略性抉择。正如所有国人期待的那样，北京奥运会为我国国家形象战略的规划和实践提供了前所未有的历史契机：它在超越具体文明形态的基础上，促进不同国家、族群生成一个对话、依存的系统，因而有利于中国集中化、全球性的自我展示，有利于中国对世界的主流化、建设性融入。

展示与融入意味着两套不同的国家形象观念体系：前者是隔岸的宣言和亮相，后者是渡岸后的相遇和相拥。其间湍急的河流，激荡着权力、利益和意识形态的旋涡，奥运之跨越和联通在于搭建了文化的桥梁。从国家形象层面看，北京奥运最为贵重的遗产是廓清了形象战略的目标导向及其现实通路：构建文化中国国家形象。

> 展示与融入意味着两套不同的国家形象观念体系：前者是隔岸的宣言和亮相，后者是渡岸后的相遇和相拥。其间湍急的河流，激荡着权力、利益和意识形态的旋涡，奥运之跨越和联通在于搭建了文化的桥梁。

一、战略排序：从经济中国到文化中国

据统计，共有 32 278 名中外记者参加北京奥运会报道，其中注册记者 26 298 人，非注册记者 5 980 人，记者数量超过了参赛运动员总数，同时也创造了历届奥运会记者人数之最。此外，还有 225 家持权转播商参加电视转播工作，同样创造了历史纪录[1]。人们普遍认为，如此大规模、集中化的媒体报道，强力促进了中国国家形象建设。那么，何谓国家形象？其构成要素有哪些？目标导向何在？

1976 年，学者尼默（Dan Nimmo）和萨瓦格（R. L. Savage）提出了后来被广为引用的"形象"定义："人们对特定事物或人所建构的印象。"[2]从这一定义出发，"国家形象"可以理解为一个国家留给他国公众的总体印象和评价，或者"他国公众对本国特征及属性的感知或投射"[3]。前一种理解属自我本位，即"本国"自主的形象建构；后一种理解属他者本位，即从他国公众视角考察一国形象之得失

---

① 参见王国庆：《北京奥运会媒体公关与城市形象塑造》，载新华网，2009 - 08 - 10。

② Nimmo，D.，& Savage，R. L.，*Candidates and Their Images：Concepts，Methods and Findings*，Pacific Palisades：Goodyear，1976.

③ Lee，Suman，"A Theoretical Model of National Image Processing and International Public Relations，" International Communication Association，2005 Annual Meeting，New York，NY，pp. 1 - 46.

成败。

随着"冷战"的结束和全球化浪潮的出现，与"国家形象"紧密关联的软实力概念开始流行，它是"一个国家具有的让其他国家心甘情愿做出于己有利事情的权力"①。有学者认为，软实力已成为"全球化时代游荡在世界各个角落的一个幽灵"②。由是观之，"国家形象"表现为一种评价状态或变化中的结果，而"软实力"则是与经济、军事、能源等"硬实力"相对的话语、文化和信念等力量的累积状态。

问题恰在此处：作为一种"状态"或"结果"的国家形象、软实力概念已被学界、官方广为采纳，而长期以来却缺少一个追问：如何实现这种评价状态或累积结果？欲回答这一问题，必须首先厘清一个前提：国家形象和软实力战略的目标导向是什么？换言之，无论是理论建构还是实践观照，我们遇到的第一挑战是应当建设怎样的国家形象。

长期以来，学界一般将国家形象系统"切割"为七个主要范畴：政治（politics）：包括政治体制、国家制度、政府信誉等；经济（economy）：包括金融实力、财政实力、国民收入等；文化（culture）：包括历史遗产、风俗习惯、价值观念等；社会（society）：包括社会凝聚力、安全与稳定、国民素质等；科教（technology and education）：包括科技实力、创新能力、教育水平等；外交（diplomacy）：包括对外政策、外交能力等；军事（military）：包括军事建设、国防能力、军队素质等。

这七个范畴几乎囊括了国家事务的全部内容。诚然，国家形象战略是一项系统工程，但这种无所不包的开放性论断必然导致粗糙的"化约论"，即以"整体建构"之名忽略对国家形象目标导向的考察。在这七大范畴中，国家形象战略当以何者为重？它们之间是否存在一定的优先序列？是否可以指认出某一范畴，它能够承纳、统摄其他诸范畴？

在北京奥运会举办之前，我们实证研究发现，文化要素是海外媒体和意见领袖最为看重的中国国家形象要素，文化中国应成为国家形象战略的目标导向。及至奥运大幕隆重拉开，绚丽的东方画卷光彩打开，让世界震撼、欢乐、温暖的正是支撑中华民族五千年一统存续的中国文化。这在开闭幕式、奥运赛场、接待服务、旅游观光等所有海外公众能够亲历、见证的细节中，都得到了淋漓尽致的展现和生动具体的证明。新加坡《联合早报》评论说：

北京奥运是现代中国强国梦的表达和实现，也是中华民族伟大复兴的一

①　Joseph S. Nye, *The Paradox of American Power*, New York: Oxford University Press, 2002, pp. 8-11.

②　张晓慧：《"软实力"论》，载《国际资料信息》，2004（3）。

211

第十二章　北京奥运与文化中国国家形象构建

个新起点。对于这个历史起点而言，最大的挑战已通过奥运开幕式本身体现得非常明显了，那就是，今天的中国文明究竟能为世界文明发展贡献些什么，也即中国的软实力究竟何在。北京奥运给出的答案是：中国厚重、独特的文明传统。

北京奥运对中国文化进行了精彩绝伦的演绎，表达了对内构建和谐社会、对外创造和谐世界的国家理想。在奥运所成就的万千文化气象中，世界看到了一个在开放道路上奔跑的中国，虽然不完美，但却真实。炽烈的奥运圣火照亮了一条通路：当中国以文化之胸襟、面孔和姿态朝向世界时，脚下便有了坚实的桥梁，彼岸的他者也以最平和、理智、坦诚的方式迎面走来。

> 当中国以文化之胸襟、面孔和姿态朝向世界时，脚下便有了坚实的桥梁，彼岸的他者也以最平和、理智、坦诚的方式迎面走来。

这昭示着国家形象构建的战略性调整：转换经济与文化在国家形象构建中的优先序列，以文化中国为国家形象战略的目标导向。以经济建设为中心，是近三十年来中国共产党和中国政府最伟大的战略宏图和国策方针，是中华民族数千年来强国富民理想一以贯之的延展，现实成就举世瞩目，历史意义自不待言。然而，经济发展属于国家硬实力建设范畴，是于国内国外进行资源竞夺、机会拼抢的结果，被认为归根到底服务、服从于不同国家主体之间永恒的利益斗争。中国经济腾飞，以雄厚实力崛起，必然促成全球权力和利益关系的再造，"中国威胁论"、"中国崩溃论"等正是在这一背景下被炮制出来的。

以文化优先替代经济优先，是形象战略体系的排序问题，而非一个淘汰或放弃的问题。换言之，"文化中国"不是对"经济中国"形象的排拒，恰恰相反，它是在科学发展观的指导下，立足经济建设而又在文化层面塑造国家形象的一种现实超越。因此更准确的说法是，以"文化中国"的形象统摄和引领"经济中国"、"政治中国"等要素选择。

基于以上判断，我们可以对文化中国作出如下界定：文化中国即文化意义上的中国，它至少含纳了三个层次的"中国"概念：

一是从纵向上看，它是指作为一个绵延至今、弦歌未辍的文化体系存在的中国，其基本内容是中国文化一以贯之的精神、观念、元素、尺度及其载体、遗产、存在方式和表达方式。与之相应的国家形象战略，即对中国文化精髓的整体性输出，以期得到海外公众的广泛认知、深切体验、必要的理解和自然而然的接纳。这一意义上的国家形象战略，就是要使"文化中国—中国文化"的表达框架优先于"经济中国—中国经济"、"人权中国—中国人权"等传统基模。

二是从横向上看，它是指突破地缘边界、普遍浸润了中国文化的华人共同体，

谢谢你，中国！

THANK YOU , CHINA!

甚至包括杜维明指称的华人离散族裔和关注、理解中国文化的非华裔人群。拉萨"3·14"事件和此后海外火炬传递遭遇袭扰事件表明，普遍意义上的华人共同体是存在的，而且能量巨大。对应的国家形象战略当是对这一共同体的召唤、维系，要创造共同的文化仪式，输出共同的符号和意义，强化共持的信念体系。在表达框架上，要进一步以"文化中国—华人共同体"的开放性话语替代"主权中国—中国内地"的相对封闭性话语。

三是从国家治理的内在结构上看，它是指经济日益现代化、政治日益民主化的中国国家发展观念、进程和成果在文化层面的现实投射和累积。文化既是经济、政治变迁在精神层面的创造之物，也是激发、导引变迁的深层动因。这意味着国家治理模式要自觉实现完整的、流畅的"内循环"：经济、政治上的发展成果，哪怕是点滴进步都能够汇入、转化为持久、稳定和深层的文化生态；而健康的文化生态也能够反过来培育成熟的市场经济、民主政治和公民社会。国家形象的表达框架亦因之发生转换，由既有"经济—经济"、"政治—政治"或"经济—政治"变成"经济—文化"、"政治—文化"或"经济—政治—文化"。

统观以上三点，文化中国的内涵是一个立体的、逻辑化的构造，它们分别指向：精神及其载体——中国文化的信念与器物，作为行动和表达主体的人——华人共同体，国家治理结构的内在生成机制——文化既是起点，也是落点。这三层内涵也预设了国家形象战略的核心要件：精神、事物、人和机制。

以2008年以来的全球金融危机为例，世界各国皆在翘首以待中国出手救市，中国政府亦宣告量力而行。按照前述文化中国国家形象的战略谱系，中国的对外表达框架当如是：中国之救市，并非单纯以资本杠杆支撑全球金融大厦于将倾，而是以中国文化所抱持的整体观、和谐观、忧患观担当大国责任；除资本输出外，中国更愿意在全球化时代与各国一道分享大局至上、平等共赢、和谐稳健的中国文化和中国智慧；世界需要中国，中国也需要世界，特别是在中西关系上，合则两美，离则两伤。

从文化中国的内涵出发，我们可以进一步归纳出以之为目标导向的国家形象系统的功能属性。这些属性集中体现在如下几对关系上：

第一，文化中国国家形象既是对外的，也是对内的，是内外一体的共识状态。国家形象是对象国公众的印象和评价，但这种来自外部的观感和体验与形象主体内部的建设和认同密不可分。纵使策略高明、修辞精妙，也没有一个国家能够在内部一团糟的情况下长久持存良好的外部形象。具体到文化中国国家形象，其战

> 以文化优先替代经济优先，是形象战略体系的排序问题，而非一个淘汰或放弃的问题。文化中国的内涵预设了国家形象战略的核心要件：精神、事物、人和机制。

略重心也是"双核"的：一方面谋求中国文化之精神信念、载体器物和华人共同体在他国的广泛认同，一方面建设和繁荣国家文化，"观乎人文，以化成天下"亦当成为内部国策。单就内部而言，经济要增长，政治要进步，而归根到底要靠文化滋养的公共信念和成熟心智，造就和谐社会和全面发展的人。

仍以前述的全球金融危机为例，在文化中国这一目标导向下，救市过程中的国家形象战略必须同时发挥两种功能：对外既输出资本，也输出文化，前者旨在直接救市，后者意在润滑和提升——弥合外界高度期待和中国量力介入之间可能出现的心理落差，消解所谓"中国威胁论"——避免外界忧惧中国以救市之名洗牌全球利益，而是导之以大国责任观念；对内则重振因房市、股市跌宕而陷入低迷的公众情绪与社会信心，培养基于文化自信和全球意识的大国心态与社会性格。

第二，文化中国国家形象既是传统的，也是现代的，是传统精神的存续及其现代化延展。有人指责北京奥运开幕式所表达的乃是"古代中国"，而非真实的"当代中国"。实则不然，古希腊文明历经两千年沧桑巨变，长短断续不可胜数，但这并不妨碍西方文化重返古希腊寻找精神源头，其中就包括奥林匹克精神。由是观之，中国于传统文化中寻找元素、灵感和力量，与现代奥运复燃古希腊火炬并无二致。

第三，文化中国国家形象既是局部的，也是整体的，是优先发展与统筹兼顾"两手抓"。国家形象构建是一个系统工程，但在有限资源条件和现实时势之下，必有其优先序列以实现局部突破，而今之计在于将文化中国纳入首要表达议题，替代新中国成立前三十年的"政治中国"和改革开放三十年以来的"经济中国"；同时，文化中国对政治中国和经济中国是开放、兼容的，是统筹兼顾基础上的引领和优先，而非简单的此盈彼绌关系。

实际上，在世界大国的崛起过程中，以文化为国家形象的目标导向是一条普遍经验。譬如，军事美国—经济美国—文化美国、军事德国—技术德国—文化德国、军事日本—经济日本—文化日本，英法则一直以文化国家形象跻身国家社会。他山之石，可以攻玉，中国亦当确立以文化为导向的国家形象战略体系。

二、议程建构：从事实到价值 ～

那么在国家形象的话语框架内，文化究竟意味着什么？具体到文化中国，它的核心理念是什么？

霍斯蒂德（Greet Hostede）将国家文化定义为"一国的总体心理程序"①，认为它是国家成员的身份认同。温特（Alexander Wendt）则采取外在导向的解释框

---

① Greet Hostede，*Culture's Consequences*，Abridged Edition，Sage Publication，1982.

架，提出国际政治中的文化模式是指："由国际社会中行动者的相互行动所造就成为共有观念之后，反过来塑造行动者的身份，并通过身份政治（politics of identity，或称认同政治）影响其利益和行为。"① 霍斯蒂德和温特二人的观点具有普遍的代表性：国家文化的核心理念在于形塑对内认同和对外认同，这与国家形象构建的整体目标是一致的。不仅如此，文化认同较之经济、政治领域的利益共赢更为稳定、久远和深刻，这也正是本文指认文化既为国家形象构建之起点，亦为其落点的核心理由之一。

"认同论"已然成为学界的共识，但是对于更进一步的追问——"认同何以成为可能"方面，学界至今未能给出令人满意的答案。政治学、管理学、社会学、经济学和传播学等众多学科皆介入这个问题，蔚为大观而又杂草丛生。在西方，经历一战、二战和冷战，人们把国家形象及其他"事关认同"的社会问题逐渐归拢至跨学科的公共关系领域；最近十年，我国则以"外宣"或"大外宣"概念统称国家层面的对外表达事务。

国家形象和作为其实践形态的国家公关，不是真空之下的话语表达，而总是与权力、利益问题缠结一体。这意味着必须有所超越，即建立新的学术范式并使之能够指引实践发展。新范式应当满足如下基本条件：在信息关系上是双向的，正视权力和利益问题，同时朝着平等、共赢的理想迈进。笔者认为，北京奥运为国家形象和国家公关的范式创新提供了思考框架。从现代奥运的历史进程看，奥运会提供了一种全新的可能性：鼓励竞争，寻求对话。

奥运之美，在运动之美，亦在人文之美。二百多个国家和地区的人们走进赛场或者把目光投向赛场，皮肤、语言、风俗各不相同，一决高下而又相处融洽。实际上，奥运契合了人类相处的一项基本法则：

多样性的个体激发竞争，而对话的个体则促成共同信念。

竞争是永恒的，而共同信念则难能可贵。也正因为如此，在人类历史上的每一个世代，总是对抗易、对话难。至于我们正在亲身经历的全球化时代，竞争无疑会在更大范围内展开，这也意味着我们需要更广泛、更深入的对话。对话不仅是让混沌生成秩序、克服竞争异化的一种方式，而且是全球化语境下人类生存的基本内容。

> 多样性的个体激发竞争，而对话的个体则促成共同信念。对话不仅是让混沌生成秩序、克服竞争异化的一种方式，而且是全球化语境下人类生存的基本内容。

① Alexander Wendt, *Social Theory of International Politics*, Cambridge: Cambridge University Press, 1999, pp. 139-192, 246-312.

从北京奥运所开启的国家、族群和文明共处路线来看，国家形象实质上是一国与他国公众于对话中建构的话语体系。这一话语体系发生在变动中的权力、利益语境之下，围绕共同关心的公共议题展开，其核心问题是事实层面的利益互惠和价值层面的意义分享。而国家形象话语体系的实践过程和方式，即国家公关，它是现代社会不可或缺的一种弥合、协调机制。这种机制以促进社会对话为主旨，它相信对话是比对抗更优的人类治理方式。

前文论及对话为国家形象的核心理念，这潜藏着一个全新的学术可能性：能否以对话为"元概念"构建本体论、认识论和方法论整合一体的国家形象理论范式？接下来，笔者将导入三组"二分法"提出国家形象对话范式，它们是：政治学、社会学和传播学中的"结构—过程"二分法，即着眼主体、客体、内容、手段等构成要素及其互动过程的系统论框架；契约论框架下的"沟通—利益"二分法，即在"沟通以达成共识、缔结契约"的传统共识论中，恢复权力、利益变量的主导地位，正视而非化约权力和利益问题；"事实—价值"二分法，即导入近现代哲学中有关事实世界与价值世界的解释框架，以彰显对话范式的核心主张。基于这三组二分法，笔者对国家形象的若干基本问题作出如下界定：

第一，从本体层面看，什么是国家形象？国家形象是一国与他国公众之间有意识的、规程化的对话所构建的话语体系，它表征了对话者之间互蒙其惠和价值协商的状态。较之传统界定，国家形象既是国家之间事实层面的权力关系和利益关系，如进口与出口、制裁与反制裁的反映，同时也是各种价值关系，如信任与被信任、尊重与被尊重的体现。传统的国家形象定义，要么过于看重自我意志、单向表达或者单边印象，从而远离对话；要么纵使强调对话，也过于看重事实层面的利益协调，而相对忽视价值分享，最终沦为物化关系。

价值理念介入国家形象的话语体系，实际上是把"人"、"文化"置于全部国家形象问题的中心。进一步而言，国家形象归根结底呈现的是不同族群、不同文化的建构关系。事实层面的参与、协商和交换固然是重要的，而价值层面对他者的尊重和对自身立场的忠实同样不可替代。

第二，从认识论层面看，国家形象的基本观念是什么？国家形象的基本观念是通过对话创造和维系国家之间的命运共同体，而不是一厢情愿地谋求良好印象，或者刻意向他者"示善"，再或者作为一方的"我"如何"做得好"、"说得好"。对话意味着打破"你"、"我"之间的"主体—客体"结构，转而寻求"主体—主体"之间的多元双赢关系。

这一观念应集中体现在国家公关的实践定位上：事实层面的最高目标是促进利益共赢，并使之契约化、制度化，而非征掠、侵占或只重视一时一事之利；价值层面的最高目标是信念认同及其结晶化，即创造共同体精神，构造和谐世界，而非短暂、虚浮的道德元素和礼仪游戏。

第三，从方法论层面看，国家形象是否存在一套整合性的策略体系？基于前述二分法，笔者发展出多元的国家形象策略体系，本章第三部分将对此进行充分论述。

从对话范式的基本假设和核心主张出发，北京奥运语境下的中国国家形象构建，应当是事实、利益议程和价值、文化议程的双重设置，二者相辅相成，统一于中国与世界的对话实践和共赢状态。2008年6月，芝加哥全球事务委员会和韩国东亚研究院的一份调查报告称："中国自2001年取得北京奥运会申办权之后的种种宣传努力，尤其是这两年密集的公关活动，显然也没有取得应有的效果"，因此"中国还需要投入更多资源来加强其软实力，尤其是外交、社会和文化领域"。

而当流光溢彩、神韵精雅的奥运文化盛宴隆重开场，北京汇聚了世界的目光，世界传颂着北京的佳话。同一个世界，携手礼赞生命；同一个世界，共享和谐梦想。在竞技和狂欢的表层，在生命和梦想的深层，人们搁下偏见，彼此依存。北京奥运对于国家形象的提升，亦非在物质财富层面带来全球共赢，而是将各国人民引领至特定的价值议程上。这些议程实现了多样性的人类在如下几个层面坦诚、真挚、快乐的相遇：

一是回到"生命的初级地带"相遇，回到生活世界和人性情感，召唤人们在"人的基本条件"层面体验中国、彼此对话。两个奥运，同样精彩而又各自精彩。同样精彩表现在令人炫目的新纪录、新辉煌上，无微不至的人性化服务上，友善、宽容地礼遇天下宾客上，海外媒体感叹的"中国人对菲尔普斯真诚的赞美"和"对金牌总数第一真诚的谦虚"上；夏奥之精彩在于狂欢、震撼和融合，残奥之精彩在于尊重、平等和超越。通过北京奥运，海外公众穿越大洋大陆，穿越媒体偏见的外壳，直抵中国人的生活世界，进入中国文化的细微处，体验中国式的衣食住行和人性情感。在招展的五环旗下、绚烂的烟花下，在雄壮的呐喊中、美妙的乐曲中，只有活生生的人，那就是你和我，或者说一个大写的"我"。

> 北京奥运所引领的全球价值议程实现了如下几个层面的相遇：回到"生命的初级地带"相遇、在中国文化的核心价值层面相遇、奥林匹克精神与中国文化精神的相遇。

作为一场巨型狂欢节，奥运是由无数具体而微的情境、要素整合而成的。这也提示我们，任何宏大愿景，只有建构于日常叙事和生活体验才不致沦为空洞无物的容器，或者矫揉造作的形式主义。这也正是对话独有的魅力，它超越种种坚硬的差异和冲突，让主体还原到人之为人的基本层面彼此体验、分享和创造。

第二，在中国文化的核心价值层面相遇，突出那些能够代表中国文化特质的要素、载体和精神信念。北京奥运的巨大成功表明，尽管不同国家的文化存在竞争关系，但绝非全然对立，这个世界能够同时容纳不同文化体系的多样性繁荣。事实上，一个国家的文化必须拥有独特的核心价值才能自足自立，而独特并不意味着独揽和封闭。有特色，才有魅力和张力。

以奥运开幕式中的文化表达为例，太极、飞天、山水画卷、"夸父追日"等意象，完美地呈现了中国之天地人一体观。天人合一的价值诉求，超越了西方自由主义的个体至上观念，也优胜于社群主义的人与社会重新相遇的世俗理想。它强调人与人、人与社会、人与自然的三参一体，这既是中国文化的思想内核，也是在全球化时代中国可能为人类共同体提供的智慧财产。

第三，在生活世界之上、独特价值之外，北京奥运彰显的另一个相遇之境是奥林匹克精神与中国文化的融合。在北京奥运会上，人们见证了中国对更快、更高、更强的奥林匹克精神的弘扬，也感受了和谐、圆融、以人为本的中国文化精神。更快、更高、更强与和谐成为北京奥运相融一体的精神气韵：放弃高、快、强，奥运自然寡淡无味，人类不以优秀杰出为荣，文明则无以进步；和谐才能共同发展，共同发展也是为了和谐。

令世界吃惊的是，中国能够把鼓励竞争的奥运精神和倡导中庸的和谐理念毫不生硬地结合起来。这恰是中国智慧的典型体现：包容天下，和而不同。在中国的文化观念中，竞争与和谐乃是相反相成的辩证关系，二者之间的矛盾关系不容回避，却统一于人与人、人与社会、人与天（自然）的内在规定性。旅居德国的著名政论家关愚谦在名为《自知者英，自胜者雄》的评论开篇说，"奥运会结束了，结束得那么漂亮、那么体面、那么大气，真正长了中国人的志气"。

北京奥运所设置的价值议程，对今后日常化的国家形象表达具有同样的解释力。我们可以将之概括为国家形象话语的三个基本价值议程：

一是生活—情感议程，包括人的生活状态与姿态、命运与气韵、信任与尊重、品格与良知等；二是特色文化—核心价值议程，包括中国文化和中国智慧中独有的观念、原则和方式；三是奥林匹克精神与中国文化精神相融层面的价值议程，即超越、和谐等价值规范和尺度。以上三者兼备才能反映中国文化的气象和国家形象的稳健。

行文至此，我们完成了对三个关键词的界定和讨论：文化、对话和价值。文化是语境和资源，对话是过程和方式，价值是导向和依皈，它们共同支撑了国家形象的对话范式。这一范式承认事实世界的差异、不确定、不对等，承

> 文化是语境和资源，对话是过程和方式，价值是导向和依皈，它们共同支撑了国家形象的对话范式。这一范式承认事实世界的差异、不确定、不对等，承认竞争、对抗和偏见，同时又鼓励人们有所超越，通过对话分享彼此的信念、精神和意义。

认竞争、对抗和偏见，同时又鼓励人们有所超越，通过对话分享彼此的信念、精神和意义。就此而言，国家形象是一国与他国公众的对话平台，隔绝要不得，独白也要不得，一切可能性皆在对话之中。

三、现实通路：从战略到战术

历史经验表明，国家形象构建是一场持久战，文化中国之形象话语的确立亦复如是。理由在此：外在之"形"必然依附于内在之"体"，中国正处于社会主义初级阶段的剧烈变革期，旧病症、新问题无可避免，矛盾、对抗时有发生，而这些状况必然频繁冲撞国家形象，"最重要的是要把我国自己的事情办好"[1]；国际经济、政治形势错综复杂，各国之间的彼此依存关系不断强化，同时也导致"传统安全威胁和非传统安全威胁相互交织，世界和平与发展面临诸多难题和挑战"[2]；而国家形象自身实为一个动态的体系，纵然日日增益，亦不过是阶段性成果，唯有足够强大方显相对稳定，所谓以强促稳；文化、价值、对话皆属"慢功"，所依凭的是点滴渗透、长久积累，非系统规划、耐心努力而不可为。

中央外宣办副主任王国庆将北京奥运塑造的中国形象和北京形象概括为如下五个方面：诚信守诺的形象，中国政府以足够的智慧把握和处理问题，既以实际行动兑现承诺，同时又坚持维护国家尊严和根本利益，得到了国际社会的称赞；开放自信的形象，中国政府和人民以海纳百川的博大胸怀，拥抱世界，欢迎来自五湖四海的朋友，给各国媒体留下深刻印象；公开透明的形象，我们及时准确发布各方面信息，使媒体在第一时间作出客观、真实的报道；友好合作的形象，北京奥运会筹办和举办期间，中国坚持善待媒体的原则，以友好精神与之相处，为其采访提供各种服务与便利，与其开展多种形式合作；文明进步的形象，奥运会由北京举办，代表着中国的发展已经在引领人类文明，"绿色奥运、科技奥运、人文奥运"以及"同一个世界，同一个梦想"这些崭新理念、主题，代表了一定时期人类文明发展取向，经过媒体报道，备受世人推崇。[3]

> 北京奥运为中国和北京塑造了诚信守诺的形象、开放自信的形象、公开透明的形象、友好合作的形象和文明进步的形象。

王国庆认为，奥运会带给中国、带给北京的荣誉是至高无上的，其中媒体公

---

[1]　《中国共产党第十七届中央委员会第三次全体会议公报》，载新华网，2008-10-12。

[2]　胡锦涛：《高举中国特色社会主义伟大旗帜　为夺取全面建设小康社会新胜利而奋斗——在中国共产党第十七次全国代表大会上的讲话》，46 页，北京，人民出版社，2007。

[3]　参见王国庆《北京奥运会媒体公关与城市形象塑造》，载新华网，2009 - 08 - 10。

关工作功不可没。可贵的经验有以下几条：坚持开放透明，只有开放透明，才能使外界了解事实真相，才能减少造谣和污蔑，才能使歪曲性报道失去市场；把握新闻传播规律，从新闻自身的规律和特点出发做好报道工作；坚持善待媒体，不断提高与媒体打交道的能力和水平，与记者交朋友，提供采访便利；讲究方式方法，

要讲政治，识大体，顾大局，要分清哪些是"长矛"——对中国怀有敌意，哪些是"鱼钩"——只是具体问题的纠缠。①

从王国庆的演讲出发，我们提出将现阶段的国家形象传播路径归结为如下几个方面：

第一，信源实力建设。顾名思义，信源实力即让自己而非他人成为信息发布者和意见表达者所应具备的资源和条件。成为信源，至少有赖于三个前提：发声的意愿、表达的资格和传播的能力。

发声的意愿，是指及时、主动输出话语的态度、勇气和智慧。"及时"、"主动"虽是老生常谈，但对于打好国家形象的积极防御战具有针对性意义。纵观近年来的典型社会事件和国际事件，时间迟滞总是我们于第一回合败阵的主因。而挑战者恰恰在利用我们于"前三天"、"前七天"的躲避、沉默和封锁效应，全面抢占话语权、奠定舆论基调。时间是调控舆论势能的基本变量，几天迟滞可能导致数月甚至更长久的被动。

表达的资格即在特定议题和整体话语场域内，是否拥有说话的身份和机会。此前若干年，由于综合国力所限和意识形态偏见，我们在一些被西方设定的国际主流议题和话语场域上缺少表达的资格和被倾听的机会。如今，我们已在自身崛起的过程中和全球化的浪潮下获得了足够的表达资格。值得强调的是，全球话语身份需要全球眼光，站在全球视角理解和表达国际事务，同时采取由外而内的眼光审视和说明自己。

传播的能力，从信源层面看，一般包括如下几类：表达主体自身的综合实力和影响力；整合其他力量、形成表达联盟的能力；媒体资源的占有程度和使用能力；尊重信息传播规律，合理规划表达内容，对公共舆论进行议程设置的能力。归根到底，权力主体要具备充当信息源，聚集媒体注意力，主动设置媒体议程的能力。

第二，信道实力建设。所谓信道，即信息传播和话语建构的渠道。以目前的国际传播秩序看，西强东弱格局依然明显，我们要坚持立体化原则，在传播能力建设上做到自强、借力、整合三位一体。

---

① 参见王国庆《北京奥运会媒体公关与城市形象塑造》，载新华网，2009 - 08 - 10。

所谓自强，即全面强化我方媒体的传播能力，具体包括三个方面：一是让我方媒体成为焦点议题的"一传手"而非"二传手"，要总结和光大汶川地震的传播经验——新华社、中央电视台担当了海外媒体信息供输者的角色；二是提升我方媒体的跨文化传播能力，特别是要实现在对象国的"本土化"；三是加大媒体资源的投入力度，优化投入结构。

所谓借力，即善用海外媒体的议程设置功能，这也存在三个指向：一是熟悉海外媒体的游戏规则，特别是西方媒体的新闻专业主义运行机制，至少要满足其最低底线的信息需求；二是以战略的眼光建立和维系海外媒体关系，视之为国家对外关系的重要组成部分；三是区别对待，要针对友好国家、中立国家的媒体提供专门的信息资源，与之建立稳定、通畅的对话路径，避免使之沦为西方强势通讯社和媒体的信息附庸，导致其不得不与西方话语结盟。

所谓整合，即重视媒体传播而又不唯其至上，要全面开掘包括意见领袖游说、公众人物表达、文化事业和文化产品输出等多种传播形态所潜藏的力量。后者如海外孔子研究院的普遍设立，中法文化年、中俄文化年，音像、书刊等出版物的出口等，近年来已渐成气候、成就斐然。以下对前二者分而述之：

意见领袖游说。争取海外意见领袖的支持，"影响有影响力的人"是发达国家最常用也最有效的国家形象传播手段之一。在每个国家，都会有一些名嘴、名笔，他们是媒体和公众关注的焦点。如果能争取到这些海外"嘴皮子"、"笔杆子"的支持，国家形象传播就能收到事半功倍的效果。一次完整的国家公关游说，往往不只是针对议员和官员，还包括学者、宗教领袖、跨国公司首脑、NGO负责人等。美国在"9·11"事件后为发动阿富汗战争的全球游说，韩国在亚洲金融危机期间对美国的游说，皆属此类典范。游说所倚重的是经过设计的人际交往，从传播学上看，它弥补了大众传播难以改变态度、建立信任的效果"短板"。

公众人物表达。培养、造就和利用具有国际影响力的本土公众人物，使之承载中国元素、观念和文化，实现国家形象表达的人格化。要有更多的姚明、章子怡、成龙和李连杰，有更多来自中国的全球性艺术家、大学者和文化名人，他们的杰出成就、人格力量和精神气质最易为海外公众所感知和体验。正如当年英国派驻印度的殖民官所说，英国宁愿失去印度，也不愿失去莎士比亚。二战后德国国家形象改善的一个重要战略即是"唤醒死人"，翻炒德国辉煌的古代思想。

第三，信息体系建设。信息已然成为当今时代基础性的资源之一，国家形象话语的构筑

> 国家形象战略的现实通路主要有：信源实力建设，让自己成为信源；信道实力建设，掌握信息传播和话语建构的渠道；信息体系建设，包括信息内容规划、信息结构设计和信息的呈现方式。

最终要落在信息的采集、加工和传递上。此中的关键问题，是信息内容规划、信息结构设计和信息的呈现方式。

信息内容规划，即对国家形象话语所应表达内容的选择和处理。前文提出文化议题"置顶"的观点，强调其在国家形象表达序列中的优先性，并以之引领经济、政治、社会、外交、军事等议题，此处不再赘述。需要强调的另外两个问题是：要选择内、外共同关心的信息内容对话，在坚持信息准确性、安全性的同时，也要确保其丰富性和完整性。

信息结构设计，即对国家形象信息不同要素、变量之间内在关系的构造和调整。从当下中国国家形象的表达结构看，以下三对关系的处理尤为重要：一是事实与价值的关系，在兼顾事实议程与价值议程的基础上，要相对提升和强化价值议程；二是正面与负面的关系，正面信息未必产生正面效果，负面信息也未必就是伤害，因而要从片面强调正面报道转向全面追求正面效果；三是官话与民话的关系，官方信息自然是首要的，民间话语同样必不可少，二者相互支撑、彼此弥合，共同构成了国家形象话语的多元表达体系。

信息的呈现方式，即国家形象话语的修辞手法。修辞是对语言可能性的利用，它无法替代语言的内容和意义，却影响着语言的生命力。在剧烈变革的年代或跨文化的语境下，表达的危机除了意义本身的断裂外，就是修辞的危机——言之无文，行而不远。无论对内的公共政策发布还是对外的国际事务协商，人们首先接触的是修辞所呈现的语言的"界面"，而后才是语言的意义。"界面"的价值在于召唤人们的关切和介入，而非事与愿违地将人们阻隔于生硬的话语体系之外。

第十三章 北京奥运、全球化与民族主义

  北京奥运会是一场特殊的人类盛会，这不只因其令人炫目、空前壮丽的形式，更体现在它是在特殊的国际背景和国内环境之下召开的。从国际背景看，金融风暴席卷全球，曾经作为全球化进程核心动力的美国等西方国家遭遇了剧烈冲击，形势扑朔迷离，前途未卜；国际政治也因为各种传统和非传统的问题麻烦不断，尤其是所谓"后美国时代"的言论日益盛行，似乎那个自视为"山巅之城"、一副君临天下派头的美国俨然已日薄西山，风雨飘摇，岌岌可危矣。

  当然，让中国人感觉最为直观的影响大抵是西方媒体借所谓西藏问题营造的糟糕的国际舆论环境，它们对中国情况的片面报道和蓄意抹黑，使中国的国际形象被严重丑化和扭曲。这深度刺激了中国人民的民族主义情绪，以反西方媒体为主要诉求的各种现实的和虚拟的抗议活动此起彼伏，中西关系一度呈现风雨欲来的气象。

  在2008年，中国遭遇了年初的南方雨雪冰冻灾害、年中的汶川大地震等罕见重大自然灾害，经济损失惨重，而股市泡沫的消退和楼市的低迷则更是雪上加霜，中国经济发展的健康性和可持续性似乎也遇到了难题。因此，作为一个象征性和标志性极强的事件，北京奥运会的成功与辉煌，注定了它必将对中国的未来发展、对中国融入全球化的进程、对中国的民族主义产生重大而深远的影响。为此，从全球化和民族主义的视角对北京奥运会加以品鉴和回味，无疑是非常值得的。

一、奥林匹克运动的两重性：全球性与民族性

在当今世界事务中，全球化和民族主义，或者说全球性和民族性，几乎是最炙手可热的两大词汇。全球化已成为今日所有问题领域的宏观背景，而全球化给不同个体、组织和民族国家带来的被同化、被剥脱、被取代或空心化等压力，则又必然激发民族主义倾向，对全球性和民族性之间关系的探究也因此流行了起来。在这样的国际环境下，北京奥运会犹如一个巨大的多棱镜，折射出了当今世界全球性和民族性的相互激荡，反映着纷繁复杂的国际社会关系。

> 在当今世界事务中，全球化和民族主义，或者说全球性和民族性，几乎是最炙手可热的两大词汇。北京奥运会犹如一个巨大的多棱镜，折射出了当今世界全球性和民族性的相互激荡，反映着纷繁复杂的国际社会关系。

2008年8月8日至24日，200多个奥林匹克大家庭的成员济济一堂，欢聚北京，在"同一个世界，同一个梦想"的口号下，遵循"更快、更高、更强"的奥林匹克精神，有力地推动了"同住地球村，永远一家人"的全球性合作意识。同时，奥运会开幕式和闭幕式及各类项目的竞赛和争夺过程都在不断地激发主办国及参与国的民族感情。所有这些再一次生动地为人们展现了奥运会独特的全球性与民族性的融合、互动和博弈。

1. 奥林匹克运动折射的全球性

奥林匹克运动在世界范围内开展，这是奥林匹克运动全球性最直观的表现。奥林匹克运动不仅在欧洲、北美、大洋洲等发达地区是备受瞩目的体育运动，在亚洲、非洲、拉美等发展中地区也是深受欢迎的；除了非洲尚未举办过奥运会外，世界其他地区已经成功地举办了29届奥运会。经过100多年的发展，奥林匹克运动已经成为全球范围内影响最大、最受欢迎的体育盛会，得到了世界各国政府和人民的尊重与期待，这早已成为一个不争的事实。

国际奥委会成员构成的开放性是奥林匹克运动全球性的组织基础。国际奥委会现有205个成员，其成员来自世界各地，包容多种身份，体育水平各异，归属不同文化。它们中间既有主权国家，也有非主权单位；既有发达成员，也有发展中成员；既有以奖牌为目标的竞技体育超级大国，也有众多重在参与的体育第三世界国家；既有西方文明地区，也有大量的亚洲、非洲、拉美等非西方文明地区。通过这种多元化、世界性、开放性的组织构成，奥林匹克运动的全球性得以直接呈现。

与奥运会组织和参与的全球性相比，奥林匹克精神更充分地表达了奥林匹克

运动的全球性。《奥林匹克宪章》关于"奥林匹克主义原则"的条款明确规定，奥林匹克精神的内涵是"互相理解、友谊、团结和公平竞争"，这不仅是一种体育精神，更是一种具有普遍意义的价值观念。它旨在通过体育维护世界和平，消除种族歧视，促进各国人民之间的友好合作，建立一个真诚、友善、公平的国际社会。因此，奥林匹克精神要求正视世界客观存在的政治、经济和文化的多元与差异，公正对待和理解这些差异以及可能由此导致的矛盾和冲突。奥林匹克精神讲理解，讲友谊，讲团结，讲公平，就是希望塑造一种世界公民的宽广心胸和理性情怀，使多元和差异成为促进相互交流、取长补短的动力，打破固步自封的狭隘。

> 奥林匹克精神讲理解，讲友谊，讲团结，讲公平，就是希望塑造一种世界公民的宽广心胸和理性情怀，使多元和差异成为促进相互交流、取长补短的动力，打破固步自封的狭隘。

一战后的 1920 年安特卫普奥运会和二战后的 1948 年伦敦奥运会不仅激发了人们对战争灾祸的深刻反思，更激励了人们携手进步的文明心理。奥林匹克精神强调竞技运动要在比赛和对抗中体现公平与公正的理念，这不仅使运动员们在赛事中从生理、心理、道德等各个方面得到良好的锻炼，也可以使观众受到潜移默化的素质教育。杰西·欧文斯便这样说过，"在体育运动中，人们学到的不仅仅是比赛，还有尊重他人、生活伦理、如何度过自己的一生以及如何对待自己的同类"。

奥林匹克运动和国际奥委会的全球性对促进全球化、推动对外开放和国际交流具有重要的积极意义。国际奥委会是具有半官方性质的国际非政府组织，它在全球化更加深化、全球公民社会日益发展的今天，与大批非国家和非政府力量一道不可避免地介入到世界政治和国际关系之中。我们已经见证国际奥委会对世界事务发挥着越来越大的作用，对国家及其行为的影响也愈益深刻，逐步成长为促进各种层次、各种样式的国际交流和推动全球公民社会迅速发展的重要动力，推动了全球化向纵深的扩展。

2. 奥林匹克运动折射的民族性

国际奥委会作为一个以国家（或地区）为成员构成的全球性组织，其成员性质决定了它的组织基础内在地具有民族性；与此同时，奥运会以国家（或地区）的名义参赛，这种比赛组织模式深化了奥林匹克运动的民族性。

奥林匹克运动的民族性具有积极与消极、进步与倒退的两重性。奥林匹克运动的民族性首先突出表现在奥运会极大地鼓舞了参赛运动员的民族感情，激发了主办国民众的民族自豪感，有利于加深民族认同感、增强民族凝聚力、建设强大的民族国家。这是奥林匹克运动民族性积极、进步的方面，也是主要方面。奥林匹克运动的这个特性古已有之。古代奥运会一开始就将竞赛成绩作为显示城邦和民族强大与否的重要标志，城邦的统治者也会牢牢把握住在奥运会上获胜的机会，给优胜者优厚的奖赏和诸多特权，还不遗余力地对他们大加宣传，以达到塑造民族认同感、加强民族凝聚力的政治目的。

一个关于古代奥运会的故事这样讲道，公元前496年第71届古代奥运会后，一名叫埃克萨特的优胜者荣归故里时，300名身穿彩服的青年骑着一色的高头大马，出城迎接这位凯旋的体育英雄，其名字刻入城墙，塑像由城邦王摆放于宙斯神庙，顿时号角齐鸣，欢声如潮，场面之隆重、热烈、壮观，几乎到了无以复加的地步。

实际上，现代奥林匹克之父顾拜旦先生1896年复兴奥林匹克运动的初衷，也是具有相当突出的民族性的。他试图通过奥运会本身的动力和活力，达到围绕法国和欧洲而设定的"改革"、"提高"、"重塑"、"限制"和"维护"五大目的，这就是"改革法国的教育体制"、"提高国民身体素质"、"重塑法兰西民族自信"、"限制德国发动战争"、"维护欧洲和平"。

奥林匹克运动民族性的另一表现是，这个全球性平台被有意无意地用来展示特定民族的优越性，在极端情况下甚至会导向一种体育种族主义。这是奥林匹克民族性消极、倒退的方面，当然也是次要方面。纵观历届奥运会的赛程，我们可以发现这样一个现象：几乎所有奥运会的参加者都下意识地将金牌或奖牌的多寡与一个国家体育水平的高低、国家实力的大小挂起钩来。于是，各国对奖牌榜排名展开激烈的明争暗斗，甚至费尽心机地推出不同的计算方式以使自己处于更加有利的排名位置。

在北京奥运会上，中国以金牌总数为序，荣登榜首；但美国则以奖牌总数为标准列榜，以便自己能排在首位；澳大利亚主张按人均奖牌数量排列，这样澳大利亚就可以排在牙买加和斯洛伐克之后，位列第三；欧盟更是将参赛国家根据经济区域搞了一个榜，结果欧盟作为一个整体当然排在了中国和美国之前。据说，英国很可能找来一些数学精英，计算出一个能让英国在2012年排在奖牌榜第一的公式。

鉴于奥林匹克运动民族性的这种消极方面，不断有声音呼吁奥林匹克运动"取消民族主义情绪表达、驱除政治干预"，甚至有人主张取消颁奖仪式中的升国旗、奏国歌行为，从而尽可能地消除奥林匹克民族性的消极方面，实现奥运会的非政治化。譬如，1952年10月，刚刚上任的国际奥委会主席、美国奥运会主席布兰代奇（1952—1972年在任）首次对国际奥委会发表演说，在他关于加强奥林匹克运动的五项建议中，最后一项便是确保奥运会"在正当的民族自豪感和利用体育运动搞民族扩张之间保持恰当的平衡"。

虽然布兰代奇对"正当的民族自豪感"、"民族扩张"、"恰当的平衡"等概念语焉不详，但他的确清醒地认识到了问题所在，那就是"如果奥运会因为无节制

的沙文主义而堕落为大国雇用的角斗士之间的比赛，为其赢取民族声望或证明某种政府体制优于别的体制，那么奥运会就会彻底背离其宗旨"①。

3. 奥林匹克运动全球性与民族性的互动

奥林匹克运动蓬勃发展的历程本身就是在全球性和民族性的角力中不断推进的。1896 年，当首届现代奥运会的举办获得成功后，一些希腊人士强烈要求将奥运会举办地永久定在希腊，他们声称奥林匹克是希腊的民族文化遗产。不过，顾拜旦却认为古代奥林匹克运动是全世界人民共同的精神财富，理应由世界各民族人民共同继承，于是坚决顶住压力，拒绝了希腊人的要求。

当 1976 年蒙特利尔奥运会和 1980 年莫斯科奥运会分别遭到非洲和西方的大规模政治抵制时，又有希腊人再次趁机发出了将希腊作为奥运会永久举办地的声音，理所当然也同样遭到了时任国际奥委会主席基拉宁等诸多有识之士的否定。此后，现代奥林匹克运动全球化的程度日益提升，规模和影响急速扩大，更加活力四射，为世界各国、各地区人民的全面、广泛参与奥林匹克运动塑造了良好的条件。

在当今全球化不断在各个领域取得深入发展的背景下，奥林匹克运动的全球性要求超越和淡化参与者的民族国家或地区界限，但其民族性却将之导向维护和坚持这一界限，这构成了一个难解的二元悖论。

从宏观上看，这种超越与维护、淡化与坚持的矛盾将贯穿于从工业社会向信息社会迈进的全球化进程之中，并表现为全球性与民族性这一对矛盾关系的竞争与发展。因此，当今奥林匹克运动既有强大的全球性动力，也存在不断强化民族性的趋向。以至于随着奥林匹克运动全球化的迅速和深入发展，奥运会上的民族主义也表现得异常活跃起来。也许在民族间互动过程中，民族意识的消长和民族主义的凸现，正是奥林匹克全球性得以直观表达的基本事实。

> 在民族间互动过程中，民族意识的消长和民族主义的凸现，正是奥林匹克全球性得以直观表达的基本事实。

奥林匹克运动全球性的加深不是消除其民族性的原动力，它不会清除既有的民族主义活动和样式，还有可能不断催生新的民族主义情绪和形态。譬如，有学者在总结巴塞罗那奥运会遭遇的民族主义问题后认为，全球化并非总是会消除民族或地方认同，在某些情况下还会刺激它们。②随着奥运会全球性扩展的深化，参赛项目种类不断增多，赛制改革和比赛内容的

① Maynard Brichford，"Avery Brundage and American Nationalism at the Olympic Games," *The Global Nexus Engaged Sixth International Symposium for Olympic Research*，pp. 223 - 226，http：//www. la84foundation. org/SportsLibrary/ISOR/ISOR2002zc. pdf.

② John Hargreaves，*Freedom for Catalonia：Catalan Nationalism，Spanish Identity and the Barcelona Olympic Games*，New York Cambridge University Press，2000.

调整都使得民族主义有了更多的表达机会。各国围绕奥运项目的增减和调整所进行的博弈和争夺不是减少了、弱化了，而是增加了、强化了，这无疑反映了各种民族主义力量在奥林匹克运动领域的竞争和角力。

此外，如同经济全球化、政治全球化、文化全球化刺激了相应的经济民族主义、政治民族主义和文化民族主义一样，奥林匹克运动的全球化也刺激了体育民族主义的发展。民族主义力量试图通过民族性的体育项目来帮助实现自己避免在全球化进程中被同一化的目的，正如有人说的那样，"民族主义者把体育当作抵制全球化的工具"[①]。其实在奥林匹克运动中，重视普遍性和普及性既不意味着现代化或去传统化，也不意味着标准化或单一化，更不意味着欧洲化、西方化或美国化。

归根结底，奥林匹克运动折射的全球性与民族性的关系，恰如全球化进程与民族国家意识之间的关系，既相互依赖，又相互制约。全球化浪潮对民族国家的冲击和挑战并不能带来民族意识的消除和被取代，各种带有强烈反全球化特性的运动，具有浓郁的民族主义色彩，是民族主义在现阶段对全球化的一种合乎逻辑的反应。[②] 一个民族的文化心理和价值观是经过长期的历史积淀形成的，它不会随着社会经济和政治状况的变化而很快改变。民族主义的本性更使它把"复兴自己的传统价值作为排斥全球化进程的武器"[③]。由是言之，在较长的历史时期里，民族主义和全球化将并行于世，互相激荡、磨合，奥运会的全球性和民族性亦将长久持存。

> 在较长的历史时期里，民族主义和全球化将并行于世，互相激荡、磨合，奥运会的全球性和民族性亦将长久持存。

二、北京奥运会与全球化：中国模式的成功经验及其全球化意义

对于任何一个国家、一个城市来说，举办奥运会都是向世界展示自我的绝佳机会，这也是为什么我们会如此投入地以一种举国模式组织北京奥运会的主要原因，我们也如愿以偿地成功地展示了一个以"中国模式"获得长足发展的强大中

---

① Alan Bairner，*Sport Nationalism and Globalization*，New York：State University of NewYork Press，2001. 转引自马祥房等：《奥林匹克全球化时代的体育民族主义》，载《天津体育学院学报》，2007（5），433～436 页。

② 参见张西山：《经济全球化与民族主义》，见俞可平、黄卫平主编：《全球化悖论》，247 页，北京，中央编译出版社，1998。

③ 董磊明：《后冷战时期的全球化浪潮与民族主义》，载《社会科学》，1999（3），36 页。

国。与此同时，奥运会本身具有的全球性特征也必然会把中国发展的成功经验纳入全球化的浪潮之中，供其他国家研究、学习和借鉴。

1. 北京奥运会与中国模式坚定了中国加入全球化进程的决心

北京奥运会让世界更加了解中国，也让中国更加了解世界，坚定了中国继续融入全球化进程的意志和决心。改革开放是中国启动融入世界体系和全球化进程的起点，迄今三十年来所取得的成就和经验又使得这一进程变得更加不可逆转。中国与全球化进程的关系问题也成为一个为人们津津乐道、历久弥新的话题。譬如，2008 年 9 月 27 日在天津举行的第二届夏季达沃斯论坛年会中，"中国：全球化的积极参与者"便是五个议题之一。正如温家宝总理在该论坛的讲话中所言，三十年的实践表明，改革开放从根本上改变了中国长期闭关锁国和沉闷僵化的状况，打破了束缚人们的思想和体制桎梏，极大地调动了亿万人民群众的积极性和创造性，给中国大地带来了蓬勃生机和活力，有力地推动了经济社会的大发展。

中国经济连续 30 年保持高速增长，从 1978 年到 2007 年，国内生产总值占全球的比重由当初的 1% 上升到 5% 以上，对外贸易总额占全球的比重由不足 1% 上升到 8% 左右。中国人民从改革开放中得到了真正的实惠，实现了从温饱不足到总体小康的转变。更重要的是，改革开放使整个社会活跃起来，人们能够自由地依靠自己的勤劳、节俭和智慧创造幸福美好的生活。北京奥运会在"绿色奥运、科技奥运、人文奥运"的理念下，近乎完美地展现了中国顺应时代潮流、把握全球化趋势所形成的经济、社会、文化等领域的建设成果，向世界呈现了一个和平、开放、国际化的中国形象。

中国如何从一个闭关自守的经济落后国家，经过三十年改革开放和北京奥运会而发展成为国际体系的重要支柱和主要角色？总结起来，有几条既是研究者和观察家们经常提及的，也是普通百姓可以从切身的经历中体会和琢磨得到的：

一是当今全球化进程本身的经济性、市场性、规则性为发展中国家充分利用后发优势提供了极其难得的外部机遇。首先，当代经济全球化与 19 世纪末 20 世纪初以资本主义暴力扩张为特征的殖民主义的全球化不同，它是以市场力量、非政府力量为主导的，以商业竞争和经济扩张为主要特征。竞争和扩张过程中产生的各种矛盾和利益冲突也以谈判、磋商、协调与妥协等更加和平、规范的方式加以解决，客观上为发展中国家发展经济创造了相对和平与稳定的外部国际环境，这也是为什么本次全球化进程没有发生以战争暴力争夺经济利益的根本原因。

其次，当代经济全球化主要表现为以工业化、信息化为核心特征的西方资本主义生产方式向全球扩展的过程，以资本、技术、智力、劳动力、管理经验等核心生产要素流动为主要载体和表现，有助于把各国相对独立的生产经营过程变为深度相互依赖的跨国性、地区性和世界性生产经营的联动过程，使发展中国家和发达国家能够在商品生产和价值实现过程中建立互利共赢、相对平等的合作关系。

这使发展中国家能够把握全球化带来的发展机遇，变革经济发展模式，充分激发生产潜能，提升发展中国家在政治文明、经济文明、社会文明等各个领域的整体发展水平。

此外，当代经济全球化以世界银行、国际货币基金组织和世贸组织为核心所确立的国际制度和规则体系，涵盖了贸易、金融和经济发展等各大领域，虽然这些规则体系由西方国家主导设立，主要反映了西方发达国家的经济价值观念和利益要求，但也真实地反映了市场经济运行的一般性客观规律，体现了市场经济内在的公平、平等的普遍原则。国际经济、贸易和金融制度高约束性的裁判和惩罚机制提高了各国公然挑战规则的政治、经济成本，既有利于保持国际经济秩序的相对稳定，也能保证发展中国家相对自主、平等地参与国际分工。特别是对发展中国家在投资、金融和贸易等方面设立的各种优惠安排，为发展中国家争取更多的国际分工利益创造了理论和制度条件，这在相当程度上有利于发展中国家的发展。

二是中国政治稳定、市场容量和潜力巨大，同时具有超强的经济要素集聚能力[①]，这就为经济发展提供了优越的建设条件和运行环境。资本和其他要素的逐利本性使发达国家的资本和技术不大可能流向那些政治风险不确定、经济收益不稳定的国家。因此，稳定、可预测的政治环境是中国在全球化进程中实现发展目标、创造后发奇迹的基本前提。

同时，能否大规模地实现要素集聚是发展中国家在经济全球化中快速发展的关键，一个国家的要素集聚能力主要取决于其分工发展程度和生产要素的专门化发展水平，现代工业化、信息化、知识化的经济模式是高度专业化分工的，只有那些建立了高度专业化分工经济，拥有信息化、社会化大生产的专门化生产要素的国家才有可能与发达国家的高级要素整合。改革开放初期的中国已经建立起完整的工业体系，分工和专业化水平已经基本达到了产品专业化的层次，在某些领域甚至达到了零部件专业化的层次，在企业内部也形成了以机器为中心的分工和专业化，具备了承接国际产业资本转移的基础。改革开放充分发挥并进一步强化了中国这种要素集聚能力。

三是中国在融入全球化进程中所采取的改革开放战略既符合中国国情，又顺应了国际市场竞争的发展和跨国经济力量的要求。中国的改革开放战略既注重发挥劳动密集型、技术密集型等产业领域的比较优势，又积极适应国际分工的新发展和新趋势，既注重引进先进技术提升产业素质，又鼓励出口导向型经济的成长，成功地在比较优势、产业升级和国际分工等方面实现了国际收益的最大化。目前，

① 关于要素积聚能力的相关阐述，参见张二震、方勇：《经济全球化与中国对外开放的基本经验》，载《南京大学学报》（哲学·人文科学·社会科学），2008（4），5～13页。

我国积累的外汇储备已达 4 万亿美元以上，这就为国家的未来发展积累了充分的战略资本和强大的经济独立基础。

我们在各个领域采取逐步开放的渐进性战略，避免了风险迅速、大范围的积累，保证了国家经济体系运行的稳定性，提供了抵御突发性外部冲击的能力，消除了融入世界经济体系过程中的系统风险，这也是在华尔街金融海啸使多数国家哀鸿遍野，甚至导致个别国家面临国家破产之时，我们却依然能处之泰然、不慌不忙的主要原因。

总体而言，我们必须从融入全球化的角度才能科学、准确地把握中国改革开放三十年的辉煌历程，北京奥运会向世界全面展示了我们在这个过程中在经济、社会和文化等各个领域所积累的文明建设成就，在后奥运时代，我们依然要坚持被实践证明行之有效的全球化战略，要旗帜鲜明地注意以下几个方面：

一定要坚持开放，在全球化已经成为历史大趋势的前提下，开放不一定发展，但不开放一定不能发展。那些抵制全球化进程的国家、地区和产业，注定会陷入停滞、落后和日益严重的边缘化的困境。温家宝总理 2008 年 9 月 24 日在第 63 届联大一般性辩论上明确承诺继续坚持改革开放不动摇，展示了要进一步融入全球化进程的决心，而 2008 年 10 月 17 日颁布实施的《中华人民共和国外国常驻新闻机构和外国记者采访条例》将奥运会期间解除外国媒体采访活动限制的实践法规化、制度化，这也是中国进一步开放、融入全球化进程的明确宣示。

一定要避免盲从西方的各种压力，要确立主动、正确、渐进的开放战略，制定开放战略时，必须对何时开放、开放什么、如何开放具有非常明确的认识，搞休克疗法式开放是行不通的。

一定要做现有国际政治、经济、社会体系的建设者，主动接受现有体系和规则，在接受中谋求改造，而不是完全以革命者的形象出现。要避免动辄一副致力于打破、颠覆旧体系，另起炉灶的豪气，只有这样才能从其中谋求最大化的收益，确保国际环境的友好性和可持续性。

一定要避免单边性地追求国家利益，甚至奉行一些损人利己的全球化战略，要注重在开放、合作中实现互利共赢，而不是仅仅着眼于自己利益的满足程度。我们在 1997 年亚洲金融风暴中高风亮节的政策实践显示了中国作为一个负责任大国所具有的正义感、道义感和使命感，而今，这些品质已经在我们的对外交往中上升到国家性格层面，成为国际战略的重要指导原则，任何时候都不可抛弃。

> 在后奥运时代，我们依然要坚持被实践证明行之有效的全球化战略：一定要坚持开放；一定要避免盲从西方的各种压力；一定要做现有国际政治、经济、社会体系的建设者；一定要避免单边性地追求国家利益。

中国是改革开放的最大受益者，是全球化进程的最大受益者之一，能够顺利举办这次无与伦比的奥运会本身就是得益于三十年改革开放的巨大成果，而北京奥运会的成功则巩固并加强了进一步改革开放的趋势。

2. 北京奥运会彰显、升华了中国模式的全球化意义

北京奥运会将如何影响中国与全球化的关系、如何影响全球化本身，现今也是一个重要的热门话题，国际上已有诸多积极评论。其中值得一提的有两大观点：一是"全球化的两极化"，一是"中国式的全球化"。

北京奥运会之前，美国人罗伯特·夏皮罗在其新著《未来预测：超级大国、人口和全球化将如何影响人们的生活和工作》中大胆地提出，未来的全球化将出现两极特征，美国是西方的一极，而中国则毫无悬念地成为东方的一极。[1] 奥运会接近尾声时，一位俄罗斯政治观察家大胆地提出了一个"中国式的全球化"的观点。2008 年 8 月 21 日，俄罗斯全球化问题研究所所长米哈伊尔·杰利亚金在俄新社举行的记者会上提出，北京奥运会将开创"中国式的全球化时代"。在他看来，北京奥运会对中国的意义超过了莫斯科奥运会对苏联的意义，不久的将来，中国将成为世界第二大经济体，此后很可能处于领跑的位置，美国则扮演一个追赶者的角色，那时，便将开创中国式的全球化时代。[2]

对夏皮罗和杰利亚金两位先生的看法，作为中国人，我们在感觉欣慰和憧憬的同时，更应该实事求是地加以分析，避免将中国模式的国际意义等同于向全球推广中国模式的呼唤，更不能据此主动挑起所谓中国式全球化与美国式全球化的争夺，导向某种两极化的竞赛，破坏当前良好的和平国际环境，影响中国与其他大国关系态势的稳定。当然，我们在保持清醒、审慎行事的同时，也要秉承"有所作为"的原则，有所为，有所不为，采用适当的方式大胆地向世界介绍中国模式的普适性经验，推动全球化进程向更加多元、更加丰满、更加成功的方向发展。

首先，从历史逻辑看，全球化实质上首先是一个成功者的经验在全球范围内扩散和共享的过程。至少自工业革命之后，随着欧洲资本主义工业文明的崛起，世界便形成了以西方文明为中心的格局。之前在各自所在区域异常强大的那些东方帝国——保罗·肯尼迪在其经典著作《大国的兴衰》一书中列举了中华帝国、

> 全球化实质上是一个成功者的经验在全球范围内扩散和共享的过程，其根本动力在于国际竞争压力和社会化导致的对成功经验的渴望和信赖。

---

[1] 参见《参考资料》，2008 - 07 - 02。

[2] 参见［俄］米哈伊尔·杰利亚金：《北京奥运会将开创中国式的全球化时代》，载《参考资料》，2008 - 08 - 25。

印度莫卧儿帝国、日本帝国、奥斯曼土耳其帝国和莫斯科公国——只能在不断被拉大的东西方实力差距下无奈地沦为二流甚至三流国家，苦寻东山再起的机遇和良方。二战后，西方文明的这种支柱地位使其成为其他文明实现国家发展目标而竞相"学习"和"借鉴"的对象，非西方世界纷纷效仿西方的政治经济制度和发展模式，从而使全球化进程几乎等同于西方文明在全球范围的扩张。有人甚至称全球化为"西方化"、"美国化"，鲜明而生动地反映了全球化的这种内在逻辑。

其次，全球化的根本动力在于国际竞争压力和社会化导致的对成功经验的渴望和信赖。西方文明在政治、经济领域积累了现代化的制度经验和管理经验，在科技、文化等领域也积累了非常先进的科学研究、技术开发和文化发展的经验，还有强大的资本力量支撑，为全球化提供了丰富的内容和强大的动力，能够满足非西方世界对这些经验的需求。从这个意义上说，全球化也可以视为一种"教学"过程。不过，作为"教学"过程的全球化，其主要逻辑结果之一便是世界在各个领域的"趋同"趋势。我们须臾不能忽视的是，随着全球化的深化，全球一体化、世界同质性也可能日益加强，世界多样性日益被侵蚀、削弱。因此，德国学者格拉德·博克斯贝格和哈拉德·克里门塔将"全球化将给世界带来多样化"的论调列为"全球化的十大谎言"之一。显然，全球化进程所包含的这种单一化的危险，不可避免地会引起那些希望保持本民族特性、国家主权独立和文化多样性的民族主义者的反对和抵制。正如有学者指出的那样，诸多反全球化力量中特别引人注目的一支便是那种旨在维护或弘扬本文明、本民族、本地方的文化传统和价值观念体系的宗教文化运动，它奋力抗拒西方文化和价值观念体系的侵蚀和支配，抵御西方文化和西方政治经济秩序的统治。[①]

再次，中国成功实现持续、健康发展的实践积累了可供国际借鉴的宝贵经验，为全球化进程供应了所需要的经验内容。如果我们对中国在过去三十年的发展历程稍加分析，不难发现一条中国自己走出的发展道路，这就是所谓的"中国模式"，或者有学者冠之的"北京共识"。"中国模式"选择的显然是不同于老牌的西方工业化国家的发展道路，与二战后日本、韩国、新加坡等国经历的发展模式也有重大差别，更与战后苏东发展模式明显区别开来。早在1984年，一位新西兰学者写过一篇有关"中国模式"的文章，将其冠名为"incentive socialism"[②]，差不多可以理解为"激励型社会主义"。美国《国际先驱论坛报》2005年7月30日刊发的一篇评论中对"中国模式"做了如下概括："中国模式"就是"一个控制型的

---

① 杨学功：《全球化与民族性———对全球化研究中一个焦点性问题的分析》，载《教学与研究》，2004（3），21～27页。

② R. G. Lister, "The China Model: Incentive Socialism", *New Zealand Journal of Geography*, Volume 76, Issue 1 (April 1984), pp. 13-16.

政府小心翼翼地将资本主义注入其经济，鼓励出口和外国投资"①。这种看法大概反映了多数西方人的认识。一位曾为邓小平等领导人担任翻译、访问过一百多个国家的旅欧华人学者对，"中国模式"的概括不乏见地：以人为本，着眼于满足人民的迫切需求；试点，任何政策的推广都是建立在成功试点的基础之上的，避免了犯全局错误；渐进改革，不搞休克疗法；发展型政府，围绕发展、建设任务凝聚人心，维持政治、经济稳定；选择性学习，务实而不盲从地从发达国家和新兴工业化国家学习先进制度、经验和技术。② 国内尽管对所谓"北京共识"、"中国模式"的理解有各种说法，但最近趋于一致的看法是，"中国模式"就是"中国特色社会主义模式"③。

北京奥运会展示了一个健康、积极、开放、活跃的中国经济面貌，在华尔街金融海啸给西方世界带来一片风声鹤唳的助力之下，中国经验不可避免地被推向全球化的进程之中。北京奥运会让我们给世界呈现了一个辉煌的中国，看到中国取得的这些伟大成就，世界各国无不对"中国奇迹"心生感叹，众多发展中国家更是羡慕不已。华尔街金融风暴给西方造成了极大的震撼和恐慌，而中国却在危机中岿然屹立，这既让他们好奇，更让他们反思。于是，就像"9·11"事件后欧洲人感同身受地发出"今天我们都是美国人"的感慨那样，《华盛顿邮报》的一篇评论文章不由自主地说了一句"今天我们都是中国人"④。虽然这个感慨杂陈了美国人期待、忧虑和矛盾等诸种心态，却实实在在地反映了中国模式对美国和整个西方资本主义世界的借鉴意义和参考价值。

以美国为首的西方发达国家通过庞大的救市计划形成了与中国金融模式颇为相似的新银行体系，主要商业银行都以国家控股和国家资本为核心，规模稍逊的民营商业银行和地方性商业银行属于银行体系中的辅助角色。在这样的现实面前，英国伦敦经济学院教授约翰·格雷在一篇评论中指出：虽然西方一直不断地拿中国银行体系的脆弱性说事，试图威吓中国，但中国对西方的指手画脚置之不理，这反倒成了中国成功的基础，而且这次纷纷倒下的也并非中国的银行。更具有象征意义的是，当保尔森在美国国会卑躬屈膝之时，中国的航天员却在太空漫步。⑤

不过，在北京奥运带来的种种荣誉和光环之下，我们务必要清醒地认识中国模式的全球化意义，清醒地认识到这不是让中国在全球范围内着力推广中国模式

① Daniel Altman, "With Interest: 'China Model' is Tough to Copy," *International Herald Tribune*, July 30, 2007, http://www.iht.com/articles/2005/07/29/business/wbmarket30.php.

② Zhang Weiwei, "China: The New Global Model for Development," *New Perspective Quarterly*, Winter, 2007, pp. 12-14.

③ 马龙闪：《中国特色社会主义就是"中国模式"》，载《理论与当代》，2008（7），54页。

④ David Ignatius, "A Bailout Beijing Would Cheer," *The Washington Post*, Thursday, October 16, 2008, Page A19, http://www.washingtonpost.com/wp-dyn/content/article/2008/10/15/AR2008101503163.html.

⑤ John Gray, "A Shattering Moment in America's Fall from Power," *The Observer*, Sunday, September 28, 2008, http://www.guardian.co.uk/commentisfree/2008/sep/28/usforeignpolicy.useconomicgrowth.

的邀请函，清醒地认识到我们现在依然只是全球化进程中的一个积极、有益的建设性参与者，离担当全球化进程的主导者还有相当长距离的路要走。正如温家宝总理所言："奥运会的成功举办，使中国人民受到了极大的鼓舞，增强了实现现代化的信心和力量。"[①] 同时，我们清醒地看到，中国有 13 亿人口，虽然经济总量已经位居世界前列，但人均收入水平仍排在世界 100 位之后，城乡发展和区域发展很不平衡，农村特别是西部地区农村还很落后，还有数以千万计的人口没有解决温饱。中国仍然是一个发展中国家，生产力不发达的状况没有根本改变，进一步发展还受到资源、能源、环境等瓶颈的制约。中国的社会主义市场经济体制还不完善，民主法制还不健全，一些社会问题还比较突出。中国实现现代化的任务还很繁重，道路还很漫长。

> 在北京奥运带来的种种荣誉和光环之下，我们务必要清醒地认识中国模式的全球化意义，清醒地认识到这不是让中国在全球范围内着力推广中国模式的邀请函，清醒地认识到我们现在依然只是全球化进程中的一个积极、有益的建设性参与者，离担当全球化进程的主导者还有相当长距离的路要走。

中国改革开放的过程首先是一个全国性的，主动地、积极地了解世界的过程，随着了解的加深，中国人民对改革开放有了更加科学的认识和强烈的支持。在北京奥运会的推动下，中国为了让世界全面接受自己，作出了多项承诺，并通过不懈的努力兑现了这些承诺，相关实践也以制度化的方式长期保留，服务于中国的未来发展。北京奥运会的成功既向世界展示了一个日益成熟的国际体系成员的健康形象，展示了中国发展的成果，同时也巩固和加强了中国接纳、享受全球化的倾向和心态。1985 年 9 月，邓小平对加纳国家元首杰里·罗林斯说，请不要照搬我们的模式，如果说我们有什么经验的话，那就是按照自己的国情制定政策。

三、北京奥运会与当今中国的民族主义：理性的呼唤

理性乃是民族主义的原初本质，当今中国的民族主义必须遵循理性，在偏离时回归理性。所谓"理性的呼唤"，不是说我们当前的民族主义缺乏理性，而是提醒人们时时都要注意民族主义有滑向非理性的可能，我们要做到有备无患。

1. 正确理解民族主义的多重含义及东西方差异

民族主义这个概念在东方和西方的理解是不大一样的，甚至不乏矛盾和对立

[①] 温家宝：《坚持改革开放 坚持和平发展——在第 63 届联合国大会一般性辩论上的发言》，载中国网，2008 - 09 - 25，http：//www.china.com.cn/policy/txt/2008 - 09/25/content_16529679.htm。

之处。我们讲的“民族主义”这个词，它在英文中的对应词是“nationalism”，兼有“国家主义”和“民族主义”两重意思。不过，在西方人的常识中，民族主义通常不是一个正面的、积极的辞藻，有时甚至意味着排外情绪和侵略倾向。譬如，牛津词典就将“nationalism”定义为“an extreme form of patriotism marked by a feeling of superiority over other countries”，即“一种以民族优越感为标志的极端爱国主义形式”。任何事物，一旦走上“极端”，便容易变成坏事，当“爱国主义”变成“民族主义”的时候，也脱不了这宿命般的规律。上述定义虽然稍欠专业，但它如实地反映了西方常识对民族主义的理解，或许比那些考据严谨的专业化、精英化的定义更能帮助我们理解西方人在这个问题上的真实看法。

我们认为，谈到民族主义，从多重、多维的视角进行理解是必要的：

首先，民族主义是一种社会思潮和意识形态。民族主义“表明个人对民族国家怀有忠诚的心理状态”，是“人们对故土、祖辈的传统，以及他们所在地区的权威所向往”，“是塑造人们公共的以至个人的生活中起决定作用的因素”①。作为一种意识形态，民族主义大概是迄今为止世界上最强有力的意识形态。民族主义在本质上要求每个民族组成一个主权国家。如果一个民族被整个地包含在现存的一些大国的疆域内，就必然使民族主义运动每次多成为分离运动。② 民族主义就是各民族在发展过程中长

> 民族主义大概是迄今为止世界上最强有力的意识形态。作为一种政策工具，民族主义的政治功能主要在于强化本民族、本国存在的合法性及权威性，但同样可能走向极端和狭隘。

期积累而自然形成的一种稳定的特殊情感，它是在特定疆域中的政治集体认同③。民族主义表达了一种强烈的，通常已经意识形态化了的族际情感。它有时作为一种思想状态，吸引着族内每个个人的忠诚和报效热情④；作为一种理论、思潮或意识形式，它是一种客观存在，而且具有持久性。它能够起到号召本民族团结，加强民族凝聚力的作用；同时，它的无限膨胀也可能产生副作用，特别是对政府产生制约和抵制作用。

其次，民族主义也是一种社会运动。民族主义有时充当一种运动的口号和象征，起着支持或分裂民族国家的巨大作用。它还可以有多种变异形式，一切就具

---

① 《简明不列颠百科全书》，第6卷，6页，北京，中国大百科全书出版社，1985。

② 参见［英］戴维·米勒、韦农·波格丹诺主编：《布莱克维尔政治学百科全书》，492页，北京，中国政法大学出版社，2002。

③ Theodore A. Couloumbis, James H. Wolfe, *International Relations: Rower and Justice*, Prentice-Hall Inc., 1978, p. 38.

④ 参见王逸舟：《当代国际政治析论》，96页，上海，上海人民出版社，1995。

体的条件和场合而决定。① 作为一种运动，民族主义在历史上起到过积极的作用，一战后的民族独立运动和二战后的民族解放运动是最具代表性的积极成果。不过，在 20 世纪 70 年代世界非殖民化进程完成、民族殖民地地区基本完成独立建国任务之后，民族主义运动的消极作用逐渐占据上风。在多民族组成的国家内，民族主义变成了推动国家分离运动的力量。很显然，作为一种社会运动，民族主义的政治作用和社会作用是正负双向的。

再次，民族主义还是一种政策和政治工具。民族主义是政府"处理民族问题，民族关系的原则和政策"②。它有时会变成一种系统化的政策，为实际的民族成长过程提供原则和观念的支撑。作为一种政策工具，其政治功能主要在于强化本民族、本国存在的合法性及权威性，但同样可能走向极端和狭隘。在全球化背景下，要科学认识民族主义所具有的巨大能量，理性引导和利用民族主义情绪的建设性，规避其破坏性，避免将民族主义作为我们的国策工具。

最后，也是特别重要的一点，民族主义本身具有理性和非理性的两重性，既有理性和积极的民族主义，也有狭隘和消极的民族主义。民族主义不等于爱国主义，二者既相互联系，更有重大区别。与民族主义一样，爱国主义也包含着对祖国的忠诚和热爱。③ 但是，只有理性的、开放的民族主义才与爱国主义有着更多的共通之处，狭隘的、极端的民族主义不仅与爱国主义相去甚远，还往往会导致严重损害国家利益的偏激行为。理性的民族主义是宽容的、温和的民族主义，而不是对抗的、排外的极端民族主义；理性的民族主义是宽广的、开放的民族主义，是顺应全球化发展趋势和潮流、融入世界体系的，而不是自我孤立、背离全球化的狭隘民族主义；理性的民族主义是注重合作、讲求共赢的民族主义，而不是大搞遏制、损人利己，以牺牲他国利益为目的的自私民族主义；理性的民族主义是以弘扬本民族优秀文化传统为主要表现形式的和平民族主义，而不是以炫耀实力、强加于人为主要表现形式的霸道民族主义。总之，狭隘、极端的民族主义在国内往往导向民族分裂，在国际上则可能导致自大、孤僻、排外与对抗，最终导致决策失当，危害国家利益。

近年来，随着各种国际矛盾和全球问题的尖锐化，民族主义新浪潮席卷全球，其势汹涌澎湃，这既是对近半个世纪以来以冷战对抗为特征的两极国际格局的反动，又是长期积累的民族主义能量爆炸式的释放。一度被冷战掩盖和弱化的民族主义又成为国际政治和国内政治引人注目的焦点，并表现出一些新特点：

第一，冷战的结束为民族主义发展提供了契机。冷战期间，美苏对抗掩盖了诸多民族、领土、宗教纷争。冷战结束后，"抑制机制"松弛，亚欧结合部形成了

① 参见王逸舟：《当代国际政治析论》，96 页。
② 《简明社会科学词典》，289 页，上海，上海辞书出版社，1982。
③ 参见上书，841 页。

巨大的地缘政治空间，长期被压抑的民族主义得到了超常发展，民族自我意识和民族分离主义高涨，对地区局势乃至整个国际政治产生了强大的冲击力。

第二，民族国家的"利己性"、"排他性"不断加强。在全球化浪潮中，在利益的驱动下，各国都积极参与到经济一体化中。但从全球角度看，竞争的主体依旧是民族国家，每个国家的行为都不可避免地带有利己性。特别是进入20世纪90年代，国家的竞争重点转向了科技、经济，力图在全球体系中获取最大的利益，避免损失。国家利己性的加强使得民族主义逐渐抬头。

第三，狭隘的和极端的民族主义思潮在全球化的压力下出现反弹。众所周知，全球化的扩张导致国家主权遭到了一定的削弱，但各国对全球化的反作用的认识也加强了，进而导致了民族主义势力的壮大。在全球化过程中，西方发达国家一方面发挥自己在政治、经济、文化、科技等领域的优势，另一方面利用在国际制度中的话语权和决策权优势，对发展中国家形成了强大的冲击，这在很大程度上导致了发展中国家的极端民族主义和宗教原教旨主义的泛起。

第四，世界政治经济发展的不平衡状态促使了经济民族主义的出现。以信息技术为特征的全球化不仅在一国国内拉开了贫富分化的差距，更在世界范围内加大了穷国与富国之间的距离，一些发展中国家基于这种认识，往往在经济上表现出一定的民族主义倾向，有的甚至采取极端的非市场化手段或国有化政策来保护自己的利益。

2. 北京奥运前的中国民族主义与西方的解读和忧虑

梁启超先生是将民族主义思想引入中国的第一人。其后，民族主义思想及其积聚的政治、经济、文化力量便深刻地影响了中国的政治发展和社会变迁。从近代中国政治看，民族主义作为影响政治发展和变迁的重要力量，在推翻封建制度、确立和巩固共和制度等革命目的的实现过程中发挥了重要的作用。不过，作为新政权，中华民国和南京国民政府未能始终理性、有效地利用民族主义的力量，中华民族的现代国家建设任务功败垂成，再次陷入困境。[①] 新中国成立后，随着国际环境的变化和国际力量的分化组合，我们先后形成了以"一边倒"、"两个拳头打人"等外交哲学为表现的民族主义情绪；改革开放后，我们与国际社会的交往日益密集，西化压力的积累在20世纪80、90年代形成了以"说不"为主要表现的民族主义思潮。1999年的炸馆事件更加强化了这种对西方和美国的抵触情绪。进入21世纪后，中国的民族主义情绪围绕着中美撞机事件等重大外交问题而波动起伏，有时甚至还非常激烈。

就北京奥运本身而言，中国的民族主义情绪在奥运会前的申办、筹办阶段都

---

① 有关中国近代民族主义与政治变迁问题较为系统的分析，可参阅胡涤非：《近代中国政治变迁中的民族主义》，复旦大学博士学位论文，2004年。

存在着，尤其在火炬传递阶段还被刺激得非常突出。

首先，我们申办奥运会本身就被赋予了浓厚的民族感情色彩，寄托了深切的民族诉求，蕴涵了一种渴望被外部主流世界认可和尊重的理性民族情绪。众所周知，我们把北京奥运会视为中华民族的百年梦想。那是因为在 1908 年中国人就发出了参加奥运会、争取举办奥运会的第一声呼唤。1932 年，在日本占领当局准备派一名运动员代表伪满洲国参赛的压力下，中国政府迅速筹款资助了仅有一名运动员的中国代表团参加了第 10 届洛杉矶奥运会，开启了中国参与现代奥林匹克运动曲折、艰难的征程。新中国成立前，由于各种政治、经济、物质和技术条件的限制，中国运动员费尽周折只参加了三届奥运会，在奖牌方面毫无收获。这种暗淡的奥运经历被视为旧中国苦难深重、积贫积弱在体育事业上的反映。新中国成立后，引入全新的体育建设、培养和管理体制，国家对参与国际奥林匹克运动高度重视，民族体育事业进入蓬勃发展的新时代。1952 年，40 人规模的中国代表团参加了第 15 届赫尔辛基奥运会，五星红旗第一次昂然飘扬在奥运赛场上。遗憾的是，之后由于种种原因，我国同国际奥委会的关系中断了。

1978 年改革开放后，我国体育事业迎来了跨越式发展的新时期，翌年重返国际奥林匹克大家庭。1984 年，在第 23 届洛杉矶奥运会上，中国实现了奥运金牌零的突破，既展示了中国作为体育强国的国际形象，也翻开了中国参与现代奥林匹克运动历史的崭新篇章。此后，每一届奥运会我们都收获成绩、赢得荣誉。随着改革开放和社会主义现代化建设不断推进，我国大踏步迈入世界体育大国行列。2001 年 7 月，13 亿中国人民用真情和真诚感动了世界，获得了第 29 届奥运会的主办权。2008 年 8 月 8 日，"当北京奥运会火炬在国家体育场上空熊熊燃起的时候，我们可以告慰无数为中华体育发展呐喊奋斗过的志士仁人，中华民族的百年期盼终于实现了"[①]。中国人不仅把体育作为展示民族精神和民族形象的舞台，还把体育事业的状态和国家大势的状态挂起钩来，这也是为什么我们会常常讲"国运兴、体育兴"的道理。

其次，奥运火炬传递在欧美遭到的破坏和西方媒体对中国内政的歪曲极大地激发了中国人的民族主义感情，当然其中也包括了部分与西方主流媒体相对抗和抵触的民族主义情绪。2008 年三四月间，北京奥运会火炬在欧美传递时，遭到了一些"藏独"组织、支持"藏独"的活动分子和激进的人权活动人士的干扰、阻挠和破坏，西方媒体也对中国西藏发生的骚乱事件进行了片面的不实报道，引起了中国人的反感。一时之间，中国人因为这些不公正待遇而带来的受辱感导致了民族主义情绪的反弹和高涨，"anti-cnn"、"中国红"等带有明显民族主义情绪和倾

---

① 胡锦涛：《在北京奥运会、残奥会总结表彰大会上的讲话》，载新华网，2008 - 09 - 29，http：//news. xinhuanet. com/politics/2008 - 09/29/content _ 10133309. htm。

向的东西迅速赢得了强大的社会支持。

在这种氛围下，全球各种媒体都对中国的民族主义十分关注，西方媒体更是忧虑中夹杂着些许恐惧，甚至还有一些媒体干脆将这种"民族主义"反应冠以"奥运民族主义"，他们似乎已看到了中国可能的排外情绪和狭隘民族主义浪潮。2008年5月5日，美国《国际先驱论坛报》刊发颇有影响的中国问题专家沈大伟（David Shambaugh）的文章，讨论了可能在奥运会上出现的民族主义情绪，是愤愤不平的防御性民族主义，还是自信自豪的民族主义。① 以沈大伟为代表的一部分西方人认为，中国的两种民族主义源于中国社会深层存在的二元化身份：

一种是根植于历史耻辱的排外主义型身份，其根源在于鸦片战争之后直到二战的屈辱历史，激发了以反西方为核心诉求的民族主义运动。如19世纪末的义和团运动、1905年的反美爱国运动、1919年的五四运动等。另一种是伴随着全球化和中国融入国际社会而形成的世界主义身份，中国的自信民族主义更具爱国主义性质而非民族主义性质，其根源不在于中国过去的屈辱历史，而在于中国现在取得的成就和对未来的谦逊，在于中国的国际角色，比如大国地位、安理会常任理事国、全球经济增长引擎、自身的经济社会巨变、对国际热点问题的贡献、对国际秩序的支持作用等。

我们看到，西方世界对中国民族主义的认知大致有两种倾向，一是泛化的倾向，二是被夸大的恐惧情绪。泛化倾向是指几乎所有领域的中国行动都被扣上了民族主义的帽子，比如，不少西方人给包括"神舟7号"和航天员太空行走等中国近年来在航天领域取得的标志性突破扣上了"科技民族主义"帽子。泛化的倾向

> 西方世界对中国民族主义的认知大致有两种倾向，一是泛化的倾向，二是被夸大的恐惧情绪。

必然导致西方世界对中国民族主义得出非理性的结论，产生一种被夸大的恐惧。

为什么西方对中国人的爱国热情和正当的民族主义情绪如此缺乏宽容和理解？英国诺丁汉大学的华人学者郑永年在一篇评论中讲道，欧洲对中国民族主义情绪的担心与其对中国的认知是密不可分的。他认为，欧洲对中国的认知总体上存在三种不同的图像，即早期的文化中国、改革开放之后的经济中国和近年来的政治中国。简单地说，欧洲人对中国的担忧并不是中国的不变化，而是中国的巨变和巨变所包含着的不确定性。② 从当前中国主流民族主义所具有的理性特征看，西方对中国民族主义的恐惧情绪根源在于西方世界的自我价值优越感和非理性的猜疑与傲慢。或许就像堂吉诃德的骑士情结，只有在一场高烧之后才能清醒，驱除这

---

① David Shambaugh, "China's Competing Nationalisms," *International Herald Tribune*, May 5, 2008.

② 郑永年：《欧洲人的中国认知和中国担忧》，载联合早报网，2008-05-13，http://www.zaobao.com/special/forum/pages6/forum_zp080513.shtml。

个心魔，复归理性。

与西方学者们相对片面、消极的观点不同，中国人自己对当今中国的民族主义作了系统的分析和理性的辩护。绝大多数中国人认为，在北京奥运会火炬境外传递活动中，包括海外华侨华人在内的亿万中国人踊跃参与，在需要时挺身维护奥运圣火的纯洁，这既是对奥林匹克精神的有力捍卫，也是爱国情怀的生动展现。郑永年从中国本身的视角，详细地论述了中国当今新民族主义的国家主义、反西化和传统中心化三大特征：

首先，"国家主义"就是谋求加强中央权力，目的是建立一个强大的国家，"中国民族主义不仅是对中国所处国际环境的回应，更重要的是，它是对由于国内现代化所导致的中央权力下降的回应"①。

其次，"反西方"意在强化民族认同，"不像传统的排外主义，新民族主义旨在通过强调后毛泽东时代改革的'中国属性'与区分中国文明和西方文明来建构一种新的民族认同"②。"如果中国的现代化旨在引入西式制度，政治和经济灾难就会紧接而来。因为在中国不存在各种各样的支撑性的社会经济和文化因素，民主和自由市场体系均无法在中国起作用。"③

最后，"传统中心化"就是致力于复兴中华文明，建构中国文明优越的意象，"新民族主义话语的一个主要议题是中华文明的复兴"④。民族主义具有强化民族情感和凝聚力的强大而丰裕的力量来源，因而"新民族主义被建构出来为中国文明的优越性作辩护"⑤。

3. 北京奥运会后中国民族主义的新趋势

奥运会的历史表明，在一个迅速发展和复兴的国家中成功举办奥运会，将会极大激发该国理性的民族主义情绪，有助于塑造一种更加开放、豁达、包容的民族心理。北京奥运会对当今中国的民族主义情绪也起到了这种正向引导作用。

首先，北京奥运会的成功将当今中国的民族主义成功地导向了理性、宽容、和平的方向。奥运火炬传递过程中被激发起来的民族主义情绪曾令少数西方媒体在开幕前猜测北京奥运会可能让世界目睹中国人狭隘、排外的民族主义行为。然

① Zheng Yongnian, *Discovering Chinese Nationalism in China*, Cambridge, Cambridge University Press，1999，p. 21.

② Zheng Yongnian, *Discovering Chinese Nationalism in China*, Cambridge, Cambridge University Press，1999，p. 47.

③ Zheng Yongnian, *Discovering Chinese Nationalism in China*, Cambridge, Cambridge University Press，1999，p. 54.

④ Zheng Yongnian, *Discovering Chinese Nationalism in China*, Cambridge, Cambridge University Press，1999，p.67.

⑤ Zheng Yongnian, *Discovering Chinese Nationalism in China*, Cambridge, Cambridge University Press，1999，p. 86.

而，随着奥运会大幕的开启和赛程的展开，世界看到的却是心胸开阔、彬彬有礼、热情奔放的中国人和带着友好、迷人微笑的志愿者。开幕式上，很多代表团运动员入场都得到了 9 万多名观众的鼓掌。

美国《时代》周刊感慨不已地写道，"奥运会也许是由国家组成的，但奥运精神超越了民族主义"。在各项赛事现场，中国观众大方、慷慨地把掌声和喝彩送给外国运动员，毫不吝惜。《华盛顿邮报》的报道说："无论中国队是输是赢，中国观众都为运动员的表现而热烈欢呼，没有流露出任何狭隘的民族主义情绪。"《柏林晨邮报》也说："自从各项比赛持续进行、德国运动员也经常登上最高领奖台以来，中国展示出了越来越友好的面孔——也对我们。"新加坡《联合早报》对中国人在奥运会上的宽容、稳重和大度赞赏有加，说道："今年上半年面对西方的批评，中国始终如一的稳重态度也获得国际社会正面回应。作为一个大国，中国表现出了很强的包容心，在风波中没有和对方针锋相对，而是立足在奥运会上呈现一个真实的自己。"①

> "奥运会也许是由国家组成的，但奥运精神超越了民族主义"。

其次，北京奥运会强化了中华民族的进取精神，奥运承诺和实践将融入中国深层的发展理念和发展哲学之中，成为塑造理性、开放民族主义情绪的重要精神动力。譬如，在科技奥运理念的指引下，首都机场 T3 航站楼、国家体育场"鸟巢"、国家游泳中心"水立方"等现代化建筑令人叹为观止。俄新社政治观察家安德烈·基斯利亚科夫在一篇文章中也写道，北京奥运会不仅是科技含量最高的一届奥运会，它也将为中国科技的发展提供新的助力。② 当然，"科技奥运"承诺的实现在相当大程度上是国际合作的结晶，最具代表性的是，鸟巢的设计是由瑞士著名设计师赫尔佐格、德梅隆与中国建筑师合作完成，水立方的设计和建设包含了中澳两国专家的精雕细琢，其外墙建筑材料由德国生产商提供。这些成功的国际合作给中国人带来的是开放、共赢的体验，对于中国民族主义的理性化、开放性、合作性特征的生成和提升有着不可低估的动力。

最后，北京奥运会加强了民族自信心，激发了中华儿女的爱国热情，有利于进一步推进开放事业。2008 年 8 月 9 日，北京奥运会开幕后的第一天，日本《读卖新闻》发表评论说，"中国有信心跨越遭西方列强侵略的历史"，通过"奥运外交"③ 展现大国气魄。在人民网举行的"奥运财富"网上投票中，接近三分之二的投票给了"树立民族自信"，超过一半的票投给了"激发爱国热情"。民族自信，

---

① 转引自李柯勇等：《特稿：北京奥运会——中国告诉世界》，载新华网 2008 - 08 - 25，http：// news. xinhuanet. com/newscenter/2008 - 08/25/content _ 9706153. htm。

② 参见安德烈·基斯利亚科夫：《中国：高技术含量的奥运记录》，载《参考资料》，2008 - 08 - 25。

③ 转引自《日报说中国通过"奥运外交"展现大国气魄》，载《参考资料》，2008 - 08 - 11。

是一个国家发展进程中的强大内在动力。"我参与、我奉献、我快乐",如实地反映了建立在自信心基础上的国民心态。申奥时 96% 的民众支持率创造了历史空前、也可能是绝后的最高纪录。建造水立方时 35 万华人同胞近 10 亿元的捐款,报名参加赛会服务工作的百万志愿者……这些数字都说明,申办、举办奥运会的过程,也是海内外中华儿女凝聚力量的过程,集中体现了中华民族同舟共济的爱国热情和奋斗精神。奥运会后,随着中华民族自信心的增强,人民的开放意识、世界意识得到巩固和深化,将有利于削弱民族主义情绪在各个领域对外开放中的负面影响。

北京奥运让世界更好地了解中国,也让中国更好地懂得了世界。虽然奥运对中国硬实力的影响有限,但对中国的软实力却有着重大的贡献,因为软实力不仅是单方面拥有的力量,更主要的是在互动中由别人主动接受的一种影响。随着中国的改革开放,世界更多地了解了中国,中国文化也在更大的范围影响着世界,中国的软实力也得到了进一步的提高。北京奥运巩固、强化了这一趋势,加深了中国与世界的联系,中国对全球化进程的影响也将更加积极。北京奥运增强了中国理性民族主义的健康发展,尽管也有不和谐的声音,但经过北京奥运风雨洗礼的中国民族主义已经更加理性,为中国进一步融入和影响全球化进程铺垫了强有力的支撑,有助于确保中国在全球化大潮中驾驭有度、游刃有余,实现科学、健康、持续的国家发展目标。这是北京奥运留给我们的最重要的精神遗产之一。

北京奥运的人文价值

举世瞩目的北京奥运会于 2008 年 8 月 24 日在中国国家体育场"鸟巢"落下帷幕，国际奥委会主席罗格盛赞这是一届真正"无与伦比"的奥运会。从 2001 年申奥成功，到奥运会正式开幕，再到最终的圆满谢幕，在整整 7 年的时间里，中国倾举国之力，上下一心，以最大的诚意和满腔热情兑现了对世界的庄严承诺，全方位地展示了中国发展的成果和融入国际社会的决心。同时，中国的民族精神和国民士气也得到了高度的凝聚和提升。

如果将中国从申办、筹备再到举办奥运的整个过程置入中国崛起的大背景，再来审视中国外交在这 7 年当中所应对的各种或是"硬性"或为"柔性"的多方外部压力，就可以清楚地了解，中国外交已经通过北京奥运的历练，较为成功地实践了其在国家高速发展过程中所应遵循的哲学：一方面是促进中国走出去，以更为积极的姿态充分融入国际社会，在体系大国与责任大国之间实现一种动态平衡；另一方面是在此过程中，努力舒缓来自国际社会的疑虑和敌意，以便赢得更长久的外交战略机遇期。

> 中国外交已经通过北京奥运的历练，较为成功地实践了其在国家高速发展过程中所应遵循的哲学：一方面是促进中国走出去，以更为积极的姿态充分融入国际社会，在体系大国与责任大国之间实现一种动态平衡；另一方面是在此过程中，努力舒缓来自国际社会的疑虑和敌意，以便赢得更长久的外交战略机遇期。

一、奥运申办成功：综合国力全面提升，外交形象积极正面

北京时间 2001 年 7 月 13 日晚 22 时 15 分，国际奥委会第 112 次全会在莫斯科进行委员不记名投票，中国北京在第二轮投票中就以 56 票的绝对优势胜出，领先第二名加拿大多伦多 34 票，国际奥委会主席萨马兰奇庄重宣布：2008 年奥运会主办城市——北京。第二次申办奥运会的北京，面对强大对手的挑战，以泱泱大国的实力和高水平的申办工作，赢得了 2008 年奥运会主办权。而 2001 年北京申奥的成功，正是中国外交硬实力基础的累积和软实力能量上升双重作用的结果。

首先，迅速发展、日益强大的国家经济实力是申奥成功这一外交成就的硬实力基础。外交是以国家实力为依托的，没有强大的国力作基础，外交只能是纸上谈兵。1993 年我们首次申奥的失败，综合实力的欠缺是主因。而此后，我们从我国的基本国情和综合国力出发，制定了以 8 年为期的较为现实的外交努力目标，最终得以申奥成功。可以说，成功的最根本原因是改革开放 20 多年中国具有自己特色的建设与发展取得了举世瞩目的成就，它使一个具有五千年悠久历史与文化的古老国家重新焕发了活力与青春。作为世界上最大的发展中国家，中国通过改革开放，不仅解决了近 13 亿人的吃饭问题，更重要的是使中国经济走上了一条快速健康发展的轨道。作为最富有活力的经济体，中国取得的成就在推动世界经济发展的同时，还为第三世界国家如何实现经济快速增长、实现繁荣走出了一条成功之路，这也成为世界接受中国的另一个重要原因。因此，奥运主办权的获得，是中国过去经济持续高速发展的一个水到渠成的结果。它意味着国际社会对中国总体实力，对改革开放积累的经济基础的承认；也为中国外交通过申办奥运谋求与自身实力相适应的国际影响力进而施展软实力奠定了较为坚实的物质基础。

> 奥运主办权的获得为中国外交通过申办奥运谋求与自身实力相适应的国际影响力进而施展软实力奠定了较为坚实的物质基础。

其次，高昂的国民士气是申奥成功的关键精神要素。在国力的构成要素中，国民士气被许多国际关系理论家看作不可或缺的协调性因素。而在北京申办奥运的过程中，全国人民包括港澳台同胞和海外华人华侨，不断以各种方式表达他们对申办的支持，显示了全世界华人心向奥运的高昂士气。从政府到公众，从知识分子到演艺界人员，从国内人民到国外友人，无不倾注热情付出汗水，大家都以自己的方式表达对申奥的支持。正是如此多的努力累加在一起，才为中国北京迎来了如此难能可贵的机会；也正是出于对这种机会的极其珍惜，才诞生了如此辉煌如此让人"不可思议"的 2008 年北京奥运会。

2001 年，盖洛普（中国）咨询有限公司进行的调查结果显示，94.9％的北京市民支持北京申奥。同时，94％的北京市民希望成为志愿者为奥运会服务。国际奥委会评估团在其举行的新闻发布会中也特别强调，北京申办奥运会得到了政府和市民的强有力支持，经过考察，94.9％的市民支持率准确真实。实际上，国际奥委会独立调查的北京支持率是 96％，是 5 个申办城市中唯一比自己讲的支持率还要高的。正如北京奥申委主席、北京市市长刘淇指出的那样，"人民群众的广泛赞同和热情参与，使北京的申办享有最高的民众支持率，成为北京申办最大的优势之一"。

再次，锲而不舍的申奥行动获得成功，是中国外交在中国融入国际社会的进程中所取得的具有里程碑意义的胜利。首次申奥失败后，1998 年 11 月，国务院总理办公会议和中央政治局常委会决定由北京申办 2008 年奥运会。1999 年 9 月 6 日，北京 2008 年奥运会申办委员会组成，申办大幕由此正式拉开。2000 年 2 月 1 日，北京 2008 年奥申委举行第二次全体委员会，通过表决确定了申奥会徽和申奥口号，申奥网站正式开通。2000 年 4 月 29 日，著名导演张艺谋出任北京申奥电视宣传片总导演。2000 年 5 月 27 日上午，在王府井工美大厦立起申奥倒计时牌，这是北京市民自发设立的第一块申奥倒计时牌。2000 年 6 月 19 日，北京 2008 年奥运会申办委员会在洛桑向国际奥委会递交了申请报告。2000 年 8 月 28 日 19 时 39分，中国北京成为 2008 年第 29 届奥运会的候选城市之一。2000 年 9 月 8 日，由北京 2008 年奥运会申办委员会秘书长王伟带队的奥申委考察团先遣团一行 10 人，从北京出发，前往悉尼，借悉尼奥运会这个大舞台宣传 "新北京、新奥运"。2000年 9 月 9 日，北京奥申委收到国际奥委会总干事卡拉德的文传通知：北京 2008 年奥运会申办委员会上报的带有英文候选城市（Candidate City）字样和国际奥委会五环标志的会徽已经获得国际奥委会批准。2000 年 12 月上旬，应国际举重联合会邀请，北京奥申委代表团赴雅典，在国际举重联合会代表大会期间设置展台，杨澜出任 2008 申奥大使并进行申奥陈述，获得广泛好评。2001 年 1 月 17 日，北京2008 年奥运会申办委员会秘书长王伟一行 5 人，在洛桑向国际奥委会递交了北京2008 年奥运会《申办报告》。2001 年 4 月 1 日，党和国家领导人江泽民、李鹏等来到北京奥林匹克公园，参加首都全民义务植树活动。2001 年 5 月 15 日，国际奥委会在国际奥委会官方网站上公布了国际奥委会评估团对 5 个申办城市的评估报告，北京为三个领先城市之一。2001 年 6 月 23 日，帕瓦罗蒂、多明戈、卡雷拉斯，三位世界顶级歌剧大师会聚紫禁城内为北京申奥助威。2001 年 7 月 13 日，国际奥委会第 112 次全体会议投票选出北京为 2008 年夏季奥运会主办城市。

从 1993 年到 2001 年，中国在这 8 年中坚持不懈地保持着面向世界、面向未来的战略姿态。从宏观而言，中国外交历来重视发展与亚非拉发展中国家的关系，坚持和平发展的外交政策，在广大发展中国家树立了很好的形象，享有很高的声望。而一些发达国家对北京申奥的支持也说明中国实行的独立自主的和平外交越来越有说服力，中国在处理国际事务方面也日趋成熟。中国作为一个对世界和平与进步负有责任的有影响力的大国形象在国际上得到了越来越多的认同与尊重。从微观角度而言，中国的外交系统也为申奥成功付出了大量努力。2001 年申奥是当时中国外交工作的首要任务。在申办过程中北京申奥代表团多次到世界各国访问，我国驻外大使馆便承担起接待工作。此外，为了让更多人了解北京举办奥运会的理念，大使们均多次与各任职国的奥委会委员和政府官员进行会面，介绍北京申奥的努力。在具体操作方面，争取多数委员的支持是赢得申办的先决条件。为此，中国利用国际奥委会组织会议和活动的机会，先后出席了欧洲、非洲奥林匹克协会，亚奥理事会，国际单项体育组织执委会和国际体育记者协会等 10 个会议，广泛接触了委员。为加深委员对北京的了解，北京奥申委直接向委员寄送反映北京申办的简报刊物和音像资料共 100 多种，8 000 多册。使用的文字有英文、法文、西班牙文、俄文和阿拉伯文 5 种。寄送量由每月两次，增加到后来的每周两次。

事实上，北京申奥的成功已经远远超越了体育层面。因为它反映了在经过 20 多年改革开放之后，中国经济实力和国家地位全面提升之时，国际社会通过将 2008 年奥运主办权赋予中国的方式，对中国融入国际体系的积极努力予以承认，并在一定程度上表达了对中国未来发展的信心。

二、奥运筹备期间：正确应对复杂局面，外交手段更加成熟

北京申奥成功的 2001 年也是中国加入世贸组织的同一年。当时，中国崛起给西方的心理冲击还比较小，西方希望通过 2008 年奥运会的举办使中国更全面地融入由西方主导的国际体系，中国则单纯地认为只要有融入的强烈意愿，那么接下来融入的过程应该不会太艰难。在这 7 年的奥运筹备期，从奥运场馆及相关设施建设到志愿者招募和培训工作，从城市交通条件和生态环境的进一步改善到竞赛组织工作和票务工作，一切都在有条不紊、扎扎实实地进行着。但 7 年来，中国的崛起完全没有按照西方所预想的逻辑发展，双方在政治体制和价值观领域几乎没有明显趋近的迹象，中国这种逐渐融入的方式对西方而言既难以预测，更看似无法掌控。于是中国崛起对西方世界构成的心理冲击，进而引发的西方对于中国的种种压力在北京奥运的筹备期得到了集中体现。从西藏政策、人权和产品安全到人民币汇率、苏丹达尔富尔问题和全球气候变暖，中国在一切问题上都受到严密审视。中国外交在前所未有的压力和危机面前，以更为成熟的国际公关技巧，为北京奥运的顺利举办营造了尽可能宽松的国际舆论环境。

首先，"涉奥"、"涉藏"危机外交力挽狂澜。2008 年 3 月 14 日，拉萨发生了

打砸抢烧暴力犯罪事件，不少中国驻外使领馆也遭到境外反华势力和"藏独"分子的暴力冲击，随后进行的奥运圣火境外传递在多个城市遭遇恶意干扰。奥运圣火传递是每届奥运会的首要项目，也是各主办国精心策划的节目之一。北京奥运会火炬接力以"和谐之旅"为主题，以"点燃激情、传递梦想"为口号，于2008年3月25日，在希腊奥林匹亚按照传统仪式取火，开启了奥运圣火在全球火炬接力的过程。期间前往五大洲（国家、地区）的21个城市，并在境内31个省、自治区和直辖市传递，还于5月8日上午抵达了珠穆朗玛峰。北京奥运会火炬接力历时130天，传递总里程约13.7万公里，参与传递的火炬手达21 880名，是历届奥运会传递路线最长、覆盖面积最大、途经国家和地区最广、参与人数最多的一次奥运火炬接力，也是第一次将四大古代文明衔接起来的奥运圣火接力。

圣火一路收获了无数的鲜花和掌声，却也难逃觊觎已久的破坏分子的抢夺之举。尤其是当圣火途经法国埃菲尔铁塔时发生了令人震惊的一幕，当地时间4月7日中午12点30分，上海残疾人击剑队员金晶正在进行火炬传递，极少数的"藏独"分子企图干扰北京奥运火炬的传递，把黑手伸向了坐在轮椅上的金晶，试图从她手里抢走火炬。面对突如其来的冲击，勇敢的金晶低下头让出自己的背保护火炬，丧心病狂的"藏独"分子竟然一把薅住金晶的头发，猛地撕扯企图让她松手。当时金晶的脸已被抓伤了，下巴被抠得直流血，但是她毫不畏惧，用双手紧紧抱着火炬，脸上表情坚决而骄傲。

更为令人气愤的是，西方一些媒体、反华势力、政客与境内外"藏独"势力公然歪曲事实、颠倒黑白，使中国的民族尊严和国家形象遭遇严峻考验。面对突如其来的危机，中国政府沉着应对，外交部及其驻外机构迅速作出反应，驻外机构主动与驻在国政府和各界人士沟通，同时国内有关部门主动与外国驻华机构接触，全面阐述中国政府的对藏政策，全面介绍西藏历史、现实以及"3·14"暴力犯罪事件真相，及时揭穿了达赖集团和西方一些媒体的谎言，暴露了西方反华非政府组织和"藏独"势力有计划有预谋地策划拉萨暴乱的事实，中国的危机外交在这一刻显示出了力挽狂澜的大气。

其次，通过公众外交耐心向西方受众说明中国。在上述一系列危机中，中国的外交人员采用贴近西方受众的方式，来解释和说明中国，取得了良好的效果。中国驻英大使傅莹在奥运火炬伦敦传递的头一天，就在《泰晤士报》上发表文章。文中写道："西藏是一个美丽的地方，吸引我多次前往，流连忘返。西藏独特的历史和文化使她在整个中华文化中占据特殊的地位。"她于4月13日发表在英国主流报纸《星期日电讯报》的《火炬伦敦传递后的思考》一文中，以朴实、柔性的语言讲述自己在圣火传递过程中的所思所想，在文章结尾发出了"世界曾等待中国融入世界，而今天中国也有耐心等待世界认识中国"的期待。文章发表当晚，在网上引发英国公众的热烈辩论，两天上传的跟帖评论达650多条。傅莹以外交官和普通作者的双重身份在英国受众多、反响大的主流媒体上发表文章，起到了事半功倍的效果。

在奥运圣火传递受阻时，面对"藏独"分子和西方反华分子，海外华人学生和国内网民为主体的民间力量显示出强大的能量，他们对西方媒体的歪曲报道和无知偏见给予了坚决回击，有力维护了奥运圣火传递的顺利进行。显然，通过对方能够接受和听懂的方式向更广泛的西方受众来解释和说明中国，已经成为未来中国公众外交的重要手段。

> 通过对方能够接受和听懂的方式向更广泛的西方受众来解释和说明中国，已经成为未来中国公众外交的重要手段。

再次，国际社会对中国的"柔性压力"考验中国外交更高超的应对技巧。在临近奥运举办的一年中，西方一些国家开始要求中国实行所谓"责任外交"和"形象外交"，对中国的压力从硬性转为柔性。一些反对势力不仅力图把中国国内的一系列问题奥运化，同时越来越把中国外交问题奥运化，并进而把奥运问题政治化。其中最突出的就是西方一些人士以抵制北京奥运来向中国发出威胁，要求中国在苏丹达尔富尔问题、缅甸、朝鲜等地区热点问题上施加影响。特别是在中国筹备奥运的过程中，西方往往更多地利用国际非政府组织来施压。事实上，中国在朝核、达尔富尔、缅甸等问题上始终都在施加影响。由于顾及西方的关注，中国还及时委任了一名达尔富尔问题特使，同时派遣400多名士兵参与联合国在当地的维和行动，建设基础设施。必须看到，中国外交在这些"柔性压力"的挑战下，正在努力学习如何与国际社会理性相处，做到不跌入西方对华压力的战略陷阱，在平和、自信、谦虚的基础上提升自身的外交应变能力。

最后，中国在多边外交领域积极推动联大通过奥运休战协定，并就全球气候变暖问题积极表明立场，切实履行责任。第62届联合国大会在2007年10月31日一致通过由中国提出、186个会员国联署的《奥林匹克休战决议》。呼吁联合国各成员国在奥运会开幕和闭幕前后各一周以及奥运会期间，根据国际奥委会的要求遵守奥林匹克休战。北京奥组委主席刘淇说，作为北京2008年奥运会主办国，中国按惯例倡议提出了"通过体育和奥林匹克理想建立一个和平的更美好世界"决议草案。这不仅是奥林匹克运动的理念，也是全世界爱好和平的人民的共同愿望。他呼吁联合国会员国本着奥林匹克精神，坚持联合国的宗旨和原则，遵守奥林匹克休战，促进世界和平。面对全球气候变暖问题，胡锦涛主席于2007年在出席八国集团峰会，发展中国家领导人对话会议等时，都全面深入阐述了我国在应对气候变化等问题上的立场和主张。外交部还设立了气候变化谈判特别代表，在积极参加气候变化国际谈判的同时，多次通过国际媒体吹风会的方式介绍中国在减排方面所作的承诺和所取得的成绩。比如中国已实现单位国内生产总值能源消耗比

2005年降低10%，到2010年，实现单位GDP能耗比2005年降低20%左右。

改革开放30年是中国从贫弱逐渐走向富强的过程，而这关键30年的最近7年恰逢北京奥运的筹备期，这是中国崛起从概念提出到实际使然都在全世界逐渐深入人心的7年，也是中国自信心开始迅速建立的7年。值得一提的是，过去30年中国的改革开放，包括其中最近7年的奥运筹备，中国"都不是以彻底改变现有体制为目的，而是尝试引进外部世界积极、有效的元素，来改良现有体制并剔除其中的弊端，在保持现行体制某些优点的同时，使之向着更为有效、透明和开放的方向发展"①。正因为如此，这7年也成为西方对中国的改革开放从心理上发生较大变化的7年，从而对中国外交形成了前所未有的巨大压力。而中国外交通过危机外交、公众外交和多边外交等全方位外交的综合运用，进一步提升了自己的国际公关技巧，为北京奥运的顺利筹备尽力营造相对宽松的外部舆论环境。

三、奥运举办期间：首脑外交赢得突破，文化外交获得成功

80多个国家的元首和官员，204个奥运大家庭成员，16 000名运动员和教练员，10万名现场观众，数十亿电视观众；东方和西方，中国和世界，一起见证2008年8月8日北京奥运开幕式。缶阵、画卷、文字、戏曲、丝路、礼乐；击缶高歌、高山流水、活字印刷、夸父逐日，一幅幅近乎完美的画面向世界娓娓诉说中华文明对和平、和谐、和睦的向往和锲而不舍的追求。同时，中国人民在奥运开幕式上发出的"有朋自远方来，不亦乐乎"和"四海之内皆兄弟"的信息通过接下来16天奥运赛场内外的点点滴滴得到了切实的印证。这一点从奥运会期间国际奥委会没有收到一起有关赛事组织工作的投诉这个事实就可以得到充分的体现。相反，不断有外国运动员在奥运赛场上打出"谢谢你，中国"的条幅，甚至一些最为挑剔的西方媒体也不吝笔墨地赞扬遍布北京的志愿者们周到热情的服务。从这个意义上看，北京奥运在其举办期间终于回归了它作为体育竞技和文化交流载体的常态。而毫不夸张地说，北京奥运举办期间的中国外交则可与北京奥运开幕式的惊艳相媲美。

> 北京奥运在其举办期间终于回归了它作为体育竞技和文化交流载体的常态。毫不夸张地说，北京奥运举办期间的中国外交则可与北京奥运开幕式的惊艳相媲美。

首先，北京奥运本身就是中国实施文化外交的综合平台。对于东道国来说，

---

① 邱震海：《"平安奥运"与"开放奥运"的检验》，载凤凰博报，2008-08-23，http://blog.ifeng.com/article/1662877.html.

通过开闭幕式上的文化展示，奥运会期间的各种文化交流活动，可以凸显主办国极富特色和民族魅力的视觉形象。因此，历届奥运会东道主都高度重视开闭幕式的策划和展演，将其作为展示自身文化特色的一个独特舞台。而对 2008 年 8 月 9 日世界 50 个主要报纸的头版的初步分析显示，其中有 67% 的报纸以奥运会开幕式的图片作为头版图片，这其中又有 75% 选择的是没有政治符号的文化景象，如文化长卷，闪光的古装中国演员，蓝色的地球等等。① 这些文化符号通过将中国的文化特征与全球对奥运精神的共同期待相结合，将中国的文化元素与人们对奥林匹克精神的崇尚和向往巧妙地融合。奥运会的开闭幕式，将大量的中国文化符号集中释放出来，而中国普通老百姓的言行举止所传递出的社会符号则通过因奥运的开幕而大量涌入中国的西方媒体广泛发散出去。而据 2008 年 9 月 11 日《中华新闻报》报道，清华大学新闻与传播学院于 7 月 28 日至 8 月 20 日跟踪、研究、比较全球 10 种语言、29 个国家和地区的 67 家主流报纸对北京奥运的头版报道，发现 46.2% 的主流报纸在头版至少刊登了 1 条以上的奥运新闻，其中正面报道超过 53.8%，负面报道仅为 11.3%。奥运期间，世界主流报纸头版涉华负面报道仅为 7.5%，正面报道为 24.5%，其余多为中性或平衡性报道。这些数据说明，北京奥运对于中国国家形象的提升起到了积极的作用。

其次，奥运首脑外交盛况空前。在北京奥运会开幕式上，"鸟巢"的看台出现了奥运历史上规模最大的"领导人"方阵。据统计，出席北京奥运会的王室代表、国家元首、政府首脑共 104 位，这个数字大大超越了上届雅典奥运会的 23 位，是历届奥运会首脑出席人数最多的一次，开创了现代奥林匹克运动的先河。在五天之内，国家主席胡锦涛密集会见了前来参加北京奥运会开幕式的多位政要，上演了一场在中国、奥运会乃至世界历史上都是规模空前的"奥运外交盛宴"。外国贵宾中，有远亲，有近邻，有新朋，有老友。中国陆上接壤的"邻居"中，除尼泊尔、不丹和塔吉克斯坦三国外，其他国家都有国家元首、政府首脑出席开幕式。日本、韩国、泰国、马来西亚、菲律宾等一衣带水的邻国也有领导人来共襄奥运盛举。而欧洲、美洲、非洲、大洋洲等国的"远亲"也借奥运之机成了"天涯若比邻"。各国总统、总理、国王、首相、公主、主席以及国际体坛的各路"掌门人"，共同见证了奥运的荣光。

第一位抵京出席北京奥运会开幕式的外国贵宾是阿联酋副总统兼总理穆罕默德的夫人哈雅公主，她与英国公主安妮、泰国公主诗琳通等"同行"一同坐在"鸟巢"的看台上。另外，美国总统布什是第一位在任期内出席他国举办的奥运会的美国总统，并且是三代同堂聚首北京，父亲老布什是美国奥运代表团的荣誉团长，儿子小布什则成了美国奥运代表团的拉拉队长，祖孙三代在北京度过四天四

---

① 参见周庆安、胡显章：《中国公共外交的模式变革》，载《中国社会科学报》，2009－07－01。

夜；日本首相福田康夫是 20 年来第一位到国外观看奥运会的日本首相，在京逗留时间虽短，却与胡主席和温总理就推进战略互惠目标、四川重建等问题展开了磋商；法国总统萨科齐以法国总统和欧盟轮值主席的双重身份来华参加奥运会开幕式，萨科齐曾经第一个拒绝出席奥运开幕式，但是后来也主动要求参加，并带来了一个约 50 人的观礼团，成员不仅包括前总理拉法兰夫妇、法国体育部长、国民议会议长等政界要人，也有往届奥运冠军和法国的体育明星；俄罗斯总理普京也参加了奥运开幕式，其所率领的团队规模最为庞大，除去 500 名运动员，还有 400 余人专门观战；加蓬只有 4 名运动员参加北京奥运会，但总统邦戈还是从万里之遥的非洲赴京出席奥运开幕式。

北京奥运会上首脑齐聚的华丽阵容，堪称历史上规模最大的首脑外交舞台。各国领导人利用这一场合频繁会晤，对于寻求共识、拓展合作起了积极作用。中国更是借奥运会加强了与各国的对话沟通，消除了不少国家的疑虑和误解。各国元首政要云集北京，从外交角度而言，是中国向世界展示改革开放三十年中国社会发生的巨大变化，让世界更深入地认识和了解中国的一个重要机会。从多边外交的角度来看，中国过去也曾在亚非会议、万隆会议等其他国家城市举办的国际会议上发挥过重要作用，但是能够提供和搭建如此巨大的、多国首脑聚会的国际外交舞台，此番北京奥运还属首次。这说明中国已经成为国际外交领域的一个重要参与者。

> 北京奥运会上首脑齐聚的华丽阵容，堪称历史上规模最大的首脑外交舞台。各国领导人利用这一场合频繁会晤，对于寻求共识、拓展合作起了积极作用。中国更是借奥运会加强了与各国的对话沟通，消除了不少国家的疑虑和误解。

再次，北京奥运期间的"篮球外交"构成中美之间人文外交的重要内容。1971 年的中美"乒乓外交"奠定了冷战时期中美交流的基础，而北京奥运会男篮小组赛 B 组的"中美之战"则被多家境内外媒体与"乒乓外交"相提并论，甚至被人们赋予了改善世界上两大国之间关系的深刻含义，因为这场球的观战者有美国总统布什和他的父亲老布什，有美国前国务卿基辛格，还有陪同前来的中国外交部部长杨洁篪，而布什也成为美国历史上第一位亲临国外奥运会篮球赛场的在位总统。其实，在北京奥运举办的过程中，关于中国的报道占据了美国媒体的巨幅版面，美中关系的发展也一再被提出讨论。或许北京奥运篮球比赛的中美之战更多被赋予的是有关中美关系的象征意义，但从 2001 年中国篮球运动员王治郅加入 NBA 开始，姚明、易建联、孙悦等中国球员接连赴美，其中姚明如今已被中美两国许多人视作中美文化交流的大使，成为美国人民了解当今中国的一个典型人物。美国人通过他们的表现看中国，而中国人则通过 NBA 了解美国，是篮球在中美两国人民的交往中起到了拉近相互理解的纽带作用。而人文外交的目标正是加深人与人之间、民众与民众之间、民族与民族之间的相互沟通和友好情谊，增进国家与国家之间的信任与合作、促进世界的和平与繁荣。

在奥运举办期间，当西方媒体以相对客观的报道使北京奥运又恢复到体育竞技和跨文化交流的常态时，中国外交曾经被挤压的空间便又舒缓延展开来。于是，文化外交、首脑外交、人文外交纷纷以自然而又恰到好处的方式向全世界呈现着一个文明友好、和谐开放的中国。也是在这个阶段，中国外交的软实力成分得以大大地提高。

> 文化外交、首脑外交、人文外交纷纷以自然而又恰到好处的方式向全世界呈现着一个文明友好、和谐开放的中国。

更值得一提的是，北京奥运刚落下帷幕，中国"后奥运外交"就揭开序幕。在北京奥运会圆满闭幕翌日，国家主席胡锦涛随即展开对韩国、塔吉克斯坦、土库曼斯坦的国事访问。胡主席在访问韩国的行程中，特地对国际社会给予北京奥运会的大力支持表示感谢。通过成功举办奥运会，中国向全世界表达了将倡导多年的"和谐世界"理念。奥运刚结束，中国就致力发展和平外交、亲善外交、睦邻外交，向国际社会表达真诚的感谢和融入国际体系的坚定决心。中国"后奥运外交"进一步按照构建"和谐世界"的理念处理具体外交事务，以实际行动延续了"奥运外交"的促进世界和平与友谊的精神。

四、后奥运时期：角色身份开始转变，国际地位全面提高

北京奥运的成功已经超越了体育运动本身的意义，成为中国崛起的重要标志，对中国的国家身份、对外战略以及中国与世界的关系都将产生战略影响。

第一，北京奥运反映了中国的角色和身份的转变。20世纪60年代，面临着美苏包围的严峻国际环境，中国在意识形态上奉行斗争哲学，在对外战略上联合第三世界国家进行世界革命。相应地，中国将自己定位为国际社会的革命者，基本游离于现行国际体制之外。反映在体育运动上，中国不承认西方主导的奥林匹克运动会，而和印尼共同倡议举办新兴力量运动会。改革开放以后，中国将战略重心转移到经济建设上来，开启了重新融入世界的历史性进程，外交战略的目标也调整为为国内经济发展创造良好的国际环境。中国开始全方位地参与国际社会的活动，积极参加各种国际组织和条约。中国的国际身份也由体制外的革命者转变为体制内的参与者。1979年10月25日，国际奥委会执委会议在日本名古屋召开，恢复了中国在国际奥委会的合法席位，中国正式回归到奥林匹克大家庭中来。冷战结束后，中国继续坚定推进改革开放，经济高速增长，国家实力不断增强。在

对外交往上，中国也更加活跃和主动，在争取国家利益的同时也承担着大国应有的国际责任；在行为模式上，中国从以前对国际体系的被动参与转变为对现有体系的主动维护和塑造，这从申奥成功到正式举办的过程得到体现。后奥运时代的中国在身份定位上将更加自信和成熟。

第二，北京奥运提升了中国的国家形象和国际地位。改革开放以来，随着国家实力的增强和战略影响的拓展，中国的国家形象和国际地位得到了极大的改善。中国的独立自主立场、负责任的大国姿态都给世界留下了深刻印象。然而，西方不少势力在利益刺激和价值偏见的驱使下刻意妖魔化中国，中国的国家形象在国际社会不时遭到软打击，同时，在西方力量主导的情境下，中国在国际规则制定和力量动员方面也没有充分的发言权。奥运会的成功举办给世界展现了一个全新的中国，使国际社会对中国的发展模式、独特价值和行为方式的认可程度大大上升，进而使得中国的国家形象大大提升。

第三，北京奥运是中国崛起的重要标志。经过多年的快速发展和实力积累，中国崛起的前景越来越明朗。北京奥运充分显示了中国的国家实力。奥运组织工作的谨慎严密、金牌第一的骄人战绩、开闭幕式的震撼场面，这些都是中国综合实力不断增强的真实反映。如果奥运之前国际社会还将中国崛起当作一个假设命题来看待，那么，现在国际社会关注的问题则是中国崛起对世界意味着什么，中国将如何运用其不断积累的实力。北京奥运也是中国现代化的一场"成年礼"。由于中国在近代的贫困和屈辱，奥运会一开始就被赋予了特殊的政治含义，象征着中国追求强大和实现现代化的普遍诉求。北京奥运的成功举办不仅在物质上证明了中国所取得的现代化成就，而且使中国人在心态上发生了重要转变，从以前的自卑和封闭中走出来，以更加自信开放的心态面对世界。

第四，北京奥运也是东西方关系的重要转折。自近代以来，西方凭借先进技术和坚船利炮主导着世界历史的发展进程。面对崭新的工业文明，中国经历了从对抗、顺从到学习和接受的过程。长期以来，中国将西方开启的现代化视为需要努力实现的目标，在中外互动关系上主要是外部世界对中国的单向影响，在认识视角上则是中国对外部世界的仰视。随着新兴市场经济国家的经济增长和实力增强，东西方的力量对比正在发生历史性变化。而中国则是塑造这一变化的重要力量，北京奥运进一步确认了东西方关系的演变进程。需要指出的是，东西方关系的变化对各方造成了严重的心理不适，西方还不能从长期的优越感中清醒过来，而中国则没有做好承担大国责任的心理准备。为了保证这一发展趋势的平稳进行，西方需要从集体性的心理落差中调整过来，客观公正地看待中国的发展；而中国在更加自信的同时也要保持对外部世界的不断学习，为国家的持续发展提供有力保障。

第五，北京奥运成为中国外交凸显软实力的重要平台。2009 年 7 月，胡锦涛主席在第十一次驻外使节会议上发表重要讲话时，特别强调我们的外事工作要着重提升"四力"，亦即努力使我国在政治上更有影响力、经济上更有竞争力、形象上更有亲和力、道义上更有感召力，从而为全面建设小康社会、加快推进社会主义现代化营造良好国际环境和外部条件。在这"四力"中，除了经济竞争力是属于"硬实力"，其余都属于"软实力"。而中国外交在北京奥运从 2001 年申办成功到 2008 年顺利举办的过程中，以大幅提升的国家硬实力为基础，通过文化外交、公众外交、人文外交等多种外交形式并用的软实力外交方式，以更高超、成熟的外交技巧巧妙地应对复杂严峻的外部压力，取得了良好效果。因此，北京奥运也是中国外交不断走向深入、走向成熟的重要标志。

当然，北京奥运同样给中国外交带来了严峻挑战，比如：奥运会的成功在提升民众自信心的同时，可能导致民族主义情绪的膨胀和国家优越感的上扬，从而给对外政策造成更大的国内政治制约；奥运会加强了国内认同，也会造成民众对自身困难现状的不满，从而增加国内治理的难度。在国际层面，外部社会对中国的心态会更加复杂。一方面，要求中国承担更大国际责任的呼声会不断增多，另一方面，因中国强大而带来的疑虑和紧张有可能发酵，从而为中国的外交应对增加了不确定性。所有这些问题都需要我们从战略高度加以重视，全盘思考、审慎应对。

北京奥运是中国现代化进程中具有历史意义的重大事件，它的影响已经远远超越了体育竞技本身，而成为中国乃至世界宝贵的文化和精神遗产。它不仅是中国国家实力的一次集中显示，也是国家身份和国民心态发生转变的重要标志。通过北京奥运，外部世界也改变了对华的曲解和偏见，对中国的认知更加复杂和全面。后奥运时代的中国将更加自信，超越百年的历史悲情，以积极姿态参与国际事务和政策协调，推动全球社会的和平转型和国际体制的有序重构，承担与其国力相适应的国际责任。

同时，在后奥运时代中国会更加开放，继续学习人类社会的一切先进成果，推动各种问题的解决，保持中国的不断进步和持续创新。

> 后奥运时代的中国将更加自信，超越百年的历史悲情，以积极姿态参与国际事务和政策协调，推动全球社会的和平转型和国际体制的有序重构，承担与其国力相适应的国际责任。

附：图片目录

2—3 页　晚霞映"鸟巢"/新华社新闻信息中心提供/陈晓伟　摄

11 页　北京市志愿者联合会提供

12 页　火炬珠峰传递/新华社新闻信息中心提供

18 页　夜色中的北京奥运景观/新华社新闻信息中心提供/赵宇思　摄

26 页　为赛场助兴/新华社新闻信息中心提供/徐家军　摄

40 页　绚烂今宵/新华社新闻信息中心提供/陈凯　摄

44—45 页　"四海之内，皆兄弟也"/新华社新闻信息中心提供/刘大伟　摄

46 页　和/新华社新闻信息中心提供/杨磊　摄

48 页　"瞰"开幕/新华社新闻信息中心提供/张铎　摄

62 页　北京市志愿者联合会提供

64 页　北京奥运会开幕式上主火炬被点燃/新华社新闻信息中心提供/王建华　摄

80 页　中国女子体操队折桂/新华社新闻信息中心提供/任珑　摄

86 页　刘翔因伤退赛/新华社新闻信息中心提供/刘大伟　摄

87 页　选手在获胜后庆祝/新华社新闻信息中心提供/李尕　摄

91 页　博尔特庆祝胜利/新华社新闻信息中心提供/刘大伟　摄

92 页　林丹：胜利的礼物/新华社新闻信息中心提供/张晨　摄

98 页　北京市志愿者联合会提供

107 页　北京市志愿者联合会提供

116 页　北京市志愿者联合会提供

121 页　北京市志愿者联合会提供

122 页　北京市志愿者联合会提供

132 页　北京市志愿者联合会提供

137 页　北京市志愿者联合会提供

141 页　笑脸/新华社新闻信息中心提供/邢广利　摄

143 页　北京市志愿者联合会提供

145 页　北京市志愿者联合会提供

147 页　北京市志愿者联合会提供

152 页　北京市志愿者联合会提供

154 页　北京残奥会闭幕式上的文艺表演／新华社新闻信息中心提供／王雷　摄

160 页　"刀锋战士"皮斯托瑞斯在比赛中／新华社新闻信息中心提供／李尕　摄

168 页（左）　细节之处彰显中国文化／新华社新闻信息中心提供／申宏　摄

168 页（右）　响应 2008 召唤的伊拉克姑娘／新华社新闻信息中心提供／李紫恒　摄

182 页　热情的球迷／新华社新闻信息中心提供／沙达提　摄

192 页　国旗，我为你骄傲／新华社新闻信息中心提供／任陇　摄

203 页　京城自行车装饰／新华社新闻信息中心提供／张燕辉　摄

213 页　"谢谢你，中国"／新华社新闻信息中心提供／王定昶　摄

226 页　北京市志愿者联合会提供

248 页　北京市志愿者联合会提供

图书在版编目 (CIP) 数据

北京奥运的人文价值/冯惠玲等著．
北京：中国人民大学出版社，2010
ISBN 978-7-300-12498-8

Ⅰ．①北…
Ⅱ．①冯…
Ⅲ．①奥运会-文化-研究-北京市
Ⅳ．①G811.21

中国版本图书馆 CIP 数据核字（2010）第 139386 号

北京奥运的人文价值

冯惠玲 等 著

Beijing Aoyun de Renwen Jiazhi

出版发行	中国人民大学出版社	
社　　址	北京中关村大街 31 号	**邮政编码**　100080
电　　话	010－62511242（总编室）	010－62511398（质管部）
	010－82501766（邮购部）	010－62514148（门市部）
	010－62515195（发行公司）	010－62515275（盗版举报）
网　　址	http://www.crup.com.cn	
	http://www.ttrnet.com（人大教研网）	
经　　销	新华书店	
印　　刷	北京市易丰印刷有限责任公司	
规　　格	185 mm×260 mm　16 开本	**版　　次**　2010 年 8 月第 1 版
印　　张	17.25 插页 2	**印　　次**　2010 年 8 月第 1 次印刷
字　　数	315 000	**定　　价**　68.00 元